권력에 맞선 상상력,
문화운동 연대기

권력에 맞선 상상력, 문화운동 연대기

차이를 넘어 금지를 깨트린 감각의 목소리와 문화다원주의

ⓒ양효실, 2015

초판 1쇄 2015년 6월 1일 발행
2판 1쇄 2017년 2월 27일 발행
2판 2쇄 2019년 3월 25일 발행

지은이 양효실
펴낸이 김성실
제작처 한영문화사

펴낸곳 시대의창   **등록** 제10-1756호(1999. 5. 11)
주소 03985 서울시 마포구 연희로 19-1 4층
전화 02)335-6121   **팩스** 02)325-5607
전자우편 sidaebooks@daum.net
페이스북 www.facebook.com/sidaebooks
트위터 @sidaebooks

ISBN 978-89-5940-634-0 (03900)

잘못된 책은 구입하신 곳에서 바꾸어드립니다.

이 도서의 국립중앙도서관 출판시도서목록(CIP)은
서지정보유통지원시스템 홈페이지(http://seoji.nl.go.kr)와
국가자료공동목록시스템(http://www.nl.go.kr/kolisnet)에서 이용하실 수 있습니다.
(CIP제어번호: CIP2017003596)

권력에 맞선 상상력, 문화운동 연대기

차이를 넘어 금지를 깨트린 감각의 목소리와 문화다원주의

양효실 지음

시대의창

편집자 일러두기

1 외래어는 국립국어원의 〈외래어 표기법〉에 따라 표기하되, 일부 용어는 통용되는 대로 표기했습니다.
2 단행본, 신문, 잡지 등은 《 》으로, 글, 미술품, 앨범, 곡, 방송 프로그램 등은 〈 〉로 표기했습니다.
3 저작권자가 확인되지 않아 사용 허가를 받지 못한 일부 사진은 추후 확인되는 대로 절차에 따라 사용 허가를 받겠습니다.

싸우고 모르고 사랑하고, 우리

20세기 초엽의 여성 작가 캐서린 맨스필드는 부자가 빈자에 대해 느끼는 연민이나 공감이 어디까지인지, 결국 타인의 비참은 나의 선함을 증명하는 딱 그만큼만 배경으로 동원될 뿐이라는 것을 〈차 한 잔A Cup of Tea〉이란 단편에서 잘 보여준다.

    부자이고 유능한 남편을 둔 로즈메리는 똑똑하고 현대적이고 우아한 여성으로 묘사된다. 오늘도 로즈메리는 골동품 가게에서 물건도 흥정하고 한담도 나누다가 집으로 돌아간다. 그녀는 길거리에서 우연히 차 한 잔 마실 돈을 구걸하는 불쌍한 소녀와 마주친다. 로즈메리는 무슨 생각인지 소녀를 집으로 데려가 빵과 따뜻한 차를 대접한다. 로즈메리는 퇴근한 남편에게 칭찬받기를 기대한다. 자신이 얼마나 좋은 사람인지를 확인받고 싶은 것이다. 그러나 남편은 로즈메리의 '행동'이 아니라 그녀의 행동의 '대상'에 집중한다. 남편은 소녀를 보고 예쁘고 사랑스럽다고 말한다. 로즈메리도 들어보지 못한 표현이다. 남성의 시선과 능력이 지배하는 사회에서 '예쁘고 사랑스러운 여자'란 여성에게 최고의 칭찬이다. 로즈메리가 불쌍한 걸인으로 '읽은' 소녀에게서 남편은 매력적인 여성을 본 것이다. '불쌍한'은 대상에 대한 동정이지만 '예쁘고 사랑스러운'은 대상에 의한 매혹이다. 갑자기 소녀는 로즈메리보다 우월한 여성이 되어버렸다. 로즈메리는 소녀를 이용해 자신을 증명하고 싶었지 비참해지고 싶지는 않았다. 결국 그녀는 남편 몰래 소녀를 다시 길거리로 내보낸다. 로즈메리가 남편에게 "나 예뻐요?"라고 물으면서 소설은 끝난다. 부유한 남편에게 애정을 구걸하는 로즈메리와 연민을 구걸하는 길거리 소녀를 매개한 따뜻한 '차 한 잔'은, 로즈메리라는 부유한 여성의 현실을 드러낸 결정적인 '장면'이다.

캐서린 맨스필드의 단편은 타인에 대한 연민이 어떻게 기만적 나르시시즘과 연동하는지를 절묘하게 보여준다. 동정과 공감이 내가 갖고 있는 것을 타인에게 주는 것, 다시 말해서 나의 유능과 타인의 무능을 전제로 한 일방향적인 주고받기를 뜻한다면, 그리고 무능한 타인이 우리에게 주고 있는 것이 무엇인지를 곰곰이 생각해보지 않는다면, 무능하고 무력한 타인은 나의 배경이자 알리바이일 것이다.

다원주의 시대는 배경에 머물렀던 타인들이 전경으로 들어와 우리를 공격하고 우리의 유능을 문제 삼는 게 일상이 되는 바로 그때를 뜻한다. 로즈메리의 '대상'은 밝고 따뜻한 실내에서 예쁘고 사랑스러운 존재로 바뀐다. 어둔 곳, 말없는 곳, 얼굴이 보이지 않는 곳에 있던 이들이 밝은 곳으로 우르르 떼를 지어 나와 자신의 존재에 대해 자신의 목소리로 말할 때, 즉 나의 나르시시즘과 나의 선함을 위협할 때, 나의 자비와 이해를 바라지 않으면서 자신의 삶을 드러낼 때, 바로 그때 나와 너의 관계는 일방향이길 멈추고 쌍방향의 교섭, 협상, 나아가 사랑의 맥락으로 들어서게 된다. 로즈메리는 소녀가 준 선물을 받지 않은 채 다시 나르시시즘 속으로 들어갔다. 사실 로즈메리가 이미 '대상'이(었)다. 아늑한 실내에서.

문학과는 한참 먼 이 책과 관련하여 좀 더 생생한 사건 하나를 더 인용해보겠다. 캐나다 출신 록 밴드 아케이드 파이어 이야기다. 이들은 지금까지 앨범 네 장을 냈고 6, 7명에 달하는 멤버들이 구사하는 다양한 악기 연주와 '떼창'의 방식을 통해 전 세계에 많은 팬을 두고 있다. 아케이드 파이어는 2010년 앨범 〈서버브즈The Suburbs〉로 53회 그래미상에서 올해의 음반상을 받은 저력 있는 밴드이다. 이들은 청춘, 사랑과 같은 키워드를 사회적인 문제와 연결해, 콘서트에서 진면모를 발휘한다.

아케이드 파이어는 2013년 말 네 번째 앨범 〈리플렉터Reflektor〉의 두 번째 트랙에 성소수자 문제를 담은 〈우리는 존재한다We exist〉라는 곡을 수록했다. 이성애자이자 여성 보컬 레진 샤사뉴의 남편이기도 한 메인 보컬 윈 버틀러는 공연차 들른 자메이카의 수도 킹스턴에서 우연히 가난한 트랜스젠더의 학대받는 삶에 대한 이야기를 듣게 된다. 그리고 그 이야기를 〈우리는 존재한다〉라는 곡에 담는다. 〈어메이징 스파이더맨The Amazing Spider-Man〉의 주인공을 맡은 앤드류 가필드가 이 소식을 듣고 뮤직비디오에서 트랜스젠더 소년 역할을 맡겠다고 자원한다. 그 덕분에 노래와 뮤직비디오는 좀 더 많은 사람들의 귀와 눈을 만족시켰다. 앤드류 가필드가 맡은 소년은 소심하게 숨겨온 자신의 성 정체성을 마침내 바깥으로 드러낸다. 이 탓에 마초들에게 집단 린치를 당하기도 하지만 소년은 자신의 욕망을 포기하지 않고 춤을 춘다. 결국 2014년 세계적인 코첼라 페스티벌

Coachella Valley Music and Arts Festival에서 아케이드 파이어의 무대에 합류해 팬들의 환호를 받는다는 게 이 뮤직비디오의 내용이다. 감동적인 이야기는 여기서 끝난다. 실화에 근거했고, 아케이드 파이어의 의도에 많은 이들이 환호했으며, 우리는 트랜스젠더 문제에 좀 더 공감하게 되었다. 이렇게 결론을 내리고 마침표를 찍을 수 있다. 여기서 끝났다면 말이다. 그런데 아니었다.

'어게인스트 미Against Me'라는 성소수자 단체의 대변인격인 트랜스젠더 그레이스가 트위터에 이 노래의 가사와 뮤직비디오를 문제 삼았다. 상황은 좀 복잡해졌고 시끄러워졌다. 그레이스는 가필드가 아니라 진짜 트랜스젠더가 뮤직비디오의 주인공을 맡았어야 하며, 모두 이성애자인 이 밴드의 노래 제목이 왜 '그들이 존재한다They exist'가 아니었는가를 꼬집었다. 또 뮤직비디오에 등장한 트랜스젠더의 이미지가 상투적이라는 것과 이 이미지를 반복, 복제한다는 점 역시 비판했다. 성소수자가 고통받는 현실을 바꿔야 한다는 의도였겠지만 결국 노래는 틀린 현실을 복제했다는 것이다. 윈 버틀러는 스파이더맨의 주인공이 성소수자 역할을 맡았다는 사실을 알게 된다면 소년이 행복해할 것이라는 말로 '두 이성애자'의 '선의'를 부각시켰다. 그레이스는 자신이 아케이드 파이어의 팬임을 강조하면서, 어쨌든 "당신이 대표한 관점을 놓고 보면 그것(메시지)은 진실하고 강력했다"며 선의에 대해서는 경의를 표했다.

윈 버틀러는 자신의 선함에 도사린 무지에 대해 배웠을 것이다. 그 후 그는 '우리'라는 일인칭 대명사를 사용하는 데 좀 더 주의했을지 모른다. 혹은 윈 버틀러와 앤드류 가필드는 일시적으로 '우리', 일시적으로 트랜스젠더가 되었다는 생각을 사후적으로 했을 수도 있다. 윈 버틀러의 선함이나 너그러움에 무지가 묻어 있다면, 그레이스의 표현처럼 버틀러의 '관점'은 '진실하고 강력한' 것이었음을 인정한다면, 선한 행동은 항상 정도의 차이일지언정 무지(나는 너에 대해, 너의 욕망이 무엇인지를 늘 모른다!)를 내포할 수밖에 없다면, 그레이스의 개입 때문에 '우리'가 붕괴되었다면, 행동/실천은 목적에 이르기 전에 '너'의 개입으로 인해 좌절된다면, '우리'의 행동이 목소리 없는 '너'의 너그러움을 간구한다면, 그러나 목소리를 갖게 된 '너'의 힘이 '우리'의 입장성positionality을 가시화하면서 제한한다면, … 이것은 실패인가, 새롭기에 경청하고 존중해야 할 태도인가.

우리는 윈 버틀러와 그레이스를 언제나 동시에 존중해야 한다. 윈 버틀러의 행동주의는 인권 개념의 확장을 꾀한 휴머니즘의 맥락 안에서 이해할수 있다. 지금 내가 누리는 것을 아직 누리지 못하고 있는 이들에게 주기위해 공적인 장소에서 목소리를 내는 것은 소중하고 필수불가결한 움직임이다. 그러나 다원주의는 거기서 멈추지 않는다. 다원주의는 능동적인주체로서의 시혜자와 수동적인 대상으로서의 수혜자의 관계, 즉 정적이고 수직적인 관계가 깨진 뒤 주고-받음이 중층적으로 일어날 때, 수혜자가 본격적으로 자립과 자유를 부르짖을 때, 시혜자의 목소리가 힘을 잃을때, 지금까지는 침묵해야 했던 대항-목소리들이 시혜자의 목소리를 짓누를 때, 광장은 이제 불편하고 불쾌한 이들과 집요하고 용감한 이들이 동석한 협상의 장소가 될 것이다. 다원주의는 시끄러움, 논쟁, 경합, 이견의 장면이다. 다원주의는 소통과 화해, 평화와 같은 환상이 아니라 불화와 분쟁을 삶의 모습으로 받아들이는 것이다. 우리는 같지 않고 우리는 서로 모르는 사람들이다. 그러므로 사랑해야 한다. 사랑은 나를 모욕하고 나를 고통스럽게 하는 너를 나의 일부로 받아들이는 것 아닌가? '사랑할 수 없는 것을 사랑하기 위하여' 우리는 일생을 허비하지 않는가? 그래서 다원주의는 추상적인 '개념-인간'의 나르시시즘이 아닌 구체적인 '몸-인간'의 자발적인 상실, 혹은 사랑에 대한 이야기라고 할 수 있다.

이 책은 이런 맥락에 있다. 이 책은 상투적인 말하기와 이미지에 도사린 자신들에 대한 편견을 깨기 위해, 더 이상 그 편견 안에 숨어 살기를 거부하고 길거리에 나선 소수자들의 집단적인 문화운동에 대한 것이다. 흑인, 여성, 청년, 동성애자 같은 보편적인 인간Man에서 제외된 이들, 게으르고 무능하고 히스테리컬하며 예의가 없고 이상한, 그래서 이성적 인간이란 규범에 포섭되지 못한 이들에 대한 것이다. 이들이 입을 열고 '우리는 존재한다'고 목소리를 내면 어떤 일들이 벌어지는지, 어떤 상상력이 현실의 옷을 입고 구체화되는지를 보여준다.

지금까지 등장한 전 세계 곳곳의 문화운동은 수없이 많다. 그러나 이 책에 소개한 문화운동만 살펴보더라도 다원주의는 그저 주어지는 것, 시대적 변화에 따른 것이 아니라, 싸워서 획득한 것이고 노력해서 쟁취한 것임을 알게 될 것이다. 흔히 이성애자, 남성, 엘리트의 전유물이었던 문화적·상징적 권력이 교육, 참정권, 인권 등을 통해 여성, 흑인, 동성애자 등에게도 확장되었다. 그 결과 자기의식self-consciousness을 획득한 이들이 자기 학대, 자기혐오로부터 벗어나는 과정에서 집단적 연대가 필수였음을 알게 될 것이다. 남성, 백인, 이성애자가 아니기에 언제나 결핍, 부재, 침묵 속에서 살았던 이들이 있는 그대로의 자신을 인정하고 긍정하는 이야기들은 20세기 중반 이후에야 들을 수 있게 되었다. 여성의 언어, 청년의 언어, 흑인의 언어, 성소수자의 언어는 있는 그대로의 삶을 인정하는 데 긴급하고 필수적이고 절대적이다. 세계를 이해하고 나의 생각을 전달하는 도구에 불과하다고 여긴 언어가 불평등한 세상을 공고히 하는 권력의 주체라는 것을 인식하는 것, 말하자면 '담론적 실천discursive practice'을 시작하는 것이 중요하다. 생각 없이 말하는 데 익숙한 우리에게 언어는 공기나 물과 같다. 이런 조건에서 우리는 언어가 왜 이 우연하고 상대적이고 불평등한 세상을 자연스럽고 당연한 곳으로 만드는지를 생각할 수 있어야 한다. 세상을 바꾸는 것은 무엇보다 우리의 말하기와 보기를 바꾸는 것이고, 그렇기에 우리는 갖고 있는 것들을 버리는 배움을 견지해야 한다.

필자는 이 책을 쓰기 위해 자료를 모으고 본문을 구성하면서 문화운동 대부분에서 어떤 유사성을 확인할 수 있었다. 즉 주변부적 삶에 할당된 모욕적인 이름들, 욕이나 진배없는 이름들을 자신들의 정체성을 정의하는 이름으로 재전유하여 회복하는 과정이 그것이다. 가령 네그리튀드에 포함된 불어 네그르nègre(검둥이), 펑크족의 펑크punk(문제아), 치카노 운동의 치카노chicano(작은), 동성애 운동의 퀴어queer(이상한), 게릴라걸스의 걸girl(귀여운)이 그렇다. 이처럼 냄새나고 더럽고 졸렬하며 이상하고 유치한과 같은 부정적인 의미를 담은 이름들, 주류나 상식이 부여한 이름들, 차라리 오물에 가까운 이 이름들을 기꺼이 스스로를 정의하는 정체성으로 '선택'하는 과정이 여러 문화운동에서 동일하게 나타났다. 이는 자신들을 정상으로 간주하지 않는 사회-현실을 가시화하고 더러운 이름들에 기꺼이 들어가 앉음으로써, 지속되어야 할 싸움의 집요함과 현실의 잔인함을 명시한 것이다. 동시에 언어의 힘에 굴복하지 않을 수 있는 힘을 가시화한 전략이라고 할 수 있다. 즉 '너희들은 나에게 나(의 존재와 삶)를 무력화할 이름을 주었지만,

나는 그 이름 덕분에 힘을 얻겠다'라는 전략이다. 한때/지금도 정치적 올바름을 배경으로 기존의 더러운 명사들을 올바른 언어로 수정하려는 움직임이 일었던/일고 있는 것과 비교한다면, 이러한 문화운동에 유사하게 나타나는 사회적 이름들의 재활용은 쉽게 변화되지 않을 억압적 현실을 가리키는 데 유효한 전략으로 보이기도 한다.

앞서 말했듯, 이 책에 소개한 문화운동들은 기록되고 일어난 운동들에 비하면 빙산의 일각이다. '기타 등등'으로 끝나는 문장처럼, 이 책도 마침표 없이 중간에 끝날 것이다. 특정한 맥락, 장소, 접합을 통해서 일어난 우발적인 사건들의 내밀한 이야기는 다양성 안에서 어떤 유사성이나 통일성을 발견하려는, 즉 교훈과 의미를 발견하려는 움직임을 거부할 것이다.

우리는 모두 스스로의 내부와 한계를 갖고 있다. 한계를 넘어설 수 있는 게 상상력이라면, 권력에 맞선 상상력은 주어진 것을 의심하고 나와 너의 차이에도 불구하고 '우리'를 만들려는 지금 이곳의 나와 너를 묶어줄 수 있는 감정, 즉 사랑에의 의지를 멈추지 않을 것이다. 그렇기에 차이와 한계에도 불구하고, 압도하는 절망과 당연한 결론일지 모르는 실패에도 불구하고, 방금도 나와 너의 만남은 일어난 것이리라.

양효실

차례

서문 싸우고 모르고 사랑하고, 우리 5

1. 국제상황주의와 기 드보르의 스펙타클의 사회

미다스의 손을 가진 자본주의 21

미적 혁명과 정치혁명 사이, 국제상황주의 25
상황 · 29 | 표류 · 30 | 전용 · 32

2. 1968년 5월 문화혁명

고독한 혁명과 유쾌한 혁명 37

1960년대와 신좌파 39

프랑스 5월혁명 42

신좌파의 문화혁명과 한국의 상황 44

3. 네그리튀드, 1930년대 흑인들의 정체성 회복 운동

서구와 비서구의 근대화 55

네그리튀드의 태동 57

네그리튀드의 미학적·정치적 실천 59

네그리튀드와 포스트식민주의 66
레옹 다마스 · 69 | 에메 세제르 · 69 | 레오폴 세다르 상고르 · 71

4. 누벨바그와 아방가르드 영화 운동

도그마95 선언과 누벨바그 75

새로운 물결, 누벨바그 79

누벨바그의 스승들 82

누벨바그의 작가주의 미학 84

새로운 물결들과 누벨바그의 귀환 88

5. 반문화로서의 히피 문화

유쾌한 히피 93

지금 이곳에서의 쾌락과 긍정 95

비트닉 혹은 비트제너레이션 98

히피의 3대 요소 101

　　약물 · 101 | 섹스 · 102 | 사이키델릭록 · 103

우드스탁 페스티벌 104

6. 역사적 하위문화, 펑크록 밴드 섹스 피스톨즈

대중음악과 개인의 취향 111

1970년대 영국의 펑크 문화 113

펑크록 밴드 섹스 피스톨즈 115

7. 레게와 밥 말리, 라스타파리아니즘

슬픔과 희망의 레게 129

자메이카 흑인의 역사 130

라스타파리아니즘 132

밥 말리 135

8. 힙합, 게토 흑인들의 하위문화

예술로서의 힙합 147

게토 문화로서의 힙합 149

길 스콧헤론, 혁명은 TV에서 중계되지 않아 153

퍼블릭 에너미의 정치적 힙합 161

9. 멕시코 벽화운동과 3인의 벽화가

제3세계의 강박 171

멕시코혁명과 국가의 탄생 172

민족주의와 벽화운동 173

3인의 거장 예술가 176

디에고 리베라 · 177 | 호세 클레멘테 오로스코 · 180 | 다비드 알파로 시케
이로스 · 182

10. 1960년대 치카노의 정체성 회복 운동

동화와 분리 사이에서 189

낙인이자 자긍심의 이름, 치카노 190

치카노 활동가와 단체 195

차베스와 전국농장노동자연합 · 196 | 곤잘레스와 정의를 위한

십자군 · 198 | 티헤리나와 토지양도연합연맹운동 · 202

11. 치카노 벽화운동

이름 없는 치카노들의 예술 209

엘 테아트로 캄페시노 벽화 211

에스트라다 코츠 벽화 213

윌리 헤론과 아스코 216

주디 바카와 LA의 거대한 벽 222

12. 스톤월항쟁과 동성애 인권운동

슬픈 퀴어 229

매타친소사이어티와 빌리티스의 딸들 231

스톤월항쟁 234

게이해방전선 239

레즈비언 · 241 | 게이 · 241 | 양성애자 · 241 | 트랜스젠더 · 241 |

퀴어 · 242 | 커밍아웃과 아우팅 · 242 | 트랜스베스타이트 · 242

13. 1980년대 에이즈 위기와 액트업의 행동주의

에이즈바이러스와 정치적 이해관계 247

액트업의 탄생 250

액트업의 활동 252

액트업의 내분 257

14. 액트업과 정치적 예술

액트업 예술가들의 문법 263

예술＝침묵 프로젝트 267

그랜퓨리의 거대한 분노 268

네임즈 프로젝트, 에이즈 메모리얼 퀼트 271

펠릭스 곤잘레스-토레스, 애도의 장면들 275

15. 1970년대 여성주의 예술가들의 공동 작업

예술과 여성주의 283

코헨, 게로비츠 그리고 주디 시카고 285

우먼하우스, 예술이 된 앞치마 287

　수건 벽장 · 289 | 생리 욕실 · 290 | 악몽 욕실 · 291 | 자궁방과
　다이닝룸 · 291

디너파티, 초대받은 여성들 293

16. 여성주의 예술가 단체 게릴라걸스

고릴라 가면을 쓴 여성들과 1980년대   301

게릴라걸스의 등장   304

유머를 사용한 전복, 싸움은 유쾌하게   307

바나나 리포트   312

17. 두리반농성과 자립음악생산조합

이상한 나라의 두리반과 음악가들   317

마포구 동교동 167번지   318

두리반 · 318 | 자립음악생산조합과 뉴타운컬쳐파티51+ · 321

농성장과 축제로서의 코뮌   323

안종녀, 주부에서 투사로   330

유채림, 작가에서 펑크족 청년으로   334

자립음악생산조합의 아티스트들   337

단편선 · 338 | 박정근 · 340 | 밤섬해적단 · 342

실패하건 성공하건 계속 '우리'   345

미주   347

사진 저작권 및 출처   366

찾아보기(인명)   370

찾아보기(용어·작품·단체)   372

1

국제상황주의와
기 드보르의 스펙타클의 사회

미다스의 손을 가진 자본주의

로버트 얼트먼Robert Altman 감독의 영화 〈빈센트Vincent & Theo〉는 고흐Vincent van Gogh의 〈해바라기Sunflowers〉가 1,000만 달러 이상의 가격에 낙찰되는 장면으로 시작해서, 그의 가난과 광기를 조명한다. 정열적인 여성 로커 재니스 조플린Janis Joplin이 1971년에 발표한 〈메르세데스 벤츠Mercedes Benz〉는 벤츠 자동차에 빗대어 자본주의 사회를 비판한 노래이지만, 1990년대 들어서는 히피hippie 시대를 그리워하는 중장년층의 노스탤지어를 자극하는 벤츠 광고 음악에 사용된다.[1] 미술품 딜러였던 동생 테오가 구매한 것을 제외하면 고흐는 생전에 작품을 한 점도 팔지 못했다. 그의 궁핍은 '고흐'라는 고가의 상품에 첨가되는 알리바이에 불과했고, 자본주의를 비판하는 조플린의 노래는 자본주의를 찬양하는 광고에 흡수되고 말았다. 자본은 삶의 진실에 대한 증언이건 비판적 제스처이건 모두 자신의 욕망 안으로 끌어들여 상품으로 만드는 미다스의 손을 가졌다.

'근대적 종교로서의 자본주의'는 정신, 영혼, 인간성과 같은 전통 종교의 근간을 자본 – 신의 위력으로 파괴하고 대신에 비인간적이고 비윤리적인 삶을 긍정한다. 자본주의의 권력과 신화성을 폭로하고 전복하려는 시도는 수많은 비판적 지식인에게 일생 포기할 수 없는 실천이었다. 신성의 지위를 찬탈한 자본주의와 대결하는 프로메테우스적 인간의 위대한 '실패담' 가운데 20세기 문화운동사의 맥락에서 특히 중요한 이야기는 기 드보르Guy Debord와 연관되어 있다.

프랑스의 비판적 지식인이자 예술가인 기 드보르의 책,《스펙타클의 사회La Société du Spectacle》는 "현대적 생산조건들이 지배하는 모든 사회에서 삶 전체는 스펙타클들의 거대한 축적물로 나타난다. 직접적으로 삶에 속했던 모든 것은 표상으로 물러난다"란 문장으로 시작한다.[2] '시각적으로 대단한 볼거리'를 뜻하는 '스펙타클'은 껍데기 혹은 외양appearance이 진실을 압도하고 이미지가 현실을 지배하는 자본주의 사회의 실체를 폭로하는 드보르의 개념이다. "이미지가 될 정도로 축적된 자본"을 뜻하는 스펙타클이 지배하는 사회에서 인간은 직접적 경험에서 소외되고, 경험은 대신에 대중적인 미디어들을 매개로 조직, 조작된다. "삶이 잡지 이외의 아무것도 아니고 진실한 것은 한 개비의 담배이고 현실 세계는 MTV 위에 펼쳐지는 끔찍하도록 매혹적인 무차별적인 다큐멘터리가 될 정도로 현실 자체가 스펙타클에 의해 전도되고"만 것이다.[3]

삶과 이미지, 진짜와 가짜의 순서가 역전되고 이미지가 삶을, 가짜가 진짜를 지배하고 생산한다. 나의 욕망은 내 것이 아니고 소비구조를 통하지 않고는 욕망을 실현할 수 없게 되었다. 소비의 환상을 벗어난 욕망은 불가능하고, 소비와 무관한 행복도 불가능하다. 욕망과 소비가 서로를 비추는 이 악몽 같은 삶은 인간관계마저 지배한다. 기 드보르의 자본주의 비판은 총체적이고 자본주의가 선사한 어떤 해방적 가능성도 거부한다는 점에서 전면적이다. 스펙타클은 비단 상품을 둘러싼 자본주의적 경제 논리뿐 아니라 이미지를 매개로 형성되는 인간관계를 포괄할 만큼 넓은 개념이다. 그렇기에 스펙타클 사회로서의 후기 산업사회는 일종의 닫힌 감옥이고, 이에 대항한 싸움은 허무주의적이고 비극적이다.

기 드보르는 19세기 초기 산업사회에서 《자본론Das Kapital》을 통해 자본주의의 총체적 모습을 비판한 카를 마르크스Karl Marx의 소외, 물화, 상품화와 같은 비판적 개념을 스펙타클이 지배하는 후기 산업사회에 대한 자신의 분석에 도입한다. 아방가르드 영화를 제작하고, 정치혁명을 위한 이론적이고 실천적인 대안을 제시했으며, 다음 장에서 살펴볼 68혁명에 사상적 기반을 제공하고, 향후 문화운동의 형식에 절대적 영향력을 발휘한 기 드보르는 그러나 말년에는 비관적 결론에 이르게 된다. 즉 스펙타클은 더 큰 힘을 축적했고 비판적 입장마저 흡수할 만큼 새로운 방어 기술을

기 드보르

획득했다는 냉정한 분석에 도달한 것이다. 기 드보르는 자본주의를 전복시킬 혁명적 가능성은 더 이상 존재하지 않는다고 생각하게 된다. 그는 심지어 자신의 책이 자본주의의 승리를 인정하는 하나의 문화 상품으로 팔리는 현실을 목격한다. 유명 인사[4]가 된 기 드보르는 자신의 실패를 받아들였고 과도한 음주

로 인해 다발성 신경염에 시달리다가 고통에 못 이겨 권총 자살한다.[5]

　　기 드보르는 체 게바라Ché Guevara나 밥 말리Bob Marley처럼 자본주의 세계에 대항했지만 지금은 시크한 감성을 자극하는 문화 상품일지 모른다. 그는 자본주의 '안'에서 계속 일어나는, 그러나 계속 실패하는 이야기 가운데 하나이다. 실패는 자본의 무한한 힘을 부정적인 방식으로 드러내는 음화陰畵일 수 있다. 동시에 지금 여기서 '또' 저항을 시작하는 이들이 집어 드는 '무기'일 수도 있다. 모든 것을 알지만 침묵할 수도 자살할 수도 없는 이들이 그저 다시 '실패'를 시작하는 게 삶이기도 하기 때문이다. 힘을 잃은 채 지나간 것 혹은 과거라 불리는 것을 뒤지고, 거기에 빛과 생기를 불어넣어 소생시키는 것이 지금 여기서 진짜 삶을 살려는 이들의 선택 혹은 실천이기 때문이다. 그러므로 우리는 기 드보르라는 개인을, 비극적 영웅을 둘러싼 시대를 호출하고 그 안으로 들어가 '다시' 살아야 한다. 과거는 새로운 해석을 기다리는 미지의 암호이자 새로운 탄생을 기다리는 미지의 가능성이기 때문이다.

　　기 드보르는 1950년대 말에 창설되어 1970년대 초에 해산한 '국제상황주의SI, Situationist International'란 아방가르드 운동 단체의 멤버였다. 국제상황주의는 20세기 초반의 초현실주의를 포함한 아방가르드 예술운동과 마르크스주의적인 정치운동의 테제를 결합하고자 한 제2차 세계대전 이후의 예술운동 가운데 가장 정치 참여적인 예술집단이었다.

미적 혁명과 정치혁명 사이, 국제상황주의

국제상황주의는 문자주의Lettrism라는 예술운동을 모태로 한다. 문학적·예술적 운동으로서의 문자주의는 루마니아 출신으로 프랑스에서 활동한 시인이자 시각예술가인 이시도르 이수Isidore Isou의 주도로 1940년대에 시작되었다. 이수는 다다이즘dadaism이나 초현실주의와 같은 1920, 30년대 아방가르드 예술의 영향을 받아, 단어와 시각적 이미지를 결합한 시를 통해 구상과 추상의 이분법을 넘어설 수 있는 가능성을 실험했다. 가령 이수의 시 〈문자Lettrie〉는 의미를 제거한 단어를 순수한 시각적 형태로 나열하고 글과 시각적 이미지의 종합을 시도한다. 기 드보르는 문자주의 멤버로 활동하던 시기인 1952년 〈사드를 위한 아우성Hurlements en faveur de Sade〉이란 영화를 제작했다. 음악이나 음향을 전혀 사용하지 않고 내레이터 다섯 명의 목소리로만 영화를 구성했다. 내레이터의 목소리가 흘러나오면 화면이 백색으로 바뀌고, 목소리가 나오지 않으면 검정색으로 정지한다. 총 80분 분량인 이 영화를 관람하러 온 관객들은 환불 소동을 일으키며 반영화적 영화에 대한 분노를 표출했다.

이시도르 이수의 〈문자〉

　　이수와 기 드보르는 찰리 채플린Charles Chaplin에 대한 관점 차이로 불화를 겪는다. 당시 무성영화 배우이자 감독인 채플린은 미국에서 공산당원이라는 비난을 받고 프랑스로 피신해 있었다. 이수는 채플린을 옹호했지만, 급진적 문자주의자들과 기 드보르는 채플린을 "낡은 예술가"라 비판하면서 그의 기자회견을 방해했다. 결국 기 드보르는 이수와는 결별하게 된다. 이수가 너그러웠다면 기 드보르는 편협했고, 이수가 상황을 조율하려고 했다면 기 드보르는 상황을 비상사태로 인식했다. 기 드보르는 일부 문자주의 멤버와 국제문자주의ᴸᴵ를 결성하고, 잡지 《포틀래치Potlatch》의 창간호에서 자신들의 행동 목표를 새로운 문명을 만드는 혁명으로 규정한다.[6] 이들에게 혁명은 정치체제를 바꾸는 것이 아닌, 인간의 감성과 삶의 태도를 수동적인 것에서 참여적인 형태로 만드는 예술적 혁명이었다.[7] 이들은 수동적인 관조를 통해 관람자의 힘과 정서를 위무慰撫하는 예술 감상의 태도를 타파하고, 반복적이고 무료한 권태에 짓눌린 일상을 재조직하고자 감수성 창조와 재구성을 위한 예술적 혁명을 의도했다. 이들의 주된 관심은 예술적인 실험, 그중에서도 '도시계획' 수립이었다. 산업자본주의 사회의 일상을 구성하는 도시를 재창조하고 창조적인 욕망을 위한 공간을 형성하자는 생각으로, 이들은 '유목적 이동과 대중적 유희의 무대'로서의 파리 시의 대안을 제시하기도 한다. 기능과 효율성이 아닌 감성과 욕망이 주도하는 도시 구역을 만들고, 새로운 유형의 건축물을 건설하고자 한 것이다. 이들의 도시계획과 병행하는 것이 미적 실천으로서의 '표류dérive, drifting'이다.

한편 덴마크 출신 예술가 아스게르 요른Asger Jorn이 국제문자주의로 편지를 보내 일상을 바꿀 수 있는 미적 혁명을 위한 새로운 집단을 만들자는 제안을 한다. 그는 1956년 이탈리아 알바에서 상업적 예술 경향에 반대해 순수예술을 지지하고 있었다. 앞서 1954년에는 몇몇 예술가와 이미지주의 바우하우스 국제 운동Imagist Bauhaus이란 단체를 결성하여 초현실주의와 러시아 구축주의Constructivism의 영향을 수용한 예술 실험을 했다. 요른의 제안을 기점으로 유럽 여덟 지역(알제리, 벨기에, 영국, 프랑스, 독일, 네덜란드, 이탈리아, 스칸디나비아) 아방가르드 집단의 대표자들은 1957년 이탈리아 코시오다로시아에 모여 국제상황주의를 결성한다.

기 드보르는 "우리는 노동당이나 노동당 내부의 극단적 경향들 가운데 선진자본주의의 정치적 선전선동 방식의 정서적 영향력과 싸우는 데 효과적인 이데올로기적 행동을 할 필요가 있다. 어떤 경우에건 모든 극단적인 정치 수단을 동원해서라도, 우리는 부르주아의 행복 관념을 파괴하기 위해 자본주의 생활 방식의 스펙타클에 대안이 될 만한 바람직한 것을 공표해야만 한다"[8]고 선언한다. 정치적 혁명을 위한 예술의 창조, 더 나아가 미적 삶으로서의 예술 지향을 기획한 집단이 결성된 것이다.

비록 국제상황주의의 이론적 리더는 기 드보르임이 분명했지만 핵심적인 중앙 지도부는 존재하지 않았다. 국제상황주의는 자율적이고 독립적인 여덟 지부가(1967년에는 미국도 가입) 팽팽하게 긴장을 유지하는 탈중심적 체제였다. 이러한 특성 탓에 국제상황주의는 1972년 공식적으로 해체될 때까지 내부 분열을 거듭한다. 정치권력이 출현하면 모든 정치 운동은 부패한다는 역사적 교훈을 놓고 볼 때, 분파들 간의 논쟁과 이견으로 인해 늘 긴장을 유지했던 국제상황주의 자체의 '상황'은 차라리 감동적이다. 민주주의란 만장일치, 통합, 동의가 아닌 이견, 불화, 논쟁을 견디면서 내부의 다양성을 '살아내는' 것이기 때문이다. 국제상황주의는 미적 혁명이 곧 정치혁명인가, 정치혁명에 미적 혁명이 포섭되어야 할 것인가를 놓고 모이고 흩어지기를 반복했다. 이런 와중에 기 드보르는 1958년 낭테르 대학에서 앙리 르페브르Henri Lefèbvre의 '일상생활비판론' 강의를 들으면서 사회

혁명의 필요성에 더욱 경도되게 된다.[9]

국제상황주의를 '예술 단체로 유지할 것인가, 사회문제에 관여하는 정치적 집단으로 변신할 것인가'를 두고 내부 갈등이 첨예화되는 가운데, 1961년 5차 총회에서 주요 멤버인 라울 바네겜Raoul Vaneigem은 이렇게 주장한다.

> "핵심은 거부의 스펙타클을 정교화하는 것이 아니라 스펙타클을 거부하는 것이다. SI가 정의하듯 새롭고 진정한 의미에서 스펙타클을 파괴하는 요소들의 정교화가 예술적이려면, 다름 아닌 그 요소들이 예술 작품이길 포기해야 한다. 상황주의, 혹은 상황주의 예술 작품, 스펙타클한 상황주의 같은 것은 이제 존재하지 않는다. 영원히. 이런 관점은 혁명적 실천이나 삶을 바꾸려는 욕망과 직접적으로 연결되지 않는다면 아무런 의미가 없다"[10]

그는 정치적 단체로 변화할 것을 거듭 천명했고, 기 드보르 역시 그의 주장에 동조했다. 이런 과정에서 노동자나 다른 혁명 세력이 주도하는 정치혁명으로 선회하는 것에 동의하지 않은, 예술적 실천에 좀 더 경도된 독일 분파인 박차그룹Gruppe SPUR과 스칸디나비아 분파인 나시스트Nashists가 국제상황주의에서 제명된다(그러나 이런 분위기에서도 기 드보르는, 박차그룹이 제2차 세계대전 이후 독일에서 유일하게 거론될 만한 예술가 집단이었다고 높이 평가한다). 국제상황주의는 내분을 겪으면서 독점적으로 기 드보르와 라울 바네겜이 이끄는 프랑스-벨기에권 분파로 축소된다. 그리고 이들은 미적 혁명보다는 정치 이론을 기획하는 쪽으로 완전히 선회한다. 국제상황주의는 68혁명의 정신적·이론적 토대로 기능했다. 그러나 혁명 '실패' 이후 1972년 드보르와 다른 멤버 단 둘만 남은 상태에서 68혁명 분석과 미래 혁명에서 채택되어야 할 전략을 발간하고는 해산한다(15년의 활동 기간에 국제상황주의의 정회원은 70명 정도에 불과했다. 어떤 해에는 정회원이 20명 정도일 때도 있었다).

　　애당초 하나인 예술과 삶 혹은 예술과 일상의 이분법은 자본주의적 산물이었다. 그리고 일상이 자본화될수록 예술은 더욱 순수해지려는 쪽에서 자본을 거부하려고 했다. 그렇게 해서 예술은 상아탑에 갇혔고 일상은 스펙타클이 되었다. 국제상황주의자들은 예술을 일상으로 끌어들여 일상 자체를 심미화하는 것이 미적 혁명이라고 간주했지만 미적 혁명과 정치혁명의 간극 사이에서 갈등했고 분열했다. 이들은 소외된 일상을 미적 감수성으로 변혁시킬 수 있는 가능성을 구체화하면서 다양한 실험을 감행했다. 그리고 그 시도는 이들의 해산과 68혁명의 실패에도 불구하고 이후 많은 예술 형식의 모태가 되었다. 일상을 정치화하려 한 국제상황주의 '예술가'들은 그래피티, 슬로건, 만화와 같은 20세기 후반 대중문화의 형식을 선취先取함으로써, 68혁명, 펑크, 힙합, 개념미술conceptual art 등에 이론적이고 실천적인 영향을 주었다. 국제상황주의의 몇몇 개념을 간략하게나마 소개해본다.

상황

국제상황주의자들의 태도를 압축한 개념인 '상황situation'은 철학자 장폴 사르트르Jean-Paul Sartre가 제시한 '상황극'에서 유래했다. 사르트르는 연극에서 관객이 수동적인 관람 태도를 버리고 연극에 참여하는 주체적 위치를 차지하는 과정을 일컫는 데 이 단어를 사용했다. 드보르에게 상황은

"단일한 환경과 사건들의 유희를 집단적으로 조직화하고, 이를 통해 구체적이고 신중하게 구축된 삶의 한 순간"[11]을 뜻한다. 즉 상황은 일상적인 삶에서는 보기 힘든 매우 예외적인 순간에 일어나는 삶의 변형을 뜻한다. 개인 스스로의 힘으로 삶의 환경이나 분위기를 구체적으로 구성하고, 보다 우월한 열정적 속성을 삶에 부여하는 삶의 변형인 것이다. 개인이나 다수가 자신의 일상을 비판적으로 분석하고, 자신의 삶에서 자신의 진정한 욕망을 추구하게 만드는 모든 방법, 즉 상황을 구축하는 것이 상황주의자들이 말하는 '일상생활에서의 실천'이다. 국제상황주의자들의 실험은 이런 욕망의 성취와 완성에 우호적인 '일시적인' 환경을 설정하는 것이다.

표류

국제문자주의 시기에 처음 사용한 단어인 심리지리학psychogeography은 "의식적으로 조직된 것이든 아니든 지리적 환경이 개인의 감성과 행동에 끼치는 특수한 효과에 대한 연구"[12]를 뜻한다. 이는 지리적 환경인 도시와 심리적 존재인 인간의 관계를 성찰하고자 한 국제상황주의자들의 중요한 개념이다. 드보르는 이 개념을 1958년에 자신의 독창적인 표류 이론, 즉 개인이 오직 자신을 둘러싼 환경이 자극하는 감정에 이끌려 도시 풍경을 무계획적으로 여행하는 것과 관련된 이론에 접목시킨다. 표류는 도시인의 삶에서 상업적인 지배와 억압을 없애고, 도시를 자유롭고 참여적인 삶의 공동체로 바꾸며, 더 나아가 인간적인 고립에서 탈피하여 도시를 인간적인 공동체로 만들려는 기획이다.

원래 표류는 전쟁 상황에서 아군과의 연결망이 끊긴 채 적진 한가운데에서 적을 교란시키는 전술을 뜻하는 군사 용어였다. 도시 공간을 목적 없이 빠른 속도로 걸어 '떠돌아다니는' 표류는 흔히 말하는 여행이나 산보와는 다르다. 표류는 하루 3, 4시간에서 온종일, 길게는 며칠간 지속할 수도 있다. "표류 중에는 한 사람 혹은 여러 사람이 정해진 시간에 관계, 노동, 여가 등 모든 일상적인 동기를 내려놓고, 움직임과 행동에 가담하여 땅의 매력과 땅에서 발견하는 만남의 매력에 이끌리게 된다. 이런 활동에서 우연은 흔히 생각하듯 중요한 요소가 아니다. 표류의 관점에서 본다면 도시에는 심리지리적인 윤곽, 즉 진입이 거의 불가능하고 빠져나오기 힘든 지대를 가진 끊임없는 흐름, 고정점, 소용돌이가 있는 윤곽이 있기 때문이다."[13] 다시 말해, 기능과 효용성에 매몰된 일상적인 모든 관계를 내려놓고, 서로 모르는 사람들이 조를 형성해 별 내용이 없는 한담을 나누면서 새로운 공간을 구성하는 것이 표류이다.

　　표류는 공간에 대한 새로운 욕망을 창조하려는 시도이다. "모든 공간은 적이 차지하고 있다. 우리는 영구적인 통행금지 속에 살고 있다. 경찰만이 아니라 지리가 문제다"[14]는 인식하에 상황주의자들은 구획화된 도시-권력에 대한 싸움으로 도시 횡단을 제안한다. 고속도로와 자동차를 위한 도시 공간은 최단거리로 측정되고 최적화된다. 그러나 탈 것이 아닌 보행자의 주관적 심리를 중심으로 도시 공간에 대한 지도를 그리는 표류를 통해, 도시의 골목과 길, 골목에 대한 기억과 감정 같은 인간적 신체의 흐름이 심리적 공간에 깃든다. 일터로 집으로 술집으로 사회적 역할에 충실하기 위해 걷는 대신, 표류하는 이들은 오직 심리적 공간을 창조하기 위해 걷는다. 그 공간은 일시적으로 형성되었다가 표류가 멈추면 사라진다.

전용

스펙타클 사회는 자신의 시스템을 공고히 하기 위해 기성 질서에 대한 모든 위협을 효과적으로 관리하면서 사회통제를 유지하려 한다. 가령 1967년 볼리비아 정부군에 살해된 마르크스주의 혁명가인 체 게바라는 자본주의 '스타'의 이미지로 '회복'되면서 저항적 함의를 상실하고 소비 상품으로 전락한다. 체 게바라는 값싸게 사서 입을 수 있는 티셔츠에 찍힌 이미지이고, 저항적 힘을 잃은 채 떠도는 기호일 뿐이다.

　드보르는 이렇듯 스펙타클이 사회적으로나 정치적으로 급진적인 관념과 이미지를 가로채서 상품화하고, 주류 사회로 안전하게 합병해 들이는 과정을 '회복recuperation'이라고 불렀다. 모든 전복적인 작품이나 관념을 흡수해 무력화하는 이런 과정을 뒤집는 미적 전략이 바로 '전용détournement'이다. 전용은 기존 작품이나 문화 생산물을 전혀 다른 맥락에서 전혀 다른 작품으로 바꾸는 방법이다. 이때 반드시 원작의 의미가 제거되어야 하고, 원작과는 다른 새로운 시각과 내용이 포함되어야 한다. 예술은 상류층의 전유물이 아니고 감정의 만족을 위한 것은 더더욱 아니기에, 기성 제도에 통합·흡수된 순응적 예술을 수정해 새로운 맥락으로 불러들여 사람들의 비판적 의식을 고취시킬 수 있어야 한다.[15]

　드보르는 영화가 스펙타클의 사회를 극복하는 데 중요한 매체라고 생각했다. 비록 영화는 지배와 통제를 위해 대중의 순응적이고 수동적인 의식을 조장하는 데 이용되기도 하지만, 글보다 생각을 더 명확하게 드러낼 수 있고 사회적 논쟁을 벌이는 데 효과적인 매체라고 그는 판단했다. 곧 드보르는 자신만의 방식으로 영화 제작에 몰두했다. 총 여섯 편의 영화를 제작한 드보르는 전용 전략을 통해서 인종차별주의적 영화로 평가되는

〈국가의 탄생The Birth of a Nation〉을 수정했다.[16] 드보르는 〈국가의 탄생〉에 등장한 시각적 이미지는 그대로 사용하되, 제국주의적 전쟁이나 KKK단의 활동에서 발산되는 공포를 사운드트랙에 담아 함께 상영함으로써, 기존 영화의 내용과는 전혀 다른 의미를 생산하려고 시도했다. 68혁명 당시 시위에 참여한 이들은, 정치적 시詩, 낙서와 슬로건, 포스터(대중문화에서 가져왔지만 역으로 대중문화를 공격하는 데 사용된 이미지)와 같은 문화적 실천에서 상황주의자들의 전략을 사용했다.

공식적으로 1957년부터 1972년까지 내부의 의견 차이를 인정하고 거기에서 생산적이고 파열적인 변혁의 가능성을 모색했던 국제상황주의는《스펙타클의 사회》란 책의 명성에 흡수된 채 사라졌다. 그러나 그 안에는 향후 포스트모던 예술가들의 실험적이고 급진적인 작업에 영향을 미친 중요한 '이름'들이 재평가를 기다리며 등재되어 있기도 하다.[17] 마르크스주의자들은 보다 큰 정치혁명이자 단 한 번의 혁명일 프롤레타리아혁명을 통해 자본주의를 전복하려 했다. 반면, 국제상황주의자들은 일상을 혁명의 대상으로 보고 재조직화하려고 했다. 이들의 문제의식은 68혁명을 주도한 신좌파, 즉 일상적인 습관을 바꾸는 것이 곧 혁명이라고 생각하는 새로운 좌파들에게 직접적으로 영향을 미쳤다. 이 책 역시 이러한 문화운동들이 일으킨 변화 혹은 혁명적 가능성을 기록하면서 그 계보에 동참하고 있다고 볼 수 있다.

　　"자신의 모든 힘을 다하여 속죄가 아니라 죄로, 희망이 아니라 절망으로 나아가려고 하기 때문에 종교로서의 자본주의는 세계의 변혁이 아니라 세계의 파괴를 목적으로 한다"[18]는 문장에 동의하는 독자라면, 1967년에 나온 《스펙타클의 사회》와 '동지들'과 나아가 그 모든 '실패담'에 귀를 기울어야 할 것이다. 함께 기꺼이 실패할 동지가 있다면, "세계의 파괴를 목적으로 한" 자본주의에 맞서 유일한 삶을 사는 것이, 계란으로 바위를 치는 무익하고 무능한 그 일이 조금 덜 고독하게 느껴질 것 같다.

2

1968년 5월
문화혁명

고독한 혁명과 유쾌한 혁명

시인 김수영은 1960년 4·19혁명이 일어나고 두 달 정도 뒤에 쓴 시 〈푸른 하늘을〉을 "어째서 자유에는/피의 냄새가 섞여 있는가를/혁명은/왜 고독한 것인가를//혁명은/왜 고독해야 하는 것인가를"[1]로 끝을 낸다. 혁명은 예속과 억압에서 벗어나 자유를 쟁취하려는 이들이 권력에 맞서 벌이는 투쟁이자 폭력적 저항이다. 혁명은 비합법적인 수단으로 국체國體 또는 정체政體를 변혁하는 일이다. 프랑스대혁명이 그렇고, 러시아 10월혁명이 그렇고, 4·19가 그렇다. 김수영의 지적처럼, 혁명은 지금까지의 삶과의 연속성을 끊고 지금껏 존재하지 않은 삶을 희망한다는 점에서, 즉 어떤 근거도 지지대도 없이 현재를 전복하려 한다는 점에서, 오직 바꾸기 위해 투쟁한다는 점에서, 고독하고 고독해야 한다. 자유를 위해 흘린 피. 혁명은 피를 먹고 자란다. 역사 안에서 혁명은 늘 정치혁명과 동의어였다.

그런데 1968년 5월혁명(68혁명)은 '문화혁명'이라고 말한다. 프랑스에서 5월혁명은 샤를 드골Charles de Gaulle 대통령 주도하의 우파 정권을 전복시키는 데 실패한, 그러니까 정치적으로는 실패한, 그러나 문화적으로는 성공한 혁명으로 간주된다. "1848혁명과 함께 유일한 세계혁명"(이매뉴엘 월러스틴Immanuel Wallerstein)이라거나 "1917년 러시아혁명과 같은 반열"에 올라 있는 혁명(에릭 홉스봄Eric Hobsbawm)이라는 평가는 68혁명이 역사상 얼마나 중요한 사건으로 간주되는지를 시사한다. 68혁명은 20세기 후반의 관점에서는 프랑스대혁명보다도 또는 다른 정치혁명만큼 중요하게 평가된다. 폭력에 근거한 체제 전복적 정치혁명에는 부합하지 않지만, 사람들의 의식을 바꾸고 다원주의 사회의 도래를 가능케 했으며 생각의 방식을 바꾼 5월혁명 이후 '일상성' 자체를 혁명의 대상이자 목표로 삼는 새로운 정치가 시작된다. 시인 김수영이 정의한 혁명과 다르게, 포스트모던 다원주의 사회에서 혁명은 유쾌하다. 진지하고 고독한 싸움을 놀이와 축제로서의 시위가 대체한다.

1968년 5월, 프랑스의 한 대학교 학생들이 엄격한 학칙에 불만을 품고 작은 소요를 벌인다. 이를 시작으로 나비효과처럼 프랑스인들이 길거리로 나오게 되어 정부를 붕괴 직전 상황까지 몰고 간다. 이는 단지 대학생을 위시한 청년들이 불만을 터뜨리고 이에 화답한 노동자들이 함께 연대해서 일으킨 프랑스만의 소요 사건이 아니었다. 파리, 시카고, 프라하, 멕시코시티, 도쿄, 베를린 등 세계 각지의 대학생, 여성, 성소수자, 유색인들이 자신들의 권익 향상을 위해 길거리로 나섰다. 프랑스의 1968년 5월은 '틀린' 삶을 '다른' 삶으로 인정할 것을 거의 동시다발적으로 요구한 변혁을 압축해서 보여준 시기였다.

1960년대와 신좌파

68혁명을 다룬 중요한 저작들 가운데 한국어로 번역된 책 몇 권을 살펴보자. 로널드 프레이저Ronald Fraser의 《1968년의 목소리1968: A Student Generation in Revolt》, 조지 카치아피카스George Katsiaficas의 《신좌파의 상상력 The Imagination of the New Left: A Global Analysis of 1968》, 수전 왓킨스Susan Watkins 와 타리크 알리Tariq Ali의 《19681968: Marching in the street》이 대표적인 저작들이다. 이 책들은 68년을 다루는 방식에서나 68혁명의 범위를 한정하는 데서 차이를 보인다. 프레이저의 책은 1985년과 1986년 2년간 68혁명에 참여했거나 혁명을 직접 목격했던 증인 약 230명과의 인터뷰를 통해 당시의 모습을 재현했다. 카치아피카스의 책은 68혁명과 그 주도 세력인 '신좌파' 를 분석하는 데 탁월함을 보인다. 그는 혁명 자체를 분석하기보다는, 20세기 후반 '정치적인 것'을 이끌어가게 될 신좌파의 기원을 68혁명에서 찾아 증명하려고 한다. 그는 68혁명을 가능케 한 원인을 경제 호황으로 야기된 대학생 수의 증가, 음악과 패션 시장의 주요 소비층으로 부상한 십 대들의 힘, 청년들이 이전까지와는 달리 자기들의 목소리를 내게 되면서 야기된 부모 세대와의 단절 등에서 찾는다. 이런 분위기에서 학생들은 해방을 향한 본능적 욕구에 따라 전통적 마르크스주의 혁명 이론에서 벗어나, 서구 사회의 모든 권위, 가령 정부, 대학 행정, 가족, 성적 억압, 부르주아적 가치를 공격했다는 것이다. 마지막으로 런던의 68혁명에 지도자로 가담했던 파키스탄 출신의 타리크 알리는 《1968》에서, 1968년 1월부터 12월까지 12개월 동안 유럽, 북미, 동구의 사회주의 국가, 멕시코, 일본, 파키스탄에서 발생한 저항을 연대기적으로 나열한다. 이를 통해 그는 68혁명을 세계적 차원에서 발생한 혁명적 사건으로 확장시킨다.

　　1960년대에 전 세계는 문화적으로나 경제적으로나 정치적으로 급격한 변화를 겪고 있었다. 전 세계인의 이목을 집중시킨 것은 무엇보다 미국의 베트남 침공이었다. 특히 1968년 초 베트남민족해방전선의 구정공세舊正攻勢 이후 미국은 베트남전쟁에서 승리할 수 있다는 자신감과 도덕적 정당성을 상실하고 있었다. 당시 미국 내 거의 모든 집에 있던 TV 수상기를 통해 미국인들은 자국의 이해관계를 위해 선별된 이미지들에 노출되었음에도 불구하고 전쟁의 부정의하고 무의미한 참상을 상당히 자주 접했다. 1960년대 미국 반문화counter culture의 주역인 히피를 비롯한 '반전의 목소리'는 전 세계 청년들을 하나로 결집시켰다. 더불어 사회적 약자로서 부당한 대우와 억압에 신음했던 흑인들과 여성들은 인권운동을 통해 자신들의 정당한 권리를 얻기 위한 싸움을 벌였다. 비틀즈The Beatles와 엘비스 프레슬리Elvis Presley의 록 음악과 재즈, 블루스는 청년들의 저항과 자유를 표출하는 청각 채널이 되었다. 젊은 예술가들은 미술관을 위한 예술 대신에 반전과 반성차별과 반인종차별을 위한 길거리 시위에 동참했고, 시대정신Zeitgeist을 표출하는 데 예술적 상상력을 발휘했다.

　　제2차 세계대전 직후부터 1960년대까지 서유럽 국가 대부분의 사회, 경제, 정치 제도는 대단히 포괄적인 자유민주주의적 복지라는 합의에 기초해 있었다. 타협적인 자본-노동 관계의 정착과 이에 따른 장기적 호황, 그리고 정치적 안정은 당연히 사회의 보수화를 가져왔다. 따라서 보수적인 가치들이 득세했다. 가족, 학교, 경찰, 국가와 같은 제도들은 합의, 소통, 신뢰, 믿음과 같은 관념/이념을 통해 분열, 차이, 모순을 억눌렀다. 권위주의, 획일적 가치관에 근거한 집단주의가 예민한 개인의 실존을 위협하고 억압했다. 경제적 호황과 정치적 안정은 사람들의 의식을 무력화하여 체제에 대한 의심을 일부 불만 세력의 문제로 간주하게 했고, 그들에 대한 대중의 비난을 도모했다. 성장, 안정, 타협을 추구하는 중도파가 주도하는 사회 분위기 속에서 저항은 이전의 양상과 달라질 수밖에 없었다.

초기 산업사회에서 저항 세력은 자본과 자본가에 의한 노동자의 소외와 착취라는 쟁점을 통해 하나로 결집할 수 있었다. 그러나 '합법적인' 지위를 보장받는 노동조합의 결성과 정당정치 안으로 포섭·통합된 사회 비판 세력의 관료적이고 권위주의적인 모습은, 저항과 비판의 양상을 기존 방식과 달리하게 만들었다. 1945년 제2차 세계대전이 끝난 뒤 미국과 소련을 양 축으로 형성된 냉전 구도는 현실 사회주의가 자본주의의 대안일 수 없다는 인식을 불러일으켰다. 소련 역시 미국만큼이나, 아니 미국보다 더 관료적이고 서열화된 사회였던 것이다. 이런 상황에서 비서구권 국가에서는 연이어 민족해방운동이 성공적으로 전개되었다. 쿠바에서는 피델 카스트로Fidel Castro와 체 게바라가, 중국에서는 마오쩌둥毛澤東, 베트남에서는 호찌민胡志明이 주도하여 독자적인 민족 독립의 구도를 형성했다. 미국이 베트남에서 연이어 실패를 거듭하고 있을 때, 소련은 '프라하의 봄'을 막기 위해 체코슬로바키아를 침공한 사건(체코 사태)으로 치명타를 입었다. 냉전 이데올로기는 데탕트 국면을 맞았고, 소련에 대해 품었던 서유럽 지식인들과 청년들의 환상이 깨지는 가운데 체 게바라, 마오쩌둥, 카스트로, 호찌민이 새로운 대안, 우상, 환상으로 등장했다.

집단적이고 전면적인 정치혁명이 아닌 일상에서의 민주주의 확대를 꾀하는 새로운 집단, 이른바 신좌파의 신사회운동이 등장한다. 이는 대중으로 분류되는 사회 구성원들의 자율과 자치를 통해 새로운 사회 이념과 질서를 내세우는 데 주력한 운동이다. 노동자에 의한 사회변혁의 테제는 이제 다수의 자유가 아닌 소수의 자유, 즉 여성, 흑인, 성소수자, 생태주의자와 같은 하위 집단들의 목소리를 가시화하는 방향으로 전개된다. 미국의 히피운동, 흑인운동, 여성운동과 독일의 학생운동, 녹색운동 등은 사회를 구성하는 집단 하나하나의 차이와 다양성을 존중하는 다원주의적 민주주의를 예시한다. 1968년은 보수 세력들에 의해 경직되고 폐쇄되었던 사회상에 대한 진보 세력들의 항거와, 제국주의적 침략에 반대한 시위가 최고조에 달했던 시기이다. 1968년은 베트남전쟁, 반전운동, 인권운동, 프라하의 봄, 5월혁명 등으로 시위, 점거, 연좌 농성, 경찰과의 물리적 충돌, 파업의 물결이 끊이지 않은 시기였다. 특히, 프랑스의 5월은 1960년대의 모순과 가능성이 폭발한 장면이었다.

프랑스 5월혁명

1960년대 초 프랑스 대학생 수는 20만 명 정도였다. 그러나 1960년대 말에 이르러 그 수가 거의 60만 명에 육박하게 되자, 교수진과 강의실 같은 대학 시설이 부족해졌다. 학생들은 이에 불만을 품기 시작했다. 당시 사회적으로는 자본주의를 비판하는 서적들이 출간되었고, 청년문화를 위시한 대중문화가 급속히 확산되고 있었다. 이런 분위기 속에서 권위주의적 대학 사회에 대한 학생들의 불만은 계속 쌓여만 갔다.

그러던 어느 날 파리 근교 낭테르 대학에서 기숙사 점거 사건이 발생했다. 기숙사 출입 시간 제한에 불만이 있던 학생들이 여학생 기숙사를 점거하고는 자유로운 기숙사 출입을 요구했다. 그런데 이 사소한 요구에 대학 당국이 지나치게 예민하게 반응했다. 이 사건은 낭테르 대학 건물 점거 사건과 맞물려 돌이킬 수 없는 결과를 초래한다. 3월 21일 고등학생과 대학생 돌격대가 '베트남을 침공한 미국 제국주의'의 상징인 아메리칸 익스프레스 사의 유리창을 깨뜨린 뒤 구속되었다. 다음 날 낭테르 대학 학생들이 이들의 석방을 요구하며 대학 건물을 점거한 것이었다. 다니엘 콩방디Daniel Cohn-Bendit가 주도한 대학 본관 점거에 대한 조치로 대학 당국은 휴교령을 내렸다. 낭테르 대학의 조치에 맞서 학생들은 소르본 대학을 점거하고 경찰과 대치하게 된다. 프랑스 5월혁명은 이렇게 시작되었다.

　　5월 6일 파리의 투쟁이 시작되자 다음 날 당시 프랑스 대통령 샤를 드골은 "대화의 방법이라 할 수 없는 길거리 폭력을 묵과할 수 없다"며 경찰의 개입을 정당화했다. 소르본 대학에 무장 경찰이 투입되면서 10일 밤 혁명의 상징인 바리케이드가 파리에 다시 등장했다. 그리고 대규모 행동주의가 파리를 뒤덮게 된다. 고등학생 수천 명도 동맹 시위에 가담하고자 거리로 몰려나왔다. 5만 명이나 되는 시위대는 엘리제궁을 거쳐 개선문까지 행진하면서 〈인터내셔널가The International〉[2]를 합창했다. 13일 시위대는 100만 명에 달했고, 이들은 파리 시내를 함께 자유롭게 행진했다. 정부의 무력 진압으로 시민들이 다치고 체포되는 것을 본 노동조합은 24시간 파업을 선언했다. 노동자들과 학생들이 연대하면서 시위대는 걷잡을 수 없을 만큼 큰 규모로 확장했다. 곧 소르본 대학이 시위대에 다시 점거되었다. 소르본 대학은 이후 한 달간 학생들과 노동자들이 공개적으로 토론하고 민주적 절차에 따라 의사를 결정하는 '광장' 역할을 했다. 19일 프랑스 전역에서 총파업을 단행한 노동자들이 대규모 작업장을 잇달아 점거했다.

거의 100퍼센트 지지를 받은 총파업 이후 노동자 1,000만 명이 파업에 동참했다.

드골 대통령은 29일 군사령관을 만나 유사시 군 동원을 약속받은 뒤 국회를 해산하고 방송으로 국민투표에 대해 발표했다. 드골주의자들이 드골 편에서 시위를 시작했고, 이는 프랑스 전역으로 확산되었다. 6월 4일과 6일 사이에 노동자들의 파업은 수그러들기 시작했다. 12일에는 프랑스 전역에 일반적인 시위 금지 조치가 내려졌다. 16일이 되자 소르본 대학 점거 농성이 해체되었다. 18일에는 파업이 종료되어 노동자들은 작업장으로 돌아갔다. 드골주의자들은 6월 23일 총선에서 압승한다. 드골은 이듬해인 1969년 4월 3일 상원 개혁과 지방자치에 대한 국민투표 일정을 발표했다. 그러나 국민의 52.41퍼센트가 드골의 정책에 반대함으로써, 국민투표 다음 날인 4월 28일 드골은 대통령직을 사임하고 엘리제궁을 떠났다.

신좌파의 문화혁명과 한국의 상황

5월혁명은 신좌파들의 혁명이었다. 구세대 마르크스주의자들은 자본주의 대 사회주의라는 극단적 이분법으로 복잡한 현실을 단순화하여 대중의 '분노'를 조직화했다. 동시에 정당정치의 구조 안에서 정치권력을 획득한 정치적 좌파들은 관료화되어갔다. 좌파들에게 이상향이었던 소련의 전체주의적이고 권위주의적인 관료 체제는 사회주의에 대한 많은 사람들의 상상력을 거세해버렸다. '자유가 없는 사회주의는 병영'이라는 것이 1960년대 신좌파들이 생각한 소련 사회주의에 대한 정의였다. 경제적 풍요와 생각의 자유 덕분에 대학생들은 권위에 대한 무조건적인 복종을 거부할 수 있었다. 그렇기에 구좌파들의 경직된 '옳음'도 거부했다. 1960년대 대학생들은 냉소와 무기력이 아닌 비판과 저항을 통해 자신들의 자유를 구체화하려고 했다. 이들은 '서른 살 이상은 믿지 말 것'을 요구했고, 부모 세대의 낡고 상투적인 인식을 답습하지 않으려고 했다. 다양한 대항문화와 절충적이고 비교조적인 마르크스주의를 표방한 신좌파는, 전체성과 권위에 도전하면서 일상의 재조직화를 통해 소외된 개인의 삶의 자아실현을 구체화하려고 했다. 다양한 이념들, 가령 마오주의, 트로츠키주의, 페미니즘, 아나키즘, 사회민주주의 등이 공존한 것은, 모두 함께 이루어야 할 새로운 사회가 추상적 보편성을 추구하는 공동체가 아니라, 개인적 이해의 다양성과 접합되어야 한다는 믿음이 이들에게 있었기 때문이다.

이들은 상징적이고 비관습적이며 일탈적인 항거를 통해, 사람들의 의식을 변화시키고 완전한 개인 해방을 위한 토대를 일구어나가야 한다고 생각했다. 모든 사람이 자신의 계급, 성별, 인종에 구애받지 않고 자신들의 정신적, 신체적, 창조적인 모든 능력을 자유로이 발전시켜야 한다는 것이다. 이러한 생각은 곧 일상의 급진적인 변화를 통해 가능한 혁명을 꿈꾸게 한 진원이었다. 젊은 프랑스 노동자들이 파업에 동참한 것은 임금 인상을 위해서가 아니었다.[3] 공장의 권위적 문화와 서열에 대한 불만이 이들을 '광장'으로 이끌었다. 더 많은 돈이 아니라, 공장의 민주주의와 사람들이 함께 일하는 공간을 지키기 위해 이들은 파업에 동참한 것이다. 이들의 저항은 즐겁고 유쾌한 게릴라식이었다. 이들은 경제적 억압을 넘어 정치적, 심리적, 문화적 억압을 자각하는 데 저항의 강조점을 두었다. "개인적인 것이 정치적인 것이다The Personal is political"라는 페미니즘의 마니페스

토는 68혁명 전체를 설명하는 문구이기도 하다. 정치를 집단적이고 공적인 것의 문제로 통일하기보다는, 사적이고 은밀하고 사소한 것들(성과 사랑, 우정, 가족과 같은 개인적인 문제)과 결부하면서 일상을 바꾸려는 움직임이 새로운 정치의 상상력이었다. 그들은 밖에서, 거리에서 사랑을 나누었다. 그것은 공적인 곳으로의 사적인 것의 누수였고, 광장으로 쏟아져 나온 밀실의 욕망을 가시화하는 실천이었다. 어른들에게는 외설스러운 것이었고, 젊은 이들에게는 경계를 허무는 위반의 행동이었다.

1968년 5월혁명 당시 대학생, 노동자, 시민이 파리의 대학과 길거리에 뿌리고 붙인 유인물이나 벽에 쓰인 그래피티 문구는 신좌파적 상상력을 압축적으로 보여준다. 그것은 유명인이나 지식인의 글이 아니었다. 시위에 참여한 평범한 사람들, 일상적 혁명에 참여한 이들이 익명으로 거리에 휘갈긴 '문장'이자 '구호'이고 '시'였다.[4]

"모든 모험을 폐지한 사회에서 남은 유일한 모험은 사회를 폐지하는 것이다."

"국민투표: 찬성하건 반대하건 투표는 우리를 봉으로 만든다."

"계급사회를 철폐하라."

"자연은 하인도 주인도 창조하지 않았다. 나는 지배하는 것도 지배당하는 것도 바라지 않는다."

"우리는 구조에 봉사하는 인민이 아니라 인민에 봉사하는 구조를 원한다."

"일하지 마라."[5]

"보수주의는 부패, 추와 같은 말이다."

"죽은 시간 없이 살 것."

"일상을 거론하지 않은 채 혁명과 계급 갈등을 이야기하는 이는 입에 시체를 물고 있는 것이다."

"예술은 죽었다. 예술의 시체를 소비하지 마라.

예술은 죽었다. 우리의 일상을 해방시키자.

예술은 죽었다. 고다르는 그것을 바꿀 수 없다."

"상상력에 권력을."

"우리는 자본주의의 감시견이거나 하인이길 거부한다."

"당신이 살고 있는 사회를 의심하려면 우선 당신 자신을 의심할 수 있어야 한다."

"하나님은 아마 좌파 지식인일거야."

"돈을 사랑하다니, 너무 슬프다."

"사랑을 하면 할수록 더 혁명을 하고 싶어진다.

혁명을 하면 할수록 더 사랑을 하고 싶어진다."

"금지를 금지하라."

대학생들의 좀 더 의식적이고 계몽적인 문장도 있었다.

"우리는 노동계급 자녀들의 희생으로 운영되는 교육체계에서 사회적 선별의 기제에 봉사하는 선생이 되기를 거부한다. 우리는 정부의 선거운동 구호를 선전하는 사회학자가 되기를 거부한다. 우리는 '조별 노동자들'을 자본가의 최대 이익에 준해 '기능'하게 만드는 심리학자가 되기를 거부한다. 우리는 이윤경제의 독점적인 이익을 도모하기 위해 연구하는 과학자가 되기를 거부한다"[6]

"우리는 현실성 없이 경직된 교육의 종말, 간섭주의의 종말, '억지로 사료를 먹인' 거위 같은 교육의 종말을 요구한다. 우리는 교수와 학생 간의 진정한 대화와 협력을 요구한다. 우리는 공동의 삶과 열정과 진정한 연구가 강당의 싱거움과 마비 상태를 대체하기를 요구한다."

68혁명은 정치적으로 큰 변화를 일으키지는 않았다. 정치는 다시 기존 방식으로 돌아갔다. 그러나 대학 민주화는 특별히 언급할 만하다. 미국에서는 소수 인종이 대학에 들어갈 수 있게 되었고, 학교 행정에서 대학생들의 발언권이 커졌으며 새로운 커리큘럼과 강좌가 개발되었다. 기숙사에서 남녀 대학생들이 자유롭게 생활하게 되었고, 교수와 학생 간의 호칭이 좀 더 편해졌으며 보수적인 인습도 사라졌다.

구좌파와 달리 신좌파는 조직적이고 집단적인 정치 집단이 아니었다. 이들은 권위주의와 서열화에 대한 저항의 표시로 조직 구성을 포기, 아니 거부했다. 강력한 지도부나 중앙집권적인 권력이 없었기에 이들은 지속적이고 강력한 영향력을 행사하지는 못했다. 이들의 우발적이고 탈중심적인 행동 방식은 5월혁명을 '무엇이다'라고 정의하고 과거화할 수 없게 만드는 한계이면서 동시에 에너지다. 규정할 수 없는 사건은 역사화를 거부한다. 오직 잠재성으로서만 존재하는 이런 산발적이고 탈권위적인 사건은, 축제나 놀이처럼 일종의 사회적 무의식으로서 나타나고 사라진다. 사건은 우발적으로, 사람들 사이에서, 아무도 모르게 일어난다. 사건과 사건에 대한 이름으로서의 혁명, 즉 과거와 현재, 순간과 기억, 우연과 서사 사이에서 미래가 태어난다. 미래는 '다른' 시간을 가리키는 단어이고 다른 시간은 과거에 깃들어 있다. 미래는 과거를 기억하는 방식, 과거를 호출하는 방식이다.

68혁명은 일본의 전국일본학생자치회총연합(전학련), 전국학생공동투쟁회의(전공투), 적군파와 같은 대학생 중심의 무장 혁명 세력을 낳으며 한국 바로 옆까지 진입해 있었다. 하지만, 한국은 1968년 내내 전 세계적인 상황과 무관하게 조용했다. 1970년 노동자 전태일이 부당한 노동조건에 맞서 분신한 사건은 우리가 68혁명에 가담할 수 없었던 이유를 극명하게 보여준다. 신좌파의 이야기는 우리에게는 아직 너무 멀리 있는, '배부른' 서구인들과 연관된 소문이거나 사치였다. 국내에서 68혁명은 30년이 흐른 뒤인 1998년에 이르러서야 관심과 분석의 대상으로 떠오르는데, 그때까지 한국 운동권이나 비운동권은 모두 68혁명을 "대량 소비사회의 일상에 지친 선진국 대학생들의 배부른 데모"[7]정도로 간주하고 있었다.

68혁명에 견줄 만한 국내 사건은 1987년 6월항쟁과 같은 해 7,8월의 노동자대투쟁이었다. 그리고 1995, 6년경 학생운동이 목표를 상실하고 방황할 때 68혁명은 어떤 모티프가 되어주었다. 68혁명을 기념한 책 몇 권이 1998년도에 출간되면서 일련의 관심이 구체적 형태를 취하게 되었고, 이후 국내에서는 '68'과 '87'의 유사성을 놓고 많은 연구가 진행되었다.

민주화 이후 신사회운동의 이슈들과, '큰' 정치를 이야기하는 이들에게는 아주 사소한 것으로 간주되는 쟁점들(양심적 병역거부, 18세 선거권 연령, 미군 철수, 등록금 인하 등)이 중요한 권리 투쟁으로 간주되고 나서야, 비로소 68혁명이 우리의 문제의식 안에서 전유되고 이해될 수 있었던 것이다. 정치는 정치인에게 일임하고 학생은 공부하고 젊고 건강한 남자는 당연히 군대에 가고… 이런 흔히 '상식'으로 회자되는 구획 나누기와 정체성 분류는 정치, 학생, 군대가 무엇인지에 대한 정의를 다시 해보자는 제안을 반사회적이고 반국가적인 태도로 낙인찍는다. 그러나 당연한 것, 상식이라고 불리는 것들을 문제 삼지 않는다면, 즉 일상을 재조직화하지 않는다면 우리의 삶은 그저 기존의 억압적이고 무능한 사회를 살찌우는 데 함몰되어 버릴지 모른다. 우리는 사회가 지정한 역할을 수행하기 위해 자기 삶을 포기한 '구조의 부품'이 아니다. 지금, 이곳의, '나'에게 당면한 문제는 외면하고, 하고 있는 일에나 충실하라는 명령을 의심해야 한다. 아직 오지 않은 미래를 현재의 시간에 포함하려면 현재의 여기저기가 뜯겨지고 빈틈이 생겨야 한다. 현재의 빈틈을 상상력이 메운다. 아니 상상력은 빈틈을 볼 수 있는 힘이다.

프랑스 사회학자 레지스 드브레Régis Debray는 68혁명을 비교적 부정적으로 평가한다. 그는 68혁명을 계기로 자본주의가 자체 점검을 하게 되었다고 본다. 즉 자본주의는 혁명을 거치면서 착취 이론을 더욱 정교히 했고, 지배력을 교묘하게 강화해가고 있다는 것이다.[8] 문제는 자본주의 체제 자체를 전복하는 것이라고 생각하는 이들에게, 자본주의 내부에서 일어나는 변화의 움직임은 체제 순응적인 태도로 간주될 수 있다. 일상성의 혁명, 먹고 자고 걷는 방식을 바꾸려는 미시적 혁명은 혁명이 아닐 수 있다. 그러나 일상에 촘촘히 박힌 권력과 폭력을 감지하여 그것을 드러내고 집단화하는 움직임에 가담하는 것이 긴급한 임무라고 생각하는 이들에게, 거대 혁명은 너무 추상적이거나 관념적 환상일 수 있다. 68혁명은 미시적 혁명의 시작을 알리는 입구였다.

3

네그리튀드,
1930년대 흑인들의 정체성 회복 운동

서구와 비서구의 근대화

서구인에게 근대화는 그들 스스로 쟁취한, 말하자면 '자연스러운' 역사적 과정이었다. 서구에서는 신神 중심의 중세에서 인간 중심의 근대로 넘어가는 데 과학기술의 발전이 결정적 지지대 역할을 했다. 여기에 귀족 중심의 봉건제를 부르주아 중심의 시민사회로 이행하게 한 산업혁명과 정치혁명이 있었다. 즉 서구의 근대화는 내재적인 필연성과 변화에 따라 전개되었다. 서구인 스스로의 힘으로 역사를 '개척'하고 자유를 획득하는 과정과 연관된 것이다. 그러나 비서구에서는 그렇지 않았다. 비서구인 또는 제3세계인에게 근대화는 외세에 의해 강요된 식민화로, 타율적 지배로 급작스럽게 밀려왔다. 백인들의 근대화는 제국주의적 영토 확장을 통해 물적, 경제적 지원을 받았다. 이는 백인들에게 지배당한 유색인들의 근대화와는 다른 것이다. 근대화의 흔한 이미지 속에는 제국주의적 착취와 수탈이 빠져 있다. 이것은 근대화를 스스로의 힘으로, 자생적으로 이룩한 것으로 기술하고 싶어 하는, 백인들'만'이 인간으로 초대받은 '휴머니즘' 서사가 있었기 때문이다.[1] 간단하게 정리하면, 서구의 근대화는 대체로 제국주의적 영토 침략을 빼고 서술되었고, 비서구의 근대화는 강압적인 서구화와 함께 진행되었다.

흑인들의 강제 이주의 역사는 아프리카의 식민화 못지않은 비참과 고통, 슬픔의 역사이다. 백인 제국주의자들은 그들이 '발견'한 '신'대륙을 개척하고 발전시키기 위해 필요한 노동력을 아프리카 식민지에서 충원했다. 16세기부터 19세기 중엽까지 '노예무역항로' 또는 '대서양중간항로'를 따라 1,000만 명이 넘는 아프리카 흑인이 총과 같은 유럽의 신문물과 거래되어 아메리카 대륙으로 팔려 왔다.[2] 북미 백인들의 노예로 혹은 유럽 백인들에게 팔 설탕이나 담배 농장 노동자로 서인도제도에 팔려온 흑인들이 없었다면, 과연 우리가 지금 이해하는 그런 (서구식의) 근대화가 가능했을까? '근대화'라는 이 가치중립적인 용어는 서구화나 식민화와 같은 정치적이고 경제적인 정복과 수탈의 맥락을 은폐하고 있다.

백인 중심의 근대사를 유색인의 관점에서 재서술하고, 유색인의 의식구조에 백인이 어떤 영향을 미쳤는지를 비판적으로 성찰하는 학문적 분과나 방법론을 포스트식민주의postcolonialism라고 한다.[3] 포스트식민주의는 식민주의가 끝난 '이후post' 지배자로서의 서구인들이 사라진 뒤에도, 즉 '가시적으로는' 독립을 획득한 것으로 보이지만 여전히 피식민자의 의식과 무의식을 지배하고 있는 제국주의의 영향력을 분석하고 그것에 대해 성찰하는 이론이다. 20세기 후반에 아프리카와 인도, 카리브 해 지역 지식인들은 서구적 삶과는 독립적인 진정한 '토착적' 삶의 회복이 과연 가능한가, 그렇지 않다면 독립 이후 제3세계에서 팽배한 '민족주의'는 실체가 아니라 하나의 환상 혹은 관념에 불과한 것은 아닌가에 대한 많은 논의를 했다. 가시적으로는 해방된 곳에 남은 식민주의의 뿌리 깊은 잔재와 민족주의 논리에까지 침투한 제국주의의 영향력을 성찰하는 포스트식민주의자들에게, 20세기 후반 프랑스 파리에 유학 온 흑인들이 일으킨 '네그리튀드Négritude'는 포스트식민주의의 초기 형태를 보여주는 중요한 사건이다.

네그리튀드의 태동

위키피디아는 네그리튀드를 "1930년대 프랑스어권 흑인 지식인, 작가, 정치가 들이 전개한 문학적, 이데올로기적 운동"으로 정의한다. 즉, 네그리튀드는 프랑스 정부의 장학금을 받고 파리로 유학 온 흑인 대학생들이 1930년대에 결성해서 유럽의 아프리카 식민 통치가 종식된 1960년대에 서서히 사라진 운동이다. 1920년대 말 프랑스 파리에 유학 온 세네갈 출신의 시인이자 세네갈 초대 대통령이 된 레오폴 세다르 상고르Léopold Sédar Senghor, 마르티니크 출신의 시인이자 정치가인 에메 세제르Aimé Césaire, 프랑스령 가이아나 출신의 시인이자 국회의원이었던 레옹 다마스Léon Damas, 이 세 사람은 흔히 네그리튀드의 '세 아버지'로 불린다.

　　고등학교를 다녀 안면이 있는 세제르와 다마스는 각각 최고의 지식인들을 산출한 파리고등사범학교에 입학하기 위해, 또 법을 공부하기 위해 1931년 파리로 유학을 왔다. 이미 3년 전에 유학을 온 상고르와 둘은 자연스럽게 친구가 되었다. 이들은 식민주의와 인종차별주의의 진원지에서 자신들이 흑인임을 부인하지 않으려 한 문제적 청년들이었다. 세제르는 마르티니크에서 '유색인 프티부르주아들'이 원숭이처럼 백인을 모방하고 흉내 내는 것을 극도로 혐오했다. 그런가 하면 상고르는 세네갈의 수도 다카르에서 고등학교를 다닐 때, (서구적) 교육과 근대화를 통해 기독교와 서구적 가치를 전하면서 이를 자신들의 '위대한' 소명으로 간주한 흑인 선생들에게 대들었다. 이들에게 식민 교육의 직접적 목적인 '동화同化, assimilation'는 가당치 않은 것이었다.

흔히 다른 것들이 차이를 넘어서 동질성을 획득하는 과정을 뜻하는 동화는 문화적인 맥락에서는 소수자 집단이 점차 주류의 문화와 관습과 태도를 채택해가는 과정을 가리킨다. 즉 동화는 자신의 문화나 가치관을 포기하고 다른 그러나 '우월한'(것으로 간주되는) 지배적인 문화에 자신을 동일시하는 과정을 가리킨다.[4] 동화는 중심의 입장에서는 '확장'이고 주변부의 입장에서는 '자기부정'을 뜻한다. "그들의 신발을 신고, 그들의 이브닝 정장을 입고, 그들의 빳빳한 칼라에 풀 먹인 셔츠를 입고, 그들의 단안경에, 그들의 중산모를 쓴 내 모습이라니 우스꽝스럽다"[5]고 고백하는, 즉 동화되고 있는 자신을 '의식하는(대부분 동화는 무의식적으로 자연스럽게 진행되기에 이에 저항하기란 거의 불가능하다)' 이 피식민자들에게 동화는 자신을 잃고 부정하는 과정이다. 백인-되기에 동참하지 않는, 소수의 흑인 유학생 사이에서 흑인으로서의 자기를 '인정'하려는 운동이 일어난 것이다.

에메 세제르는 1934년부터 1948년까지 발행된 잡지 《흑인학생 L'Etudiant noir》에 1934년이나 1935년경 게재한 글에서 자신들의 저항적 운동을 '네그리튀드'로 처음 명명했다. 프랑스어로 흑인을 뜻하는 '네그르 négre'와 특징이나 성격을 뜻하는 '튀드tude'의 합성어인 네그리튀드를 중립적인 의미인 '흑인성'으로 번역하는 것은 약간 문제가 있다. 프랑스어 네그르는 영어 '검둥이nigger'처럼 흑인을 경멸적으로 부르는 호칭이기 때문이다.[6] 이미 '더러운, 역겨운'이란 부정적 함의를 포함한 네그르란 단어를 있는 그대로 사용하려 한 세제르의 전략은, 비참하고 궁핍한 흑인의 현실을 떠안음과 동시에 자긍심pride의 원천으로 삼으려는 역설적 전략이다.

즉 '검둥이성'이라는 번역이 차라리 어울릴 네그리튀드는 흑인을 경멸하고 흑인임이 수치스러운 백인 사회에서 '우리'가 살고 있다는 것을 잊지 않으려는 결단을 전제로 한다. 1987년 미국의 한 대학에서 강연할 때, 세제르는 비록 그 운동이 "분명한 현실, 더 심원한 현실로 보일 필요가 있다는" 것을 인정했지만, 자신은 네그리튀드란 단어를 전혀 좋아하지 않았다고 고백한다.[7] 흑인이라는 사실을 열등감 없이 긍정하기 위해 가장 비천한 단어/낙인을 사용한다는 역설을 세제르는 견디고 떠안아야 한다고 생각하면서도 그 단어의 현실적 힘을 감당하는 어려움을 인정한 것이다.

네그리튀드의 미학적·정치적 실천

'나는 누구인가'란 고민은 성장기의 인간 누구나 제기하는 질문이다. 이것은 사회적 삶을 살아가는 개인이 자신을 집단적이고 공동체적인 좌표에 묶어두고 삶의 '의미'를 받아들이는 일종의 통과제의이다. 가령 우리는 '나는 한국인이다, 나는 여성이다, 나는 청년이다'와 같은 언명을 통해서 자신을 기성 구조 안으로 편입해 들이고 동시에 한국인, 여성, 청년과 같은 언어에 함의된 (긍정적) 의미를 자기화하게 된다. 이런 점에서 '나는X이다'란 언명은 명사X에 부여된 집단적이고 사회적인 가치를 반복하면서 인정하는 수행적performative 실천이라고 할 수 있다. 동시에 거기에는 나는 -X, 즉 '나는 X가 아니다'라는 비동일시와 차별화의 과정(나는 일본인, 남성, 어른이 아니라는 부정의 과정)이 숨어 있다. 그러므로 나는 한국인, 여성, 청년으로서 정체성을 긍정하는 수행적 실천을 작동시키기 위해서는 다른 정체성을 거부하는 실천을 동시에 진행해야 한다. 즉 정체성 형성은 '다른' 정체성에 대한 이해와 그 정체성에 대한 거부를 동시에 진행시킨다. 타자의 삶, 존재, 고유함을 부정하는 왜곡과 폭력이 나의 정체성을 형성하는 가운데 일어나는 것이다. 이러한 맥락에서 제국주의적 수탈과 연관된 근대화는 타자의 정체성을 박탈하면서, 타자를 가령 흑인을 짐승이나 야만의 지위로 강등시키는 전략을 진행했다.

'인간은 백인을 뜻하고 세계화는 서구화를 뜻한다'는 것을 자각하는, 즉 백인이 지배하는 사회에서 스스로의 정체성을 긍정할 수 있는 '과거/집단적 기억'을 갖지 못한 흑인에게, 자신의 정체성을 확인하고 긍정하는 과정은 곧 '과거'를 만들고 발명하는 과제를 수행하는 노정이기도 하다. 더욱이 백인 엘리트를 양산하는 대학을 나와 영어나 '제국의 언어'로 사유할 수 있게 된 흑인들, 즉 백인들처럼 생각할 줄 알게 된 흑인들에게, 긍정적 자긍심의 원천으로서의 아프리카를 '발명'하는 일은 시급한 문제였다. 미래는 '과거를 어떻게 기억하는가'에 달려 있기 때문이다. 계속 살기 위해서는 기원으로서의 과거를 호출해야 한다. 과거를 (다시) 쓰지 않는 한 '다른 시간이자 공간'으로서의 미래는 존재하지 않는다.

네그리튀드의 '세 아버지'는 모두 시인이면서 정치가였다. 다시 말해서 이들은 문학적/상징적 실천과 정치적/현실적 변혁 사이에서 자신들의 정체성 문제를 고심했다. 1920년대 말 파리에 온 상고르에게는 파리의 트로카데로 광장에 있는 민속박물관을 방문하는 것이 크나큰 즐거움이었다. 그는 거기에서 아프리카 미술이 어떻게 서구 모더니즘 미술에 직접적인 영향을 준 '기원'인지를 눈으로 확인했다(파블로 피카소Pablo Picasso의 〈아비뇽의 처녀들Les Demoiselles d'Avignon〉은 아프리카 가면의 직접적인 영향하에 만들어졌다. 그 외 무수히 쏟아져 나온 '원시미술primitive art' 관련 책자는 모더니즘 미술에 아프리카 미술이 끼친 영향이 얼마나 지대한지를, '원시'와 아프리카를 동일시하면서 보여준다).

1960년, 세네갈은 프랑스에서 독립한다. 초대 대통령으로 취임한 상고르가 제일 먼저 한 과업은 1966년 3월 6일 개최한 '세계흑인미술축제World Festival of Negro Arts'였다. 축제의 대표 연설자로 초대된 세제르는, 차가운 이성이 지배하는 시대에 예술이 어떻게 전통 세계의 신화적 가치를 보존하는지를 이렇게 역설했다.

"예술은 물화物化된 세상을 다시 인간 세상, 살아 있는 실재의 세상, 소통과 참여의 세상으로 만듭니다. 사물을 모음으로써 시와 예술은 전체로서의 조화로운 세계를 다시 만들어냅니다. 이런 이유로 시는 청년입니다. 세계의 근원적인 역동성과 경이의 아우라를 우리 세계에 되돌려주는 것은 바로 이 시의 힘입니다."[8]

서구는 피부색이라는 겉모습의 차이를, 백인의 흑인 지배를 정당화하는 근거로 삼았다. 야만에 머물러 있는 아프리카를 문명화하여, 흑인에게도 '인간'이 될 기회를 부여하는 '선한' 백인의 윤리적 부담을, 늘 자신들의 역사적 임무라고 주장했다. 아프리카에는 '문명'이나 '문화', '역사'가 존재하지 않았다는 주장은, 늘 그리스 문명을 세계적인 보편 문명으로 정당화하는 글들에 이미 그리고 지금까지도 만연해 있다.

"이집트가 문명의 기원이고 그리스는 이집트의 영향을 상당히 받았다는 것은 역사적 증거를 통해 분명히 알 수 있다. 사실이 이러함에도 그리스의 역할은 강조하면서 왜 이집트의 역할은 밀쳐내 침묵 속으로 던져버리는지 의아하다. 이런 태도의 근거는 질문의 핵심을 살펴볼 때 잘 이해할 수 있다. 이집트는 흑인 국가이고 이집트에서 발전한 문명은 흑인의 과업이라는 점은 분명 사실이다. (중략) 편의상 이집트의 가치를 흰색 꼬리표를 단 그리스에 허위로 귀속시키는 것은 대단히 심각한 모순이다. 앞서 보았듯이 흑인은 기술 문명을 발전시킬 능력이 분명히 있다. 오늘날 검은아프리카에 살고 있는 이들의 조상, 즉 최초로 수학, 천문학, 달력, 과학, 예술, 종교, 사회조직, 의학, 글, 엔지니어링, 건축을 발명한 사람들이 흑인이라고 말할 때, 우리는 아주 단순하고 엄격하며, 지금 그 누구도 논증의 형식으로 반박할 수 없는 진실을 언급하고 있는 것이리라"[9]

위 주장은 객관적으로 검증된 사실이지만 글과 연관된 권력(다국적 출판사나 작가)이 늘 그리스를 '파는' 데 앞장선 것도 사실이다.

상고르는 1948년, 그 무렵 프랑스의 가장 저명한 철학자 사르트르가 〈흑인 올훼Orphée Noir〉라는 서문을 달아서 더욱 유명해진 책《프랑스어로 쓴 흑인 및 마다가스카르인의 신작시 앤솔로지Anthologie de la nouvelle poésie nègre et malgache de langue française》에서 아래와 같이 천명한다.

"가난, 문맹, 인간에 의한 인간의 착취, 흑인이나 황인이 겪은 사회적이고 정치적인 인종차별주의, 강요된 노동, 불평등, 거짓말, 협잡, 편견, 공모, 비겁, 실패, 자유, 평등, 박애의 이름으로 자행된 범죄들, 이 모든 것이 프랑스 토착시의 주제이다."[10]

이렇듯 네그리튀드 멤버들은, 백인들의 문명화 사명이라는 '자비로운 폭력benevolent violence'에 신음했던 아프리카 흑인 작가들의 분노와 소외를 드러내고, 이에 목소리를 부여하려 노력했다. 이제 이 노력은 그 자체로 긍정할 만한 흑인들의 가치와 자질을 발굴하고 제시하려는 방향으로 나아가게 된다. 이 부분에서 이들 '세 아버지'는 약간 차이를 보인다. 다마스는 보다 문학적이고 상징적인 특질을 통해 아프리카 시인들의 공통성을 찾았다. 세제르는 흑인들의 주도권을 회복하고 되돌리려는 보다 정치적인 운동에, 상고르는 아프리카인들의 정신적이고 철학적인 핵심을 찾아내려는 데 골몰했다. 가령 상고르는 '리듬'을 통해 흑인들의 문학적이고 정신적인 특징을 서구적 가치와 차별화하려고 했다. 그는 흑인성을 곧 '리듬'으로 간주하면서 다음과 같이 주장했다.

"리듬은 무엇인가? 그것은 존재의 건축, 존재에 형식을 부여하는 내적 다이너미즘, 존재가 다른 존재들을 향해 발산하는 파동 체계, 역동적 힘의 순수한 표현이다. 리듬은 굽이치는 충격과 감각을 통해 우리를 존재의 뿌리에서 포착하는 힘이다. 리듬은 가장 물질적이고 관능적인 수단—축, 조각, 회화에서는 선, 표면, 색, 양감으로, 시와 음악에서는 악센트로 춤에서는 움직임—을 통해 자신을 표현한다. 그러나 그렇게 하면서 리듬은 이 모든 구체성을 정신의 빛을 향해 조직화한다. 아프리카 흑인에게 리듬이 정신을 밝게 비춘다면, 이는 그것이 관능성과 리듬을 구현하기 때문이다"[11]

이 주장은 아프리카인들이 유럽인들과 달리 비이성적인 방법으로 세계에 접근한다는 주장과 겹치면서, 서구의 합리적 비인간성에 비해 우월한 흑인들의 '질quality'을 정당화하는 방향으로 전개된다.

"유럽인은 대상을 대할 때 먼저 대상을 자신으로부터 분리한다. 대상과 거리를 유지한다. 유럽인은 대상을 고정하고 죽인다. 대상을 하나의 수단으로 만든다. 구심력 운동으로 대상을 동화한다. 대상을 게걸스레 먹어치움으로써 파괴한다. 아프리카인은 대상과 거리를 유지하지 않는다. 그것을 분석하지도 않는다. 대상을 고정하거나 죽이지도 않는다. 아프리카인은 타자로부터 전달되는 파동을 따라 주체로부터 대상으로 향하는 원심력 운동 속에서 밖으로 나아간다."[12]

위의 분석 내지 평가는 백인들이 주도한 근대화에 정면으로 배치되는 아프리카인들의 존재 방식을 제시한다. 상고르는 근대 과학의 방법론이 사물을 죽이고 인간 주체의 목적을 실현하는 방법인 데 비해, 아프리카인들은 사물과 대화하고 사물과 하나가 되려는 보다 민주적인 인간이라고 평가한다. 또한 아래 주장 역시 그렇다.

"'나는 생각한다. 고로 존재한다'라는 '가장 유럽적인' 데카르트의 명제

에 대해, 아프리카인이라면 이 경우 '나는 냄새 맡는다. 나는 타자를 춤
춘다. 나는 존재한다'로 바꿔 쓸 것이다. 아프리카인에게 '이성이란 유
럽인의 눈(이성)이 아니라 끌어안음에 의한 이성reason-by-embrace이다'." [13]

이렇듯 네그리튀드 멤버들은, 서구적 세계관/가치와 다르지만 세계와 사
물을 더 윤리적이고 감각적으로 끌어안는 아프리카적 세계관이나 가치를
되살리고 복원하려 했다. 이들은 서구'보다' 우월한 아프리카, 서구가 '잃
어버린' 보다 근원적인 가치를 보유한 아프리카를 역설한 것이다.
　　네그리튀드는 제국주의가 득세하고 백인이 주도한 근대화가 정점
에 이르러 있을 때 등장한 운동이었다. 네그리튀드의 멤버들은 서구에는
존재하지 않는 아프리카의 고유한 특성이나 질을 제시하면서 서구인보다
우월한 아프리카의 본래성을 피력했다. 이것은 자긍심을 잃고 노예 상태
로 살아가는 아프리카인들 사이에 만연한 정신적 무력감, 심리적 굴종을
넘어서기 위해서는 반드시 필요한 '환상'이나 이데올로기였다고 볼 수 있
다. 오늘날 포스트식민주의 이론가들이 네그리튀드의 '본질주의'를 비판
하면서, 백인들이 스스로의 우월함과 근대화의 주체로서의 자신들의 역사
적 책임 운운할 때 사용한 논리를 네그리튀드가 그대로 끌어와서 아프리
카의 우월함을 주장했다고 비판하는 것의 적실성은 주목해야 한다. 그러
나 네그리튀드가 등장할 때의 역사적 맥락마저 부정할 수는 없을 것이다.
백인성과 흑인성의 이분법적 대립 구도를 사용했던 네그리튀드는 백인들
의 논리를 타자의 위치에서 반복했다는 한계와 근대화를 백인성으로 간주
하고 거부하려 했다는 역사적 의의를 갖는다.
　　네그리튀드가 한창 활동하던 1940년대나 1950년대에 유럽의 비판

적 (백인, 남성) 지식인들은 거의 대부분 마르크스주의자였다. '계급' 갈등을 근본적인 문제로 간주하고 모든 비판적 진영의 연대를 강조한 마르크스주의자들은, '인종'을 갈등의 핵심으로 간주한 네그리튀드를 곱지 않은 시선으로 보았다. 유럽의 억압받는 노동자들과 전 세계 피지배계급의 진정한 해방을 위해 프롤레타리아 투쟁 국면에 존재하는 객관적인 사회적 모순을 강조할 시점에, 인종이라는 '사족'을 만들어냈다고 네그리튀드를 비판한 것이다. 그러나 1946년 프랑스 공산당원으로 가입하여 일생 사회주의자의 태도를 취했던 세제르는, 1956년 프랑스 공산당 당원의 자격을 포기하면서 "흑인에게 마르크스주의와 공산주의가 봉사해야 하지, 그 반대여서는 안 된다"고 입장을 밝힌다. 상고르는 아프리카 흑인의 관점에서 마르크스를 다시 읽고, 아프리카 사회주의라는 변이체를 만들어내기도 했다.

네그리튀드와 포스트식민주의

네그리튀드는 포스트식민주의가 등장하기 전, 즉 독립한 제3세계에서 식민주의를 둘러싼 복잡한 논의가 진행되기 전, 유럽의 문화적 특수성과 휴머니즘의 보편성을 받아들이길 거부하고 흑인으로서의 자긍심을 고취하려 한 운동이다. 네그리튀드에 대한 후세대 흑인들의 일부 평가는 일견 냉정하다. 남아프리카 소설가인 음파렐레Mphahlele는 네그리튀드를 놓고 '인종주의, 자기부정, 열등감'에서 벗어나지 못한 운동이라고 비판했고, 노벨문학상을 탄 나이지리아의 월레 소잉카Wole Soyinka는 "호랑이는 자신의 호랑이성을 뽐내지 않는다"고 말하면서 네그리튀드가 결국 백인의 전략에 말려들었다고 비판했다.[14] 백인들이 야만, 야생, 암흑과 같은 단어를 사용해 아프리카를 타자화하고 백인에 비해 흑인을 열등한 인간으로 서열화했다고 해서, 네그리튀드도 이성에 대해 리듬, 그리스에 대해 이집트를 대안으로 제시하면서 백인보다 '우월한' 흑인이나 아프리카를 주장한 점은 결국 백인들의 사유방식에 스스로 말려들었다는 것이다. 소잉카는 백인이 없어도, 군이 백인의 인정이 없어도, 흑인은 그 자체로 뛰어나다고 호랑이 은유를 빌어 역설한 것이다.

　　이런 점에서 유럽인의 사유방식을 통해 흑인의 우월함을 제시하는 네그리튀드의 전략은 보다 근본적인 문제 제기에는 이르지 못했다고 볼 수 있다. 근본적인 문제 제기는 서구인이 비서구인과 자신들을 비교하여 자신들을 정당화하는 데 사용한 이분법적 모델을 거부하는 것에서 시작한다. 우월함에 대한 판단은 지극히 근대 유럽적 사고방식이다. 네그리튀드는 단지 백인우월주의를 뒤집은 데에서 멈추었다. 백인이 발명한/날조한 '아프리카 흑인'에 대한 상투형을 뒤집고 백인보다 더 '우월한' 흑인의 가치를 제시한 네그리튀드는, 앞으로 이 책에서 분석될 모든 소수자 운동이 거쳐 갈 과도기적 단계를 흑인 운동사 안에서 예시하고 있다. 주변부적 삶에 대한 보호·관리를 자처한 중심의 권력에 맞서 소수자들의 저항운동은 첫 번째 단계에서 비동일시와 긍정적 정체성 구성으로 맞섰다. 그리고 두 번째 단계에 이르면 첫 번째 단계에 요청된 정체성을 거부하면서 내부의 차이와 다양성을 주장하게 된다. 이런 점에서 네그리튀드는 흑인들의 저항운동에서 반드시 거쳐 가야 할 '단계/국면'으로 간주하는 것이 더 정확한 이해라고 생각한다.

그렇기에 네그리튀드를 '20세기 초 프랑스와 프랑스어권 아프리카, 카리브 해 지역 식민지 사이의 갈등이라는 구체적인 역사적 시공간 속에서 일어난 식민지 저항운동'으로서 그 의의를 높이 평가하려는 움직임도 분명히 한편에 존재한다. 《포스트 콜로니얼 문학이론》의 저자들은 근래에 네그리튀드 철학이 아프로–아메리칸 흑인의 의식 운동을 출범시킬 정도로 강력한 전파력을 갖고 있다는 것을 인정한다. 이들은 흑인 인권운동도 흑인의 유일무이한 사상적, 정서적 변별성을 강조한다는 점에서 네그리튀드의 일반적 특징을 공유하고 있다고 지적한다.[15] 흑인의 보편적 특질을 '리듬'에서 찾으면서 흑인을 '본질주의'적으로 실체화한 상고르도 "모든 사람은 자기식으로 믹스되어 있다"고 말했다는 점에 비추어본다면, 네그리튀드는 20세기 초반의 역사적 상황에서 자기식으로 고민하고 모순을 인정하려고 한 것 같다.

오늘날 포스트식민주의는 본질, 흑인다움, '흑인성' 대신 혼성 hybridity, 크레올화creolization처럼 백인도 흑인도 아닌 '사이', 즉 오염된 중간을 기점으로 식민 지배 이후 제3세계의 문화적 정체성이나 특수성을 고찰한다. 중간, 혼성, 오염은 이분법적 서열을 통해서는 접근할 수도, 분석할 수도 없는 경계이다. 우리는 차별이 만연한 사회에서 차별이 아닌 '차이'로서 타자의 삶을 인정하며 공존해야 하는 윤리적 임무를 갖고 있다. 민주주의자는 이분법적 사유를 경계해야 한다. 이분법적 사유는 내가 너보다 우월하거나 열등하다는 논리를 통해서 지배와 종속을 정당화한다. 그러므로 모두의 공생, 평화, 소통을 희망하는 민주주의자는 자신의 생각의 근간에 도사리고 있을지도 모르는, 비교하고 서열화하는 방식을 의심할 수 있어야 한다.

레옹 다마스

레옹 다마스

프랑스령 가이아나에서 태어난 다마스는 1924년 마르티니크의 고등학교로 유학을 가서 평생의 친구이자 협력자가 된 에메 세제르를 만났다. 1929년 파리로 유학을 간 뒤에는 먼저 유학 와 있던 세제르, 상고르와 함께 네그리튀드 운동을 시작한다. 1937년 첫 시집《물감 Pigments》을 발간했다. 제2차 세계대전에는 프랑스 군인으로 참전하기도 했다. 1948년에서 1951년 사이에는 프랑스 국회 가이아나 대표로 활동했다. 그 뒤에는 아프리카, 미국, 남미 등지를 여행하면서 강연과 저술 활동을 병행했고, 1970년 미국의 워싱턴DC로 이주 조지타운 대학을 거쳐 1978년 사망하기까지 하워드 대학의 교수로 재직했다. 죽은 뒤에는 가이아나에 묻혔다.

에메 세제르

마르티니크에서 태어났다. 파리 여행 중 장학금을 받고 루이 르 그랑 고등학교를 다니다가 1935년 에콜 노르말 쉬페리에르 입학시험에 통과한 뒤 네그리튀드 운동에 참가한다. 1947년 출간된 장시집《귀향 수첩Cahier d'un retour au pays natal》을 1936년 쓰기 시작했다. 1937년 결혼한 뒤, 1939년에 가족과 마르티니크로 돌아간다. 포르드프랑스의 고등학교 선생으로 포

에메 세제르

스트식민주의 지식인 프란츠 파농 Frantz Fanon을 가르쳤고, 시인 에두아르 글리상Édouard Glissant에게 문학적 영감을 불어넣었다. 부인과 만든 문학잡지《열대Tropiques》를 통해 마르티니크 사람들이 겪고 있는 만연한 소외에 도전하는 비판적 글들을 게재했다. 제2차 세계대전 중에는 마르티니크에 머물렀던 초현실주의 시인 앙드레 브르통André Breton과 친교를 나누었다. 1947년 완성된《귀향 수첩》의 서문을 브르통이 썼다. 1945년에는 프랑스 공산당의 지지를 받으면서 포르드프랑스의 시장과 마르티니크 대표 국회의원으로 당선되었다. 그러나 당시 프랑스 좌파 지식인에게 이상 사회로 간주되었던 소련에 대한 환상은 세제르에게는 오래가지 않았고, 이후 그는 프랑스 공산당을 탈당한다. 유럽의 식민적 인종주의, 데카당스, 위선을 고발한 책《식민주의에 대한 담론Discours sur le colonialisme》을 1950년 출간했다. 이 책은 1955년 프랑스의 한 잡지사에서 재출간되었다. 1960년에는 아이티 혁명가의 일생을 다룬《투생 루베르튀르Toussaint Louverture》를, 1969년에는 셰익스피어William Shakespeare의《템페스트The Tempest》를 흑인의 관점에서 개작한《어떤 태풍Une Tempête》을 출간했다. 1983년에서 1988년까지 마르티니크 주의회 의장으로 재직했다. 2001년 정치계를 떠났고, 2008년 심장에 이상이 생겨 사망했다.

국내에서는 〈에메 세제르 선집〉(전 3권, 그린비, 2011)으로,《식민주의에 대한 담론》(선집 1), 희곡을 묶은 《어떤 태풍》(선집 2), 서사시집 《귀향 수첩》(선집 3)이 번역 출간되었다.

레오폴 세다르 상고르

레오폴 세다르 상고르

상고르는 부유한 사업가인 아버지와 아버지의 세 번째 부인 사이에서 태어났다. 그는 어린 시절 일찍이 프랑스 문학에 눈을 떴다. 장학금을 받고 프랑스로 유학을 가 파리 대학을 졸업한 뒤 1935년에서 1945년까지 투르와 파리의 여러 대학에서 교수로 활동했다. 1939년 프랑스군의 식민지 장교로 징집된 뒤 독일군에 포로로 잡

혔다. 감옥 생활 2년 동안 시를 썼고, 1942년 풀려난 뒤에는 레지스탕스에 가담했고 학생들을 가르쳤다.

전후 독립할 때까지 한 대학의 언어학과장으로 재직했던 상고르는 우연한 기회에 사회주의 운동가를 만나 정치의 길로 접어들었다. 그 뒤 세네갈-모리타니 대표 국회의원으로 선출된다. 1948년 세네갈 민주당을 창설했고, 1951년 국회의원 선거에서 승리했다. 1960년에는 대통령 선거를 통해 세네갈 초대 대통령으로 취임했다. 다섯 번의 연임을 끝으로 평화적으로 정권 이양을 마친 그는 1983년에는 프랑스의 아카데미프랑세즈 멤버로 선출되었다. 그즈음 자신의 시집을 발간했다. 2001년 상고르의 장례

식은 성대히 치러졌다. 국내에는 상고르의 시를 묶은 《셍고르詩全作集》(지성사, 1979)가 번역 출간되었다.

4

누벨바그와
아방가르드 영화 운동

도그마95 선언과 누벨바그

1995년 3월 13일 덴마크의 코펜하겐에서 영화감독 라스 폰 트리에Lars Von Trier, 토마스 빈테르베르Thomas Vinterberg, 크리스티안 레브링Kristian Levring, 소렌 크라흐야코브센Søren Kragh-Jacobsen은 기존 영화제작 방식과 단절한 새로운 방식을 담은 선언문 '도그마95 Dogme95'를 발표한다. 〈유로파Europa〉, 〈브레이킹 더 웨이브Breaking The Waves〉, 〈도그빌Dogville〉과 같은 문제작으로 칸영화제에서 황금종려상, 감독상, 그랑프리 등을 석권한 거장 라스 폰 트리에를 위시한 네 감독은 선언문과 함께 계명 열 개로 구성된 '순수서약Vow of Chastity'을 발표했다. 순수서약 10계명을 간략히 요약하면 다음과 같다.

1. 촬영은 반드시 로케이션으로 이루어져야 한다. 소품과 세트는 사용하지 않는다.

2. 사운드는 이미지와 별도로 만들어서는 결코 안 된다. 그 반대도 결코 안 된다.

3. 카메라 기법은 반드시 핸드헬드여야 한다. 손으로 얻을 수 있는 움직임이나 정지는 모두 허용된다.

4. 필름은 반드시 컬러여야 한다. 특수조명은 일체 허용되지 않는다.

5. 시각 작업과 필터는 금한다.

6. 피상적인 동작을 담아서는 안 된다(살인, 무기 등을 허용하지 않는다).

7. 시간적이고 공간적인 소외는 금한다(즉 영화는 '지금, 이곳'에서 탄생한다).

8. 장르 영화는 허용하지 않는다.

9. 영화의 포맷은 반드시 35mm여야 한다.

10. 감독 이름은 크레디트에 올리지 않는다.[1]

도그마95의 규약에 따른 영화는 관습적인 영화제작 방식을 거부하고 영화를 스튜디오 밖 일상으로 끌어들여 끊임없이 흔들리는 카메라로 관객을 괴롭힌다. 이는 우리가 흔히 알고 있는 저예산 독립영화의 제작 방식을 고수하려는 다짐으로 보아도 큰 무리가 없다. 도그마95 집단은 자신들의 계명을 준수한 영화를 '도그마 영화'로 불렀는데, 한국에서는 2000년 변혁 감독의 영화 〈인터뷰〉가 도그마 영화에 선정되기도 했다.

할리우드 블록버스터 영화 같은 주류 영화의 헤게모니가 대형 기획사나 거대 자본에 있는 것과 달리, 저예산 영화의 주도권이 감독에게 있다는 것은 주지의 사실이다. 위의 순수서약 10계명은 작가주의 영화의 생산 방식을 모두 따른다. 그러나 열 번째 계명이 보여주듯이, 저예산 영화의 실질적 '주인master'인 감독 이름을 크레디트에 올리지 않겠다고 선언했다는

라스 폰 트리에

점에서 어떤 전복을 꾀하고 있다. 대중적인 장르 영화와 예술영화를 구분하는 경계에 놓인 예술가-감독의 이름을 뺀 영화를 만들겠다는, 이미 세계적인 작가로 등록된 라스 폰 트리에의 기이한 결단! 이런 기이한 계명이 등장한 이유를 알기 위해서는, 도그마95의 모든 문장에 들어와 있으면서도 부정되고 있는 1960년대 프랑스에서 일어난 영화 운동 누벨바그Nouvelle Vague를 먼저 이해해야 한다.

도그마95는 누벨바그를 '1960년대' 영화와 등치시키면서 이렇게 평가했다.

"도그마95는 구조의 행위이다! 1960년대에 그것은 차고 넘쳤다. 영화는 죽었고 구원을 요청했다. 영화의 목적은 공정했지만 방법은 그렇지 않았다. 누벨바그는 바닷가에 좌초되어 진흙으로 변한 잔물결에 불과했다. 개인주의와 자유의 슬로건은 잠시 작품들을 창조했지만 어떤 변화도 초래하지는 못했다. 누벨바그는 팔렸고 감독들도 마찬가지였다. 누벨바그는 그것을 창조했던 사람들보다 더 강력하지는 못했다. 반부르주아 영화는 부르주아가 되어버렸다. 이는 예술이라는 부르주아의 관념에 근거한 이론들에 기댔기 때문이다. 부르주아 낭만주의에서 유래한 작가라는 개념 역시 거짓이다! 도그마95에 있어 영화는 개인주의적인 것이 아니다."[2]

도그마95는 누벨바그의 성과를 어느 정도는 인정한다. 누벨바그는 영화를 오염된 사회에서 구해내려고 했다. 그러나 잘못된 방향을 선택했다. 누벨바그는 작가 몇몇의 이름으로 환원되었고, '새로운 흐름'은 형성하지 못했다. 그들은 소비되었다. 그들은 '개인'으로, '이름'으로, '작품'으로 석화되었다. 영화 '운동'이 예외적 개인으로서의 천재 '작가'를 생산해내는 틀에 갇혀 결국 상품화되었다. 도그마95 집단은 1960년대 젊은 감독들의 급진성이 오늘날 '경전'으로 분류되면서 그 힘을 상실했다고 평가한다. 누구나 영화를 만들 수 있는 시대, 영화가 처음 만들어지고 정확히 100년이 지난 1995년에, 영화의 가장 '순수한' 정신과 태도를 환기시키려 한 것이다. 이들은 영화가 사회를 변화시킬 수 있는 힘을 상실하고 예외적 개인으로서의 작가의 소유물로 전락하는 것을 거부했다. 이는 크레디트에 작품의 '소유주', 의미 원천으로서의 작가 이름을 걸지 않겠다는 결단을 낳았다.

도그마95 집단은 순수의 서약의 말미에 다음 문구를 덧붙인다.

"나는 감독으로서 개인적 취향을 자제할 것을 서약한다. 나는 더 이상 예술가가 아니다. 전체보다 순간을 더 중시하기에 나는 '작품' 만들기를 삼가겠다고 서약한다. 나의 최고 목적은 내 인물들과 세팅에 근거하여 진실을 밀고 나가는 것이다. 나는 모든 사용 가능한 수단을 통해서, 그리고 모든 좋은 취향과 모든 미적 고려 사항을 대가로 해서 이렇게 할 것임을 서약한다."[3]

영화를 대중문화나 대중오락으로 치부하는 시대에, 영화로 세계를 탐구하고 미학적 실험에 천착하는 감독들이 스스로를 더 이상 '예술가'가 아니라고 규정한 것이다. 극소수의 예외적 천재에게 수여되는 지위로서의 작가이건, 부르주아적 자본주의 문화의 관습으로 전락한 작가이건 이들은 '작품'을 만드는 작가이길 거부한다.

　　그렇다면 도그마95가 인용하면서 넘어서려고 하는 '60년대', '새로운 물결'이고자 했던 누벨바그는 어떤 영화 운동이었을까? 도대체 얼마나 영화사에서 중요하기에 30년 전의 영화 운동을 거론하면서 자신들의 정체성을 그들과 차별화하려고 한 것일까?

새로운 물결, 누벨바그

'새 물결'이란 의미의 불어 누벨바그. 프랑스 신세대를 겨냥한 '좌파 성향'의 잡지였던 《렉스프레스 l'Express》의 편집장 프랑수아즈 지루Françoise Giroud가 1950년대 후반에 나타난 일련의 새로운 영화를 가리키면서 이 말을 처음 사용했다. 그는 1957년 〈누벨바그: 젊음의 초상화La Nouvelle Vague, portraits de la jeunesse〉란 기사에서, 기성세대들이 영화를 시간 때우기용 오락거리로 보는 것과 달리, 새로 형성될 미래 사회를 이끌어갈 신세대들에게 영화는 "세계를 이해하는 중요한 도구"가 될 것이라고 예측했다. 지루가 예견한 '새 물결'은 그다음 해에 등장해 향후 몇 년간 프랑스를 휩쓸었다.

　　공식적으로 누벨바그는 1958년부터 1963년까지 프랑스 영화감독 일부와 그들이 제작한 영화를 가리킨다. '누벨바그의 선언'으로 간주되

장뤼크 고다르

는 클로드 샤브롤Claude Chabrol의 〈미남 세르주Le Beau Serge〉를 필두로 프랑수아 트뤼포François Truffaut의 〈400번의 구타Les Quatre Cents Coups〉, 장뤼크 고다르Jean-Luc Godard의 〈네 멋대로 해라Breathless〉, 에릭 로메르Éric Rohmer의 〈사자자리Le Signe Du Lion〉, 자크 리베트Jacques Rivette의 〈파리는 우리의 것Paris nous appartient〉 등을 포함한다.[4] 흔히 영화사에서 현대 영화는 누벨바그와 함께 시작되었다고 평가된다. 그만큼 누벨바그는 결정적인 '사건'이고 집단이다. 누벨바그는 영화가 오락에서 예술로 방향을 바꾸는 데 결정적인 역할을 했다.

1895년 12월 뤼미에르Lumière 형제가 최초의 영화를 제작 상영한 이래, 지금까지 주류 영화를 지배하고 있는 것은 대사와 시나리오이다. 1930, 40년대 고전기 할리우드의 '장르' 영화들은 공장과 흡사한 스튜디오 시스템에서 만들어졌다. 이런 시스템에서 감독은 사실상 아주 제한된 결정권자, 즉 장면 연출자라는 극히 미미한 힘을 행사하는 존재였다. 영화를 만드는 데 있어서 모든 선택과 결정권은 '공장'의 소유주이자 자본가인 제작자에게 있었다. 프랑스에서 1950년대까지 제작된 영화는 대부분 문학작품을 각색한 시나리오에 크게 의지했다. 원작에 충실하게 구성된 화면에서 관객이 보는 것은 글자 그대로 줄거리, 극적 구성과 같은 내용적 측면이다. 흔히 말하는 기승전결, 즉 도입, 전개, 클라이맥스, 갈등 해소와 같은 내러티브는 '재미있는' 영화들의 특징이다. 문제는 이 경우 영화는 문학의 아류 혹은 대중적인 여가 활동으로 분류된다는 점이다. 주인공 배우의 이름이 감독보다 더 중요한 이런 영화에서 감독은 그저 보조적인 역할을 담당할 뿐이다. 심지어 촬영 중간에 다른 감독으로 교체되어도 별 문제가 없는 그런 존재이다.

누벨바그 감독들은 이런 영화의 경향을 일컬어 '심리적 사실주의'라고 분류하면서 자신들의 영화를 이와 차별화하려고 한다. 장뤼크 고다르는 내러티브를 중시하는 고전적인 프랑스 영화를 결정론적이고 억압적인 플롯 미학의 산물이라고 비판했다. 프랑수아 트뤼포는 1954년에 《카이에 뒤 시네마*Cahiers du Cinéma*》에 게재한 〈프랑스 영화의 어떤 경향Une certaine tendance du cinéma français〉이라는 글에서, 당시까지 프랑스 영화를 대표해온 시나리오 작가나 감독의 이름을 실명으로 거론하면서 이들이 프랑스 영화에 끼친 악영향을 지적한다. 트뤼포는, 이제까지의 프랑스 영화가 소위 심리적 사실주의에 입각하여 문학적으로 향기 높은 원작 혹은 소재를 영화라는 매체의 특성에 대한 고려 없이 그대로 스크린에 옮기는 오류를 범해왔다고 비판한다. 가령 장 르누아르Jean Renoir처럼 자기만의 세계와 영화적 표현 양식이 있는 감독은 작가이고, 르네 클레망René Clément처럼 기술만 있는 감독은 장인이라고 평가한다.[5] 그는 '문학작품의 각색'에 불과한 경향을 '프랑스적 질의 전통'이라고 칭하면서 그렇다면 '진정한 영화 작가는 누구이고 그것은 어떻게 결정되어야 하는가'라고 물었다.[6] 누벨바그 감독들은 바로 이 질문에 대한 대답으로 영화를 만들었다.

누벨바그의 감독들은 감독이 되기 전에 모두 《카이에 뒤 시네마》란 영화 잡지에서 비평가로 활동한 특이한 이력을 갖고 있다. 즉 이들은 조감독 생활을 하다가 감독으로 데뷔하는 영화계의 일반적 수순을 따르지 않았다. 프랑수아 트뤼포는 자신을 포함한 누벨바그 감독들의 이력을 정당화하려는 듯, "영화를 사랑하는 첫 단계는 같은 영화를 두 번 보는 것이고, 두 번째 단계는 영화에 관한 평을 쓰는 것이고, 세 번째는 영화를 만드는 것"이라는 유명한 문장을 남겼다. 트뤼포는 매일 영화 세 편을 보고 매주 책 세 권을 읽는 것을 일생 실천하려고 했다. 이들은 영화 보기를 너무나 좋아한 '시네필cinephile'이었고, 동시에 비평 이론을 섭렵한 《카이에 뒤 시네마》소속 비평가였으며, 종국에는 영화를 찍은 감독이었다. 영화를 좋아하되 영화를 '연구와 비평의 대상으로 간주한' 지식인이었던 것이다. 이런 점에서 이들의 영화는 영화에 대한 영화, 즉 '메타 영화'였고, 그렇기에 '실험적'이었다.

누벨바그의 스승들

누벨바그 감독들이 새로운 영화 이론에 기초한 새로운 영화를 만들 수 있었던 데에는 여러 스승과 선배의 도움이 결정적이었다.

우선 1945년부터 주로 지식인들이 즐겨보던 잡지 《리베라시옹 *Libération*》에 영화, 연극, 문학 비평 란을 담당한 기자 알렉상드르 아스트뤽 Alexandre Astruc이 제기한 '카메라–만년필Camera-Stylo 이론'이 있다.[7] 아스트뤽은 1948년에 '카메라는 만년필'이라는 주장을 통해 향후 '작가감독'의 등장을 예고했다. 그는 시나리오에 의지하는 영화가 주를 이루던 시절에 "영화의 스타일은 소재와 그 소재를 수용하는 영화 작가의 주관적인 태도에 의해 통제되어야 하는 것"이라고 하면서 영화감독 역시 소설가와 같은 역할을 해야 한다고 주장했다. 그는 영화를 자신의 주관적 느낌을 카메라로 표현하는 감독의 예술로 간주했고, 영화가 문학만큼 예술인 시대를 '카메라-만년필의 시대'라고 불렀다. 대중적인 영화가 카메라의 존재를 감추는 것과 달리, 영화를 '쓰는' 카메라의 존재를 전면에 드러냄으로 해서, 이제 영화감독은 자신만의 형식적 스타일, 미학적 형식을 추구하는 데 전념하게 된다.

누벨바그의 감독들은 트뤼포의 말처럼 똑같은 영화를 두 번 보거나, 한 영화감독의 모든 영화를 볼 수 있는 특권을 앙리 랑글루아Henri Langlois가 운영하는 '시네마테크 프랑세즈'에서 누렸다. 1936년 앙리 랑글루아는 낡고 허름한 거리에 정원이 50명인 '영화소'를 설립했다. '영화 박물관'이란 문패가 달린 작은 공간이었다. 영화를 문화재로 생각한 랑글루아는 영화사적으로 가치가 있다고 판단한 영화를 이곳저곳에서 사들여 상영했다. 옛날 영화들을 복원하고 잊힌 영화감독들의 필름을 찾아내 정기적으로 상영한 시네마테크 프랑세즈는, 체계적으로 영화를 연구할 수 있는 '영화 학교' 역할을 했다. 1962년 당시 문화부장관 앙드레 말로André Malraux는 '시네마테크 프랑세즈'를 국가기관으로, 앙리 랑글루아를 그곳 기관장으로 임명했다. 시네마테크 프랑세즈의 영화사적 위상을 국가적으로 인정한 것이다. 누벨바그의 감독들은 이곳에서 본 영화를 자신들의 영화에 즐겨 인용했다.

앞서 잠깐 언급한 《카이에 뒤 시네마》는 리얼리즘 영화 이론가인 앙드레 바쟁André Bazin이 1951년에 창간한 영화 전문잡지이다. 누벨바그 감독들은 모두 이 잡지에 기성 영화에 대한 공격적인 비평을 썼다. 누벨바그의 '정신적' 아버지였던 바쟁은 리얼리즘 영화를 지지하면서도 기존의 리얼리즘 형식을 뛰어넘는 새로운 리얼리즘 영화론을 제시한 이론가이다.

누벨바그 감독들은 영화를 만드는 전 단계로, 당시 예술적인 면에서 가장 명망 있는 프랑스 감독에 대한 공격을 일삼으면서 영화를 이론적으로 접근할 기회를 제공받았다. 바쟁은 에릭 로메르나 프랑수아 트뤼포의 삶에 결정적인 영향을 끼쳤다. 특히 사생아로 태어나 의붓아버지 밑에서 온갖 학대를 받았고 가출을 일삼았으며 오직 영화에서 살아갈 이유를 찾았던 트뤼포에게는 더욱 더 그랬다. 트뤼포가 감화원에 들어갔을 때, 또 군대에 들어간 뒤 탈영병으로 감옥에 있을 때, 보증을 서고 그를 빼준 사람이 바쟁이었다. 젊은 감독들에게 바쟁은 따뜻한 '아버지'이자 비평을 통해 새로운 영화 미학을 접하게 한 스승이었다.

마지막으로 누벨바그 감독들은 할리우드의 하워드 혹스, 앨프리드 히치콕Alfred Hitchcock, 존 포드John Ford에게서 영화적으로 많은 영향을 받았다. 당시 이들 감독들은 그저 장르 영화감독으로 평가받고 있었음에도, 상업 영화 시스템 안에서도 독특한 스타일을 구사했다. 누벨바그 감독들은 이들로부터 다양한 영화적 테크닉을 전수받았다.[8]

누벨바그의 작가주의 미학

누벨바그 감독들은 앞에서 인용했던 도그마95의 순수서약을 자신들의 작가주의 영화에서 이미 오래전에 실현했다. 미셸 마리Michel Marie가《누벨바그La Nouvelle Vague》에서 요약하고 있는 누벨바그의 미학적 전제 조건은 도그마95와 거의 차이가 없다.

- 작가감독은 영화의 시나리오 작가이기도 하다.
- 작가감독은 사전에 엄격하게 작성된 장면을 이용하지 않으며, 많은 부분이 시퀀스의 구상, 대사, 배우의 연기 분야에서 즉흥적으로 이루어지도록 한다.
- 작가감독은 촬영할 때 자연 그대로의 배경에 특권을 주고 스튜디오에서 재구성된 세트 작업을 거부한다.
- 작가감독은 몇몇 사람으로 구성된 '소규모' 팀을 이용한다.
- 작가감독은 촬영 후 녹음된 음향보다는 촬영 당시 녹음한 '직접 음향'을 이용한다.
- 작가감독은 과중한 추가 조명 기구를 사용하지 않으려고 노력하기 때문에 촬영감독과 함께 아주 민감한 영화 필름을 선택한다.
- 작가감독은 등장인물 배역을 연기하는 데 비전문 배우를 기용한다.
- 작가감독은 그럼에도 불구하고 전문 배우를 기용하게 되면, 자유롭게 배우의 연기를 지도하기 위해 새로운 배우를 선택한다.[9]

장뤼크 고다르는 자신의 영화 〈네 멋대로 해라〉를 그 당시로서는 거의 충격적이었을 핸드헬드 기법으로 촬영했다. 기존의 무거운 촬영기와 달리 핸드헬드 카메라는 가볍고 작아 이동이 자유로워서 영화의 빠른 전개와 역동성을 실현할 수 있다. 사람이 직접 들고 찍는 탓에 화면은 불안정하게 흔들리지만, 다큐멘터리적인 느낌을 통해 현장감이나 사실성을 극대화할 수 있다. 고다르는 자신의 영화에서 수평 이동 촬영을 할 때 보통의 경우처럼 레일을 깔지 않았고 근처의 휠체어를 빌려 찍었다. 또 트래킹쇼트에는 주변의 쇼핑용 카트를 이용하는 기발함을 발휘했다. 고다르의 편집 방식으로 각인되어 있는 점프컷은 장면의 자연스러운 연속성을 깨뜨리는 기법이다. 이 기법을 통해 유기적 연속성이 사라진 화면은 관객의 몰입을 방해한다. 그러나 논리적 이해가 불가능한 화면은 대신에 관객의 정서적 반응을 유발하는 효과를 얻게 된다. 고전 할리우드 영화에 익숙한 이들에게 점프컷은 '미완성' 장면으로 비춰졌다.[10]

　　누벨바그 감독들은 한 쇼트를 찍는 데 몇 시간씩 허비하는 방식을 거부하고, 가급적 촬영장에서 일어나는 우발적인 사건이나 퍼포먼스를 화면에 담으려고 했다. 말하자면 비전문 배우나 전문 배우에게 최소한의 조건과 상황만 제시하고 그들이 자연스럽게 자신들의 감정이나 행동을 표출할 수 있도록 분위기를 조성했다. 철저한 계획이나 사전 제작 시스템이 촬영장을 시나리오와 제작자에게 종속되게 한다면, 이런 저예산 독립영화는 배우와 감독의 긴밀한 관계에서만 진행할 수 있는 '헐거운' 영화라 할 수 있다. "감독의 3/4은 소위 5분 미장센 작업이 필요한 쇼트를 하나 찍는 데 4시간을 허비한다. 나는 제작진과 작업하는 데 5분을 더 선호하고 깊이 곰곰이 많은 생각을 하는 데 3시간을 갖는다"[11]는 장뤼크 고다르의 말은 이런 태도를 잘 요약해준다.

　　고다르의 영화에서 주인공은 카메라를 보면서 말을 하기도 하고, 말과 영상은 자연스럽게 어울리지 못한 채 말이 영상보다 늦게 나오기도 하며, 영상이 나오기 전 해설이 설명인 양 자막으로 등장하기도 하는 등 뭔가 뒤죽박죽인 것 같은 느낌을 준다. 이런 누벨바그 영화는 일반 관객이 보기에는 줄거리도 없고 논리적 연결 고리도 끊어진 엉터리 영화였다. 전통적인 극작법이 파기되고 이야기의 종말은 모호하며 논리적 시간이 존재하지 않는 영화는, 그렇기에 '눈'이 아닌 감정으로 반응해야 한다. 점프컷은 사람들의 시선을 교란시켰고 관객들은 이상하다고 느꼈지만 그 이유를 설명하지는 못했다. 이들의 영화는 의사소통이 불가능한 현대인들, 육체적일 뿐 아니라 정신적인 매춘 행위들, 비합리적인 사회시스템, 정치 논쟁과 사건을 다룸으로써 영화를 지적 성찰의 문제로 만들었다.

"작가감독의 창작의 자유를 수호하기 위하여 저예산에 특전을 부여하면서 다른 방식으로 영화를 제작하고 영화의 개념 자체로부터 편집과 마지막 동시녹음까지 당시 기술적 관행을 지배하던 수많은 관습을 확 뒤집어엎기도 한"[12] 누벨바그 미학의 작가주의적 전략은, 오늘날 저예산 영화나 독립영화에서는 흔하게 볼 수 있는 일종의 영화적 '규범'이 되었다. 심지어 주류 드라마나 영화에서도 흔히 볼 수 있는 형식이기도 하다.

누벨바그를 대표하는 두 감독 트뤼포와 고다르는 동지적 관계에서 적대적 관계로 돌아서게 된다. 이는 고다르가 트뤼포의 〈아메리카의 밤La Nuit américaine〉을 관람한 뒤, 그의 영화가 더 이상 위반적이지도 실험적이지도 않고 주류의 관습에 포섭되었다고 생각한 뒤 보낸 결별 편지 때문이었다.[13] 〈400번의 구타〉를 통해 아이들을 벌주거나 억압하는 것 말고는 아무런 대안을 제시하지 못한 어른들의 무능함을 고발했던 트뤼포는, 지금까지도 실험적인 영화를 제작하고 있는 급진 좌파인 고다르가 보기에 보수 우파로 비춰졌다. 체제에 투항했

프랑수아 트뤼포

다는 장루이 보리Jean-Louis Bory의 비판을 받고 나서 트뤼포는 '체제에 투항한 것이 아니라 체제 안에서 나의 방식대로 작업하고 있다'는 내용의 긴 편지를 답신으로 보냈다고 한다.

새로운 물결들과 누벨바그의 귀환

대중적인 상업 영화 제작 방식을 거부한 영화 운동은 프랑스의 누벨바그와 비슷한 시기에 독일의 뉴저먼시네마New German Cinema, 미국의 뉴아메리칸시네마New American Cinema 등에서도 계속되었다. 독일은 1920년대 표현주의 영화로 영화사에서 중요한 위치를 차지하고 있었다. 그러나 제2차 세계대전 이후에는 미국 할리우드 영화의 인기로 인해 독일 자체의 영화 제작이 쇠퇴했다.

독일에서는 1962년 단편영화제인 오버하우젠국제단편영화제International Kurzfilmtage Oberhausen에 참여한 스물여섯 명의 젊은 영화인이 채택한 '오버하우젠 선언Oberhausener Manifest'을 필두로, 〈양철북Die Blechtrommel〉으로 유명한 폴커 슐렌도르프Volker Schlöndorff 감독의 〈젊은 퇴를레스Der junge Törless〉, 알렉산더 클루게Alexander Kluge 감독의 〈어제와의 이별Abschied Von Gestern〉과 같은 영화가 제작되었다. 1970년대에 들어서는 라이너 베르너 파스빈더Rainer Werner Fassbinder, 베르너 헤어조크Werner Herzog, 빔 벤더스Wim Wenders와 같은 감독들이 국제적인 명성을 획득하며 작가주의 영화를 제작해나갔다. 프랑스 누벨바그 감독들과 달리 이들 독일 뉴저먼시네마 감독들은 훨씬 정치적이고 현실 비판적인 영화를 제작했다.

또 1960년대 미국 뉴아메리칸시네마 운동은 요나스 메카스Jonas Mekas, 케네스 앵거Kenneth Anger, 앤디 워홀Andy Warhol과 같은 감독들의 16밀리로 제작된 저예산 독립영화에서 출발했다. 장편영화로는 아서 펜 Arthur Penn 감독의 〈우리에게 내일은 없다Bonnie and Clyde〉, 데니스 호퍼Dennis Hopper 감독의 〈이지 라이더Easy Rider〉 등이 있다. 이들은 미래가 없는 허무주의적 청춘들의 모습을 통해 미국 사회에 대한 비판적인 관점을 견지했다. 1970년대에 들어서는 아서 펜, 프랜시스 포드 코폴라Francis Ford Coppola, 데니스 호퍼, 샘 페킨파Sam Peckinpah와 같은 감독들이 뉴아메리칸시네마 운동을 이끌어갔다.

1960년대 말과 1970년대에 '새로운' 영화에 대한 갈증이나 요청은 비단 유럽과 미국만의 현상은 아니었다. 영화 학교를 졸업했거나 영화를 공부하는 집단적인 운동을 통해 배출된 젊은 작가들은, 문학이나 이야기에 종속되지 않는 영화의 자율적인 특성에 대해 고심했다. 그렇게 주류 자본에서 독립한 영화를 제작하려고 했다.

누벨바그는 도그마95의 모습으로 30년 후에도 돌아왔다. 이렇듯 주류를 거부하는 '새로운' 운동들은 과거를 경유해서 계속 오게 될 것이다. 후대는 선대에 대한 무조건적인 추앙을 통해 과거를 신화화하는 대신, 자신이 선별한 과거에 예의를 취하되 그 과거를 자신들의 문제의식 안으로 끌고 들어와 현재화한다. 도그마95가 누벨바그의 작가주의를 거부한 것은, 근대 예술이 견지한 예외적 개인으로서의 예술가가 결국 자본주의적 이데올로기나 부르주아적 개인주의로 전락한 시대에, 예술은 더 이상 '작품'이 아닌 집단적이고 공동체적인 산물이어야 한다는 반성 때문이다. 오늘날 우리에게 필요한 것은 개성과 재능의 귀감인 예술가가 아니라, 공감과 연대에 동참하는 행동주의자이기 때문이다.

'영화는 재미있으면 되지'라고 생각하는 사람들과 '영화는 세계를 이해하고 해석하는 한 가지 방식'이라고 믿는 이들 사이에서, 상영관 수백 곳을 독점한 블록버스터 영화는 1,000만 관객을 동원하면서 연일 매진 사례를 기록하고, 어떤 영화는 만 명도 채우지 못한 채 단기 개봉관에서 쓸쓸히 막을 내린다. 또 개봉관 한두 곳에서 극소수 시네필에게만 모습을 보이길 '선택'하는 감독도 있다. 영화는 오락이거나 예술이다. 영화는 환상이 끝나지 않을 수 있다고 약속하는 마취제이거나 환상이 불가능한 현실을 마주하게 하는 각성제일 수 있다. 사건으로서의 과거는 고정되거나 박제되지 않는다. 마찬가지로 도그마95와 접합된 누벨바그는 '거기'와 '여기'에 동시에 존재한다. 과거는 고정된 진실도 객관적 사실도 아닌, 현재의 맥락과의 접합 속에서 끊임없이 그 의미가 변화하는 움직임movement이다. 도그마95로 접합된 누벨바그에 대한 이 이야기는 '줄거리'일 뿐이고, 거기에 다시 살을 입힐 당신들의 움직임은 미래로부터 계속 오고 있는 중이다.

5

반문화로서의
히피 문화

유쾌한 히피

한국인들도 즐겨 듣는 스콧 맥켄지Scott Mckenzie의 팝송 〈샌프란시스코San Francisco〉의 가사는 단순하다. "샌프란시스코에 가게 되면 반드시 머리에 꽃을 꽂으라If you're going to San Francisco, Be sure to wear some flowers in your hair"가 주된 내용인 이 노래는 사실 1960년대 히피들의 집결지이자 거주지였던 샌프란시스코를 찬양하는 노래이다. 1967년 샌프란시스코 근교 몬테레이 Monterey에서 3일간 열린 히피들의 록 페스티벌에 참가한 스콧 맥켄지의 공연 동영상을 보면, 대중가요에 깃든 특정한 시간(역사)과 장소(로컬리티), 심지어 사람들의 삶을 느끼게 된다.[1]

노래는 들어서 좋으면 그만이라고 생각하는 사람에게, '이지 리스닝 팝송'일 〈샌프란시스코〉가 대변하는 1960년대 미국 젊은이들의 꿈과 희망이 무엇이었는가는 중요하지 않을 것이다. 그러나 어떤 노래들은 특정한 세대, 계급, 역사, 아이덴티티를 구현한다. 노래는 사람들이 '그곳'에서 '어떻게' 걸었고 말했고 살았고 무슨 생각을 했는가를 반영한다. 모든 노래는 그 노래를 낳은 곳의 감정과 느낌을 담고 있기에 '장소특정성site-specificity'을 갖는다고 말할 수 있다. 특히 기획사나 음반사가 처음부터 판매에 촉각을 곤두세우고 만든 노래가 아닌, 좋아서 만들고 좋아서 부른 노래인데 '자연스럽게' 다른 사람들의 호응까지 얻은 음악이 그렇다. 이런 음악에서는 대체로 만든 이가 표현한 분위기, 날씨, 냄새가 난다. 음반을 구매한 이는 먼 나라, 먼 시간 속 사람들의 삶의 방식을 '자연스럽게' 흡수할 수 있다. 낯선 음악을 듣는 것만으로도 여행이 가능하다.

히피들의 노래 형식은 일반적으로 '사이키델릭록psychedelic rock'이라고 부른다. 나른한 멜로디에 미끄러지듯 흐느적거리는 리듬의 사이키델릭록은 마약을 한 상태에서 경험하는 환각이나 몽환적인 도취 상태를 음악적으로 번역한 것이라 할 수 있다. 마리화나, 대마초, 심지어 LSD와 같은 약물을, 일상적인 경험을 넘어서는 촉매제로 사용한 히피들의 반사회적이고 비정상적인 행동 양식은, 그들의 맥락 안에서는 일관된 의미를 갖는 문화 형식이다. 흔히 사람들은 히피에게서 성적 방종, 무책임한 일탈, 약물에 중독된 젊은이들의 방황을 떠올린다. 정상, 규범, 주류, 기성세대의 관점에서는 그렇다. 그러나 '정상'이란 게 사실은 하나의 '이데올로기'이고 삶을 옥죄이는 '허구적 신화'라면 히피에 대해 생각을 달리 해야 한다.

히피는 다음과 같은 말로 요약된다. 긴 머리, 공공장소에서 옷 벗기public nudity, 섹스, 마리화나, 꽃, 마약, 코뮌, 록 페스티벌, 동양 신비주의, 그룹 결혼, 거리 공연, 거리 모임be-in, 방랑/노숙, 사이키델릭록, 돈 태우기와 무료 공연 등. 더 간단히 말하면 히피를 구성하는 3대 요소는 섹스, 마약, 사이키델릭록이다. 즉 히피들은 마리화나나 LSD 등 환각제를 복용한 상태로 사이키델릭록을 들으며 사랑을 나눈 이들이다. 역사상 어느 문화운동보다도 히피의 문화는 밝고 평화롭고 낙천적이다. 성난 청춘의 허무적, 파괴적 제스처가 히피에게는 없다. 이런 점에서 독보적이다. 기존 규범을 전복하고 새로운 삶의 방식을 실천하려고 한 반문화로서의 히피, 백인·중산층·청년 문화로서의 히피는 미리 말하자면 (따라서) 개인주의적이고, 유토피아적이고, 탈정치적이다. 즉 히피는 특정한 인종, 계급, 세대가 만들어낸 역사적 현상으로서 독특함을 갖는다.

지금 이곳에서의 쾌락과 긍정

제2차 세계대전이 끝난 뒤 미국은 유례없는 경제 번영을 누렸다. 미국 기성세대들은 물질적 풍요와 안정 속에서 중산층의 규범과 가치를 내세우며 가족 중심적 질서를 확립했다. 경제적 풍요와 핵가족 이데올로기가 미국인들의 삶을 주도하는 가운데 1960년 베트남전쟁이 시작되었다. 미국이 전쟁에 더 깊이 개입하자 자국 내 여론은 전쟁 지지 세력과 반전 세력 사이에서 분열을 거듭했다. 당연히 반전 세력은 소수였다. 1967년 말부터는 전쟁에 반대하는 학생들의 움직임이 중요한 정치 세력으로 부상했다. 무의미한 전쟁에 대한 학생들의 반대 시위는 연이어 언론 매체를 장식했다. 징병제와 명분 없는 전쟁에 끌려간다는 비판은 기성세대의 가치관에 대한 젊은 세대의 반발과 맞물려 더욱 거세게 일어났다. 베트남전쟁 반대 운동, 흑인들의 인권운동, 사상과 지식의 자유를 위한 투쟁 등 다양한 반권위적 흐름과 집단의 움직임 사이에 바로 '중산층·청년 문화'로서의 히피가 존재한다.

　동시대 물질만능주의와 어른/부모 들의 규격화된 삶에 환멸을 느낀 젊은이들의 심리적 갈등은, 기성 질서나 가치관을 타파하려는 히피 운동으로 구체화되었다. 젊은 세대는 물질주의와 성공 지향적인 가치관에서 벗어남으로써 자신들만의 새로운 삶/이상을 구현하려고 했다. 기이한 현상이지만 경제적 풍요는 일종의 법칙처럼 정신적 빈곤을 초래한다. 아니 경제적 가치가 지배하는 곳에서는 여지없이 정신적 피폐함과 무기력이 독버섯처럼 퍼진다. 경제적으로는 성공했지만 이에 상응할 정신적 가르침은 제시하지 못했던 기성세대에 대한 혐오는, 청년 세대에게 '스퀘어square(삶의 유형이나 취향에 있어서 보수적이고 틀에 박힌 사람)'가 되는 것과는 다른 방향을 모색하게 했다. 물질문명 '밖'의 가능성을 히피들은 자신들만의 방식으로 구체화한 것이다.

　히피들의 삶의 태도는 문명에서 벗어나 자연으로 회귀하려는 것이었다. 이들은 인공적인 도시에서의 삶을 피해 전원에서의 삶, 억압과 강제가 없는 자연스럽고 자발적인 삶을 꿈꾸었다. 사실 근대의 거의 모든 반근대적 움직임은 '인공성artificiality'으로서의 문명을 벗어나 '자연/본능nature'으로 회귀하려는 태도를 견지한다는 유사성이 있다. 기계적이고 인공적이며 도시적이고 계산적이며 합리화된 삶이 인간의 본능, 자연스러움, 자발성을 옥죄이는 감옥이라고 생각하는 반문명주의자가 히피였다. 히피들은 노동과 생산의 미덕을 강조하는 사회에서 게으름과 놀이를, 청결과 건강을 중시하는 사회에서 더러움과 노숙을, 미래에 갇힌 현재 대신에 '지금 이곳here and now'에서의 쾌락과 긍정을, 결혼에 종속된 성이 아닌 친밀감과 사랑의 섹스를, 집 대신에 스쿨버스를 개조해 타고 유랑하는 거리에서의

히피 버스

삶을 선택했다.

히피들의 낡은 털코트, 크레이프 드레스, 군인 외투와 같은 추레한 옷차림은 부에 대한 경멸을 상징했고, 샌들이나 맨발은 가난한 여행자의 소박한 삶을 상징했다.[2] 이들은 학교, 가정, 도시에서 벗어나 공동체적 전원생활을 실천했다. 노동에 따른 대가를 거부했고, 함께 나누고 공유했으며, 가난한 삶을 자처함으로써 인간성을 회복하는 데 매진했다. 무소유와 자발적 가난에 근거한 공동체적 삶(코뮌)을 통해 반자본주의적 삶을 구체화했고, 더 많이 생산하기 위해 노동하는 대신 함께 먹고 춤추고 노래하고 사랑했다. 삶을 여행으로 보는 이들은 길거리에서 혹은 다른 히피들의 트럭이나 버스에서 노숙하면서 미국 전역을 방랑하기도 했다.

히피들은 기성세대의 가치관에 반대하는 청년 세대의 대안적 삶의 패러다임을 제시하려고 했다. 자본주의 문명에 종속된 삶에서 벗어날 수 있는 가능성을 실천하려 한 것이다. 이런 히피들에게 대안적 삶의 '방법'을 제공한 것은 1950년대 미국 내 소수 문학인 집단으로 대중의 분노와 혐오를 불러일으킨 '비트닉beatnik'이었다.

비트닉 혹은 비트제너레이션

히피라는 말은 힙스터hipster에서 유래했다고 한다. 힙스터는 1940년대 흑인 재즈 뮤지션들의 라이프스타일을 추종한 중산층 청년들, 즉 재즈를 광적으로 좋아하고 일정한 거주지 없이 떠돌아다니는 젊은이들을 일컫는 말이었다. 1950년대에 이르러 힙스터는 그리니치빌리지와 샌프란시스코 헤이트애시베리 구역을 주요 거주지로 정한 비트닉들을 부르는 말이 된다. 1950년대 중반 주류의 질서와 도덕 문화에 반발한 방랑자 문학 예술가 집단, 자칭 '패배자 집단'으로 불린 비트닉 또는 비트 세대는 뉴욕과 샌프란시스코의 특정 지역에 모여 거주하며 서로의 문학적 관심과 열정을 공유한 소수 작가 모임이다.

　비트닉인 잭 케루악Jack Kerouac이 처음 사용했다는 '비트beat'는 두 가지 의미가 있다. 우선 비트는 'beaten down', 즉 '패배한, 두들겨 맞은, 짓밟힌, 기진맥진한' 등을 뜻한다. 케루악은 사회 주류에서 밀려난 모든 약자들과 사회가 약자들을 바라보는 시선을 떠안는다. 두 번째로 비트는 'beatific', 즉 '더없이 행복한, 열락의, 지복의'와 같은 의미가 있다. 사회 주류는 승리한 이들이지만, 그들은 허위의식이라는 소외된 의식을 견지함으로써만 승리자의 자리를 꿰찬다. 반면 패배자들은 외적 가치로부터 자유로운 상태에서 정신적 순수성과 희열에 이를 수 있는 기회를 획득한다. 가식과 관습, 정체와 권태, 권위와 억압의 상징인 제도권에 흡수되지 않기 위해, 비트닉은 '실존주의적 가치, 행동의 공허함, 허무주의'를 내세우고, 기존의 모든 가치와 체계에 대해 철저하게 부정적인 태도를 견지했다. 여기에 '동양 신비주의, 재즈, 시, 약물(주로 마리화나), 문학'을 덧붙여 곧 도래할 반문화 공동체의 코드들을 마련했다고 볼 수 있다.

비트닉들은 비밥Bebop에 열광해서 비밥 연주자들의 연주를 자주 들으며 자신들의 문학을 낭송하기도 했다. 디지 길레스피Dizzy Gillespie, 찰리 파커Charlie Parker가 대표적인 연주자인 비밥 재즈는, 즉흥적 감정의 토로에 최고의 문학적 가치를 둔 비트닉 문학에 매우 중요한 매개체이다. 확장된 화성과 불규칙한 리듬, 무엇보다 즉흥연주의 자유로움을 통해 이전의 단순하고 규칙적인 재즈 형식에서 벗어날 수 있었다. 비밥은 재즈 역사에서는 일종의 혁명으로 간주된다.

비트 세대의 문학을 대표하는 작가로는 장시長詩《아우성Howl》의 저자 앨런 긴즈버그Allen Ginsberg, 《길 위에서On the Road》의 작가 잭 케루악,《네이키드 런치Naked Lunch》의 작가 윌리엄 버로스William Burroughs

앨런 긴즈버그

를 들 수 있다. 미국을 "거대한 정신적 관료제의 독점과 경찰국가적 전체주의에 세뇌당한 집단"이라 비판한 긴즈버그의 《아우성》은, 재즈의 즉흥성을 문학적으로 형상화한 자유와 파격의 결과물이다. 잭 케루악의 자전적 소설 《길 위에서》는 빈민층의 살아 있는 생생한 어법에서 영감을 받은 소설이다.[3] 특히 부유한 기업가 집안에서 태어나 하버드 대학을 졸업한 윌리엄 버로스는, 1930대 초반 뉴욕을 여행하다가 의도적으로 마약과 갱스터의 세계에 뛰어들었다. 그는 자신을 실험 대상으로 삼아 존재의 자유를 찾고자 했으나 그 와중에 심각한 헤로인 중독자가 되었다. 환각 상태에서 '윌리엄 텔' 놀이를 하다가 아내를 죽인 뒤 모로코로 도망가서 노숙자 생활을 하며 극단의 환각을 즐기기도 했다.[4] 그는 약물중독에서 어느 정도 회복된 후 그 경험을 토대로 소설을 쓰기 시작했다. 기승전결을 무시하고 문단 맥락은 무시한 채 초현실주의에서 시도되었던 자동기술법automatism으로 소설을 완성했다.[5]

다시 긴즈버그의 《아우성》으로 돌아가보자. 350행으로 이루어진 이 장시의 도입부는 자의식에 가득 찬 떠돌이 '패배자'들만이 간파할 수 있는 순간의 희열과 역동성을 잘 보여준다.

"나는 내 세대 최고의 지성이 광란에 의해 파괴됨을 보았다.

그리고 광란의 알몸으로 굶주려 감을 보았다. 새벽 검둥이 거리를 강렬한 마약 한 대를 찾아 비틀거리며 헤매는 것을 보았다.

환각에 빠진 힙스터들이 어둠의 장치 속, 별들의 에너지의 비밀을 간직한 고대 성좌를 찾아 열망하는 것을 보았다.

가난과 넝마를 걸친 퀭한 시선의 소유자들이 도시의 마천루를 휘감아도는 초자연적 어둠 속 찬물만 나오는 아파트에서 담배를 피우며 높게 앉아 재즈를 명상하는 것을 보았다.

뇌수腦髓를 하느님의 천공에 환히 드러낸 자는 싸구려 공동주택 지붕 위에서 비틀거리는 광채의 모하메드 천사들을 보았다."[6]

비트닉은 개인주의적인 면모로 집단을 유지한 예술가 집단이다. 이들은 보헤미안적 허무주의, 쿨재즈, 마리화나, 선불교 등의 동양 신비주의를 자신들의 사상과 혼합해서 독특한 문학을 선보였다. "적극적 방랑을 택한 소수의 일종의 집단적 자기 도피"[7]라는 평가는 체제에 대한 보다 근본적이고 적극적인 저항이 아니라, 가장 어둡고 낮은 내면으로의 은둔을 통해 체제를 지우고 체제에서 사라지겠다는 선택을 바라보는 하나의 관점일 것이다. 이는 히피에 대한 평가이기도 하다.

히피의 3대 요소

약물

앞으로 보게 되겠지만 20세기 중반 이후 중요 문화들은 모두 공동체적 교감의 매개체로 혹은 일상적 '환경'으로 대표되는 약물이 하나씩 있다. 히피는 마리화나와 LSD를 대표적 '드러그durg'로 상용했다. 1960년대 중반까지는 소프트 드러그인 마리화나를 사용했다. 그러다가 점점 더 강력한 환각제에 대한 요구가 팽배했고, 하드 드러그인 LSD가 등장한다. 하버드 대학 심리학과 교수로 있던 티머시 리어리Timothy Leary는 멕시코를 여행하던 중 우연히 LSD를 접했다. 그는 이 약물이 정신 해방에 미치는 가능성을 확인, 자기 강의에 보조제로 사용한다. LSD는 'Lysergic Acid Diethylamide'의 축약어로 1943년 알베르트 호프만Albert Hofmann이라는 의사에 의해 처음 세상에 나왔다. 이 약물은 가장 강력한 환각제로서 부드러운 감각적 왜곡에서부터 종교적 경험의 극치에 이르기까지 잠재적으로 무한한 배열 효과를 포함한다고 한다. LSD를 옹호하는 이들은, LSD가 본능을 억압해 삶을 규격화된 격자 속에 감금하는 의식의 경계를 해체하고 경험을 향상시키는 물질이라고 말한다. 사이키델릭록을 애시드 록acid rock이라고도 하는데, 애시드는 LSD의 속어이다. 히피들에게 드러그는 평화와 사랑, 신에 도달하려는 최고의 지름길이자 성적 흥분을 강화하는 수단으로 간주되었다. 또한 타인과 동질감을 느끼는 데 필요한 촉매제로도 여겨졌다. 이렇듯 의식과 감각의 경계를 해체하고 세계와 타인과의 교감을 중시한 히피들은, 현실 문제를 해결하기보다는 정신 해방을 최우선 과제로 삼았다. 마약에 빠져든 젊은이들은 그들만의 집단 주거지를 형성하는 데 골몰했다. 마약을 통해 정신적, 육체적 해방을 맛본 이들은 동양의 신비적 종교나 명상 치료와 같이 보다 더 내면적인 세계를 통한 해방에 매달리게 되었다.

섹스

1960년 5월 미연방식품의약국FDA은 먹는 피임약 '에노비드Enovid'의 판매를 공식적으로 허용했다. 이는 젊은 세대에게는 성적 속박으로부터의 자유를 뜻했다. 히피들은 법이 인정하는 성, 즉 결혼을 전제로 한 성은 개인의 자유로운 감정 표현을 억압하는 것으로 여겼다. 이들은 감정에 따른 자연스러운 성의 향유야말로, 계산적이고 억압적이며 효율성만을 따지는 기존 질서에 도전하는 가장 개인적이면서 원초적인 방식이라 생각했다. 이들은 성을 관습과 제도에서 떼어내려는 시도를 통해, 포르노그래피의 존재는 묵인하면서도 공식적으로는 성을 금기시하는 주류 문화의 이중성을 마음껏 조롱했다. 일부일처제라는 근대 제도에 비판적인 이들에게 그룹 섹스나 공공장소에서의 섹스는 더 이상 이례적인 사건이 아니었다. 그러나 이들에게도 일종의 규범은 존재했다. 포르노 잡지《플레이보이*Playboy*》로 대표되는 상업적이고 억압적이며 도발적이고 왜곡된 성을 단호히 거부한 것이다. 히피들에게 성은 인간 개개인이 보다 친밀하고 감성적인 관계를 만드는 경로로 해석되었다. 1960년대 가장 일반적 슬로건 가운데 하나였던 "make love, not war"(68혁명 시기 파리 거리에 영어로 적힌 거의 유일한 문장)가 상징하듯이, 히피들에게 섹스는 1960년대 반문화가 지닌 새로운 세계에 대한 숭고한 비전, 타인과의 교감 및 '사랑'과 같은 이상을 구현하는 최고의 행위로 인식되었다.

사이키델릭록

영혼, 인간을 의미하는 그리스어 'psyche'와 시각적이라는 뜻의 단어 'delos'에서 유래한 사이키델릭록은, 고출력 앰프와 신시사이저를 이용해서 귀를 찢을 듯 자극적이고 강렬한 사운드를 만들어낸다. 사이키델릭록은 듣기 편한 아름다운 멜로디와 가사 대신 흐느적거리는 멜로디와 초현실적인 가사를 구사한다. 마치 약물을 복용했을 때와 같은 환각 효과를 노린 것이다. 아니 사이키델릭록 뮤지션들은 환각 상태에서 음악을 만들고 노래했다. 사이키델릭 문화에서 사용된 은어인 '여행trip'은 내면이나 먼 우주 혹은 신화의 세계나 미지의 동양으로 떠나는 것을 의미했다. 이렇듯 물리적 장소와 무관한 심리적이고 무의식적인 공간으로의 여행은 동양의 신비주의와 선불교 같은 종교 순례에 대한 열망을 자극하기도 했다. 가수들의 공연에서는 대게 즉흥연주와 현란한 조명 쇼가 필수 요소로 가미되었고, 연주자나 관객은 대부분 약물에 취해 있었다. 1960년대 '스리제이3J'로 불린 짐 모리슨Jim Morrison, 재니스 조플린, 지미 핸드릭스Jimi Hendrix가 모두 스물일곱 살에 헤로인과 같은 마약 과다 복용으로 사망한 것도 사이키델릭록의 애티튜드 내지 한계를 보여주는 사례이다.

우드스탁 페스티벌

히피들의 반문화와 관련한 중요한 대규모 옥외 록 페스티벌로는 앞서 스콧 맥켄지가 공연한 몬테레이 외에 우드스탁Woodstock, 알타몬트Altamont가 있다. 최초의 대규모 옥외 록 페스티벌이었던 몬테레이 팝 페스티벌 준비 과정에서는, 가수들이 행사가 무료로 치러지지 않으면 무대에 오르지 않겠다며 버티는 바람에, 주최 측은 공연 수익 전액을 자선사업에 기부했다고 한다. 음악을 통해 기존 체제를 무너뜨리고 최소한의 삶, 자급자족하는 삶을 꾸리고, 개인들의 조화로운 합의에 바탕을 둔 새로운 세계를 건설할 수 있다고 믿었던 히피들의 태도를 엿볼 수 있는 일화이다.

오늘날 히피문화와 연관해 가장 중요한 상징적 사건으로 간주되는 것은 역시 1969년의 우드스탁 페스티벌이다. 뉴욕 주 베델 근처 화이트 호의 맥스 야스거Max Yasgur가 소유한 농장에서 1969년 8월 15일부터 3일간 열린 히피들의 음악 축제인 우드스탁에는 30만~50만 명(한국에서도 상영된 대만 출신 리안李安 감독의 영화 〈테이킹 우드스탁Taking Woodstock〉에서는 100만 명이었다고 전한다)의 젊은이가 모여들었다. 주최 측의 예측을 초과한 엄청난 수의 사람들로 인해 공연 바로 전날 담장을 허물고 무료 입장으로 돌렸다고 한다. 서른두 팀이 3일간 공연을 했고 음식, 물, 화장실이 턱없이 부족한 상황에

서도 '우드스탁 네이션'에 모인 젊은이들은 천막을 치고 자신들만의 낙원을 실현했다. 공연 둘째 날 갑자기 폭우가 쏟아져 어려움을 겪었지만, 히피들은 이에 개의치 않았다. 폭우로 인해 생긴 진흙 뻘에서 물장구를 치며 놀았다. 오늘날 우드스탁을 기리는 전 세계 많은 페스티벌에서는 진흙탕 놀이를 하나의 세리머니로 수용하기도 한다. 공연 주최 측은 일부 공연 팀의 비싼 개런티와 무료 입장객들로 인해 130만 달러의 손실을 입었지만, 영화 〈우드스탁Woodstock〉과 세 장짜리 사운드트랙, 비디오 출시 등으로 결과적으로는 총 5,000만 달러의 수익을 벌어들였다.

수십만 명의 청년들이 2박 3일 동안 어떤 일사불란한 통제와 지도도 없이 평화와 사랑의 축제를 벌였다는 것은 그 당시 보수적 어른들의 눈에도 놀라운 일이었다. 지금도 우드스탁 페스티벌은 대중음악사에서 가장 중요한 순간으로 간주된다. 그러나 그다음 개최된 알타몬트 공연에서는 경비대로 고용된 오토바이족이 백인 여자와 함께 있다는 이유로 흑인 청년을 살해한 사건이 일어났다. 이로 인해 언론과 기성세대는 히피에 대해 공격적인 태도를 드러내게 된다.

정직한 빈곤에 기반을 둔 대안 생활양식의 건설이라는 히피의 비전은 동시대 서구 유럽을 위시해 거의 전 세계를 주도한 신좌파의 정치의식과는 달랐다. 히피들은 개인 내면의 해방을 통해 세계의 변혁을 꿈꾸었다는 점에서 탈정치적이다. 이들은 개인적인 희열을 맛보는 것 이상의 모든 것은 너무 무겁다고 여겼다. 히피 문화는 노동과 여가, 일상과 쾌락의 이분법에 의심을 품은 최초의 운동이었지만, 고립된 개인의 정신세계 안에 머물렀다는 점에서 집단적이기보다는 개인주의적이었다. 이런 점에서 영국 문화이론가 스튜어트 홀Stuart Hall은 히피 반문화를 "아메리카 개인주의의 극단적 변종"으로 평가한다. 또는 개인주의적이면서 동시에 공동체적이었고, 내면적이면서 동시에 참여적이었으며, 평화적이면서 폭력적이었다는 매우 모순적이고 양면적인 성격을 가진 문화운동으로 평가하는 경우도 있다.

오염되지 않은 태고의 자연 상태로 회귀하려는 경향, 즉 도시, 산업, 과학기술을 총체적으로 거부하는 이들 히피의 경향은, 오늘날 많은 분야에서 자연적인 리듬을 발견하려는 태도로 이어졌다. 히피들의 친자연적 전원주의 유산이 생태주의 운동이라는 중요한 흐름을 낳았음은 부인할 수 없는 사실이다.

6

역사적 하위문화,
펑크록 밴드 섹스 피스톨즈

대중음악과 개인의 취향

"어떤 음악을 좋아하세요?"라는 질문을 받으면 '베토벤, 모차르트, 말러' 같은 이름을 열거하며 클래식을 거론하는 게 격도 있고 멋있어 보이던 시절이 있었다. "가수 누구를 좋아하세요?"라는 질문에 외국 재즈 뮤지션이나 일본 모던록 밴드, 영국 인디 가수 이름을 들먹이는 게 독특한 자기 취향을 증명하는 것처럼 보이는 때도 있다. 그런가 하면 공중파를 장악한 대중 가수나 아이돌 그룹을 좋아한다고 말하면서 반복되는 가사와 리듬, 화려한 무대, 가수의 외모에 매혹된 자신의 '감수성'을 있는 그대로 솔직하게 드러내는 트렌드도 있다. 감상자에게 음악은 예술성을 놓고 더 좋은 가수와 아닌 가수를 구분하거나, 기획사의 마케팅 전략을 놓고 성공한 사례와 실패한 사례를 분석하거나, 세대 문화 혹은 또래 문화를 기준으로 차별화된 감수성의 특성을 찾아내는 그런 복잡한 영역이 아니다.

"가수는 노래하고 세월은 흐른다"[1]는 허수경 시인의 시구처럼 음악은 무심하게 흘러가는 세월의 풍상에 리듬을 얹는 것인지도 모른다. 감상자 개개인의 세월 어딘가에는 잊지 못할 기억을 떠받치는 그때 거기에서 흘러나왔던 음악들이 깃들어 있을 것이다. 그렇게 시간은 풍경과 장소의 냄새, 농도를 간직한 노래 한 구절과 함께 흘러가는지 모른다. 사람들 각자의 일상 차원에서 음악은 우연한 상황, 분위기, 이야기와 관련된다. 그렇기에 이 경우 음악은 사적이고 은밀한 맥락을 갖는다. 나는 내가 좋아하는 음악을 꼼꼼히 선택해서 듣는 고급 청취자일 수도 있지만, 이 역시 개인 취향의 문제로 볼 수 있다. 그렇기에 감상자에게 음악의 생산, 배포, 소비를 둘러싼 복잡한 맥락에 대한 전체적인 인식이나 이해가 굳이 필요한 것이 아니다. 나는 내가 좋아하는 노래를 듣는다. 그것으로 족하다. … 이것이 대중음악의 존재 방식이다. 우리는 대중음악 한 곡을 들으면서 전체나 구조를 사유하지 않는다. 그리고 이것은 대중음악을 구조와 연결 지어 생각하지 '않으려는' 어떤 경향의 미덕이기도 하다.

그러나 음악을 향유하고 소비하는 것이 개인의 감수성이나 취향의 문제로 회자되는 것과 달리, 음악을 생산하고 유포하는 데에는 분명 자본과 정치적이고 사회적인 이해관계가 보이지 않게 깔려 있다. 개인의 감수성이나 취향이 집단적이고 구조적인 맥락 안에서 형성되는 게 맞다면, 나의 취향을 조건 짓는 배경을 추적해보는 '수고'가 안겨줄 성과는 분명 있다. 취향은 개인이 날 때부터 지닌 성향이 아닌 개인을 둘러싼 문화적이고 사회적인 습관이고 태도이기 때문이다. 그렇기에 편협하고 배타적인 문화는 개인의 취향도 그렇게 만들어버린다. 하지만 취향은 훈련에 의해 넓어지거나 깊어지는 등 달라질 수 있다. 감수성도 마찬가지로 훈련에 의해 바뀔 수 있다. 그렇기에 단순히 듣고 즐기는 음악, 개인의 취향의 문제로 간주되는 대중문화나 대중음악도 노력과 훈련을 통해 전혀 다른 방향과 감수성으로 재구성될 수 있다.

20세기 후반 대중문화 연구에 중요한 영향을 미친 안토니오 그람시 Antonio Gramsci의 논의에 따른다면, 대중문화는 주류의 감수성과 비주류의 감수성이 부단히 갈등, 협상하는 변화를 겪고 있다.[2] 음악은 청취자의 평균 수준, 선호도에 대한 시장조사를 통해, 기획사에 소속된 가수를 치밀하게 조련 내지 훈련 시켜 생산되기도 한다. 또한 어떤 공통의 문화적 배경에서 집단적인 삶, 정서를 반영하면서 자생적으로 도출되기도 한다. 자생적으로 만들어진 음악에는 사람의 의식과 감수성을 바꿀 수 있는 힘이 내재한다. 동시에 모든 문화는 대중의 인기를 얻을 때 주류 문화로 통합되면서 본래의 장소를 벗어나 보편 감성과 만나게 된다. 즉 본래의 저항적 힘을 거세당한다.

1970년대 영국의 펑크 문화

펑크는 문화사적 맥락에서 볼 때 역사적 하위문화historical subculture 가운데 하나로 분류된다. 하위문화는 흔히 주류 대중문화로부터 밀려나 주변에 위치한 문화를 일컫는 기술적이고 중립적인 언어다. 여기서 말하는 역사적 하위문화는 역사적으로 특수한 시간, 공간에서 실존했던 문화 가운데, 다름 아닌 '영국 노동자 청년 문화'를 가리킨다. 1950년대부터 1970년대 사이에 영국에는 다양한 노동자 청년 문화가 공존했다. 모드족Mods, 테디보이족teddy boys, 그리서족greasers, 크롬비족crombies, 록커족rockers, 스킨헤

드족skinheads, 펑크족punks과 같은 '부족'들이 역사적 하위문화를 이룬다. 이들은 겉으로 드러나는 외적 차이, 즉 상징적 스타일의 차이를 통해 구별된다. 다른 부족들과 차별화한 의상, 헤어스타일, 행동 양식을 통해 이들은 자신들만의 고유한 집단 정체성을 드러냈다. 가령 펑크족은 찢어지고 더러운 옷, 끝을 뾰족하게 세운 머리카락, 포고춤pogo dance, 암페타민이라는 환각제 복용, 침 뱉기와 같은 특성을 공유한다.

필 코헨Phil Cohen이라는 영국 문화연구가는 이들 영국의 역사적 하위문화의 등장을 1950년대 이후의 런던 도시 개발의 여파 속에서 분석했다. 그는 노동자 계급이 밀집한 런던의 슬럼가 이스트엔드가 도시 개발과 함께 소멸되는 것을, 강력한 공동체 문화가 자리한 노동계급의 붕괴란 관점에서 고찰했다. 동질 문화를 공유한 이들의 삶의 터전이 사라지면서 정규직과 비정규직 노동자들 간에 양극화가 일어났다. 이로 인해 더 극빈해진 노동계급이 자식 세대에게서 더 이상 예전처럼 존경받지 못하게 되는 위기를 겪는다. 청년들은 부모 세대의 권위가 아닌 다른 것에서 집단 결속과 연대의 요소를 회복하려 한다. 바로 이러한 움직임이 역사적 하위문화를 만들어냈다는 것이 코헨의 해석이다. 또래 집단의 정체성을 공유하는 노동자 계급 청년들은 전통에 토대한 정체성 대신 기호, 상징, 스타일을 통해 집단 소속감을 형성했다. 이는 부모 문화와 강제로 결별한 새로운 노동자 청년 계급에게 새로운 연대 의식을 만들어내는 기원이 된다.[3]

타 부족과의 차이를 통해 자신들의 정체성을 규정하는 영국 노동자 청년 문화는 펑크족에 이르러 하나의 미학적 스타일을 성취한다. 펑크록 밴드 섹스 피스톨즈Sex pistols는 펑크의 정신, 펑크의 태도를 단 2년간의 밴드 활동을 통해 압축적으로 드러냈다.

펑크록 밴드 섹스 피스톨즈

흔히 펑크 음악, 펑크록이라고 하면 음악이라고 할 수 없을 만큼 조야하고 단순한 리듬, 단순하고 유치한 가사를 연상하게 된다. 펑크는 조잡하고 저급한 것들에 의도적으로 천착한다. 사전적인 의미에서 '사악한, 타락한, 무가치한'이란 뜻인 '펑크punk'는 긍정적인 삶의 가치를 거부하는 청년들의 분노 에너지를 대변한다. 사회의 가장 밑바닥 삶, 주류의 관점에서는 쓰레기나 무가치함을 상징하는 '실패자'들의 삶을 자기화하는 '의식적' 실천이 펑크이다. 즉 사회적이고 상징적인 가치를 선망하면서 위로 올라가려는 일반적 삶 대신, 펑크는 더 아래로 내려가려는 부정적인 의식을 표상한다. 아버지의 실패한 삶을 목격한 노동계급의 비행 청소년은, 자신이 정상적인 사회구성원이 될 수 없다는 것을, 꿈을 가진들 실현할 기회가 없다는 것을 '싹수가 노랄 때' 이미 알았을 것이다. 그렇기에 이들은 자신들에게는 차단된 성공과 (계급) 상승을 기만적으로 따르는 대신에 하강, 추락을 '선택'한다. 이런 점에서 펑크는 상식과 통념을 전복하고 당연한 것들을 비틀어 희화화하는 데에 뛰어나다.

펑크는 사회적 가치는 물론 주류 음악으로서의 록 역시 전복한다. '저질low quality'을 일종의 미적 가치로 선택한 펑크록은 따라서 사람들의 조롱과 분노를 사는 것을 자신의 존재 양식으로 간주한다. 일부러 나쁜 것을 선택하고 일부러 나쁜 짓을 해서 좋은 행동을 좋다고 말하는 동어반복적인 기성 사회의 도덕규범이라는 '권력'에 도전하기. 예술의 정치성은 도덕 권력에 저항하는 것과도 연관이 있다. 나쁜 것만큼 좋은 것도 억압적이다. 나쁜 것을 나쁘다고 말하는 것은 사회에 기여하지만, 좋은 것을 억압적이라고 말하는 것은 개인에게 기여한다. 예술의 정치성은 사회 유지에 필요한 개인의 희생을 거부하는 것과도 연관이 있다. 좋은 것은 도덕적이지만 나쁜 것은 욕망의 힘을 드러내기에 위험하다. 펑크족은 아직 사회에 길들여지지 않은 청년의 외침이다.

펑크족과 관련한 한 가지 일화는 이를 압축해서 보여준다. 1970년대 영국에서는 극우 파시스트들이 정치적으로 득세했다. 이들 파시스트 우파 정치에 공공연히 반감을 표명했던 펑크족들은, 그럼에도 나치의 상징인 '하켄크로이츠Hakenkreuz'를 가슴 언저리에 달고 다녔다. 왜 그것을 달고 다니느냐는 질문에 한 펑크족은 이렇게 대답했다고 한다. "펑크는 미움받는 것을 좋아한다."[4] 극우주의자도 아니면서, 심지어 극우주의자들을 싫어하면서도 하켄크로이츠를 달고 다니는 펑크족들. 이들은 기존 사회의 표상 혹은 기호를 그 맥락에서 떼어내고 그것의 상징적 의미를 제거함으로써, 상식적인 의미망을 모호하고 불안한 상태로 교란했다. 이는 기성 가치를 조롱하고 '기호 놀이'로 끌어들이는 펑크족의 이른바 상징 정치를 잘 보여준다. 어른은 모두 '꼰대'라고 생각하는, '가치'는 모두 엿먹여야 한다고 생각하는 이들 무정부적 허무주의자들의 분노와 고함은 이십 대 '청춘'의 존재 방식을 표상한다. 펑크는 이십 대의 음악이라 그때가 지나면 부를 수 없는 음악이다. 부정과 분노, 파괴는 청춘의 전유물이자 은어이기 때문이다.

펑크족의 기성 사회에 대한 태도는 섹스 피스톨즈의 음악에서 정점에 달한다. 섹스 피스톨즈는 1975년에 결성되어 1978년 1월 전미 순회공연을 마치고 해산할 때까지, 공식적으로는 2년 반이라는 극히 짧은 기간 동안 활동한 4인조 록 밴드이다. 이 밴드는 보컬 자니 로튼Jonny Rotten, 기

섹스 피스톨즈

타 스티브 존스Steve Jones, 드럼 폴 쿡Paul Cook, 베이스기타 글렌 매틀록Glen Matlock으로 시작했다. 이들은 런던의 킹스로드 거리에 위치한 옷가게인 '섹스Sex'[5]를 들락거리던 멤버들로 구성되었다. 싱글 앨범 〈영국의 무정부주의Anarchy in the U.K.〉와 〈신이여 여왕을 구하소서God Save the Queen〉, 정식 앨범인 〈불알은 신경 쓰지 마, 여기 섹피가 있어Never Mind the Bullocks, Here's The Sex Pistols〉를 발표했다. 섹스 피스톨즈는 품위 없는 무대 매너, 냉소와 허무주의로 가득 찬 무정부주의적인 음악으로 악명을 떨침으로써 역사적으로 전무후무한 유명세를 탄 '불량배들punks'이다.

이들이 영국에서 악명을 떨치게 된 것은 음악에 앞서 BBC의 TV쇼에 나가 벌인 악행이 결정적인 원인이 되었다. 1976년 12월 저녁 평범한 영국인 가족이 한데 모여 TV를 시청하는 시간대에 토크쇼 프로그램에 출연한 멤버들은 (나중에 한 멤버가 술회한 바에 의하면) 소위 '스탠드 업 코미디'를 선보였다. 〈투데이Today〉쇼의 호스트인 빌 그런디Bill Grundy와 인터뷰를 하는 중에 기타리스트인 스티브 존스는 사회자를 "dirty fucker", "fucking rotter"라고 불렀고 카메라를 향해 가운뎃손가락을 쳐들었다. 경건하고 엄숙한 영국인들 가운데 이때 TV 수상기를 집어던진 사람도 있다고 한다. 다음 날 영국의 일간지들은 거의 대부분 이들의 악행을 일면에 대서특필하며 분노했다.

　　악행으로 유명해진 이들은 1977년 5월 27일 영국 국가인 〈신이여 여왕을 구하소서God Save the Queen〉를 패러디한 싱글앨범 〈신이여 여왕을 구하소서〉를 발표한다. 앨범은 발매 일주일 만에 15만 장의 판매고를 올리며 대성공을 거둔다. 이들은 그 직후 퀸엘리자베스호라는 이름의 보트를 빌려 "엘리자베스 여왕은 섹스 피스톨즈를 환영한다"란 플래카드를 걸고 템스 강 위에서 연주하면서 파티를 벌였다. 경찰은 이들을 연행했지만 곧 방면했다. 역시 다음 날 일간지들은 이 일을 대서특필했다. 섹스 피스톨즈는 공연장에서 관객들과 싸운 것은 물론, 공항, 거리 어디에서건 폭행과 무례한 언행을 일삼았다. 그럼에도 영국 여왕 즉위 25주년 기념 주간에 〈신이여 여왕을 구하소서〉는 앨범 판매 1위곡에 올랐다. 영국 음반판매조사단은 1위 노래와 밴드 이름을 공란으로 남겨둠으로써 자신들의 불편함 내지 불쾌함을 드러냈다.

　　원래 '펑크'라는 말은, 미국의 한 비평가가 1960년대 상대적으로 알려지지 않은 개라지밴드garage band와 맨해튼 동부 지역의 음악 신을 기술하는 데 처음 사용했다. 맬컴 맥라렌은 1975년 말 뉴욕의 대표적 펑크록

클럽인 CBGB 등을 중심으로 형성된 뉴욕 펑크록 신을 접한 뒤 영국으로 돌아왔다(그는 뉴욕에서 '뉴욕 돌스New York Dolls'란 밴드의 매니저로 잠시 일했다). 펑크는 그에 의해 영국에서 진면모를 발휘하게 된다. 맬컴 맥라렌은 노래를 못하거나 연주를 못하는 사람을 멤버로 선발했다. 섹스 피스톨즈의 베이스 연주자가 매틀록에서 시드 비셔스Sid Vicious로 바뀌게 된 이유는 매틀록이 비틀즈의 폴 매카트니Paul McCartney를 너무 좋아했기 때문이라고 한다. 전문가들의 세련된 연주를 의도적으로 거부한 이들 펑크록의 기타 연주 기법은 흔히 '3코드 주의'라고 불린다. E, G, A 코드로 이루어지는 모든 기타 연주는 거칠고 조잡한 음악이 갖는 생생함, 아마추어리즘을 가감 없이 드러냈다. 이는 당시 레드 제플린Led Zeppelin, 핑크 플로이드Pink Floyd와 같은 주류 록의 대형 기업화에 대한 반발로도 해석되어왔다.

섹스 피스톨즈는 무정부적 허무주의가 농후한 가사와 무대에서의 거친 매너, 보수적인 주류 영국 사회에 대한 비판으로 짧은 기간에 유명해졌다. 여기에 결정적 기여를 한 것은 1977년 베이스 연주자로 새로 들어온 시드 비셔스였다. 젊은 시절 히피 문화를 접했던 어머니를 통해 마약을 시작한 시드 비셔스는, 헤로인 과다 복용 상태에서 자신의 여자 친구인 미국인 낸시 스펀겐Nancy Spungen을 칼로 찔러 살해했다. 결국 그는 경찰의 보호 하에 2급 살인죄에 대한 재판을 기다리다가 헤로인 과다 복용으로 스물두 살에 죽는다. 멤버들은 시드 비셔스가 한없이 맑고 천진했다고 술회한다. 이름하여 '저주받은 청춘doomed youth'의 신화로 섹스 피스톨즈가 추앙받게 된 데에는 시드 비셔스의 너무 이른 죽음이 결정적이었다. 1986년 영국 감독 알렉스 콕스Alex Cox는 〈시드와 낸시Sid And Nancy〉라는 영화를 만들어 두 청춘에 대한 자신의 오마주를 표현했다. 이십 대에 약물 과다 복용으로 사망한 호주 출신 영화배우 히스 레저Heath Ledger는 영화 〈다크 나이트The Dark Knight〉의 악당 '조커' 역을 시드 비셔스를 참조하면서 해냈다고 한다.

섹스 피스톨즈의 악행, 기행, 냉소와 허무주의는 "미래가 없다no future"고 외치는 청춘의 존재 방식을 상징화했다. 섹스 피스톨즈의 해산 이후에도 펑크록으로 분류되는 밴드들(클래시The Clash, 댐드The Damned, 엑스레이 스펙스X-Ray Spex, 버즈콕스The Buzzcoks, 와이어Wire, 애드버츠The Adverts 등)은 여전히 섹스 피스톨즈의 제스처를 계승하여 무대화한다. 젊음, 무정부주의적 허무주의가 가득한 냉소와 일탈, 기성세대와 주류 음악에 대한 반발과 엽기에 가까운 행동으로 점철된 섹스 피스톨즈는, 그럼에도 음악사에 길이 남을 음반을 통해 '예술성'을 획득한다. 이들의 유일한 정규 앨범 〈불알은 신경 쓰지 마, 여기 섹피가 있어〉는 1987년 음악 전문 잡지 《롤링스톤Rolling Stone》이 뽑은 '지난 20년간 나온 100대 앨범' 가운데 2위를 차지했다.

당시 영국은 경제적으로 심각한 불황에 처하게 되면서 실업자가 대거 양산되었다. 유색인이나 흑인 등 최저임금 노동자들의 반정부 시위가 연이어 일어났다. 이 틈을 이용해 극우주의자들은 국회 다수 의석을 차지했다. 이러한 상황에서 청년 문화로서의 펑크록은 영국에 대한 사회 불만 세력들의 심리적 반발심과 분노를 대변해주었다. 섹스 피스톨즈의 거칠고 조율되지 않은 음악은 바로 이런 사회 주변부 삶의 정서를 음악으로 표출했다는 점에서 중요한 역사적 현상이자 문화적 산물이다. 섹스 피스톨즈는 아마추어리즘 정신을 통해 다듬어지지 않은 거칠고 자유로운 음악을 생산하면서, 자본과 결탁해 타락하고 상업화한 주류 록에 대한 반발심을 표출했다. 이런 측면에서 음반 수십만 장을 판매했고, 동시에 음악사에 길이 남을 명반을 통해 예술성을 획득했다는 점은 사실 아이러니한 부분이라 할 수 있다. 계급적으로건 음악적으로건 주류에 대한 청년의 분노와 반항을 음악화했던 섹스 피스톨즈는, '악명이 곧 유명세'가 될 수 있다는 자본주의 문화의 대표적 사례가 되어버린 것이다.

2010년 사망한 섹스 피스톨즈의 매니저 맬컴 맥라렌은 2007년 한 잡지와의 인터뷰에서 1970년대 펑크의 정신을 요약했다.

"펑크는 20세기 후반의 가장 중요한 문화 현상이 되었다. 펑크의 진정성은 모든 것, 모든 사람이 상품화된 오늘날 가라오케 (같은) 대용 문화에 맞서 한층 돋보인다. 펑크가 음악, 영화, 미술, 디자인, 패션에 끼친 영향은 의문의 여지가 없을 만큼 분명하다. 펑크는 쿨이 무엇인가를 재는 척도로 사용된다. 물론 우리는 쿨하지 않은 것은 오늘날 어떤 것도 팔 수 없다는 것을 다 알고 있다. 유일한 문제는 펑크가 (지금도) 판매용이 아니고 (과거에도) 판매용이 아니었다는 점이다."[6]

1996년 섹스 피스톨즈의 원년 멤버인 자니 로튼, 스티브 존스, 폴 쿡, 글렌 매틀록은 그룹을 재결성했고, 지금까지 음악을 하고 있다.

끝으로 영국 국가와 섹스 피스톨즈의 〈신이여 여왕을 구하소서〉의 가사를 수록한다. 유투브 등을 통해 음악을 들어보고 그 차이를 느껴보기 바란다.

God Save the Queen
신이여 여왕을 구하소서(섹스 피스톨즈)

God save the Queen

The fascist regime

They made you a moron

Potential h-bomb

신이여 여왕을,

이 파시스트 정권을 구하소서

그들이 너를 얼간이,

잠재적 수소폭탄으로 만들었어

God save the Queen

She ain't no human being

There's no future

In England's dreaming

신이여 여왕을 구하소서

여왕은 인간이 아니야

영국의 꿈에는

미래가 없어

Don't be told what you want

Don't be told what you need

There's no future, no future

No future for you

네가 무엇을 원하는지 지시받지 마

네가 무엇을 필요로 하는지 지시받지 마

미래가, 미래가 없어

너를 위한 미래가

God save the Queen

We mean it, man

We love our Queen

God saves

신이여 여왕을 구하소서

우린 진심이야

우린 여왕을 사랑해

신이여 여왕을 구하소서

God save the Queen

Because those tourists are money

And our figurehead

Is not what she seems

신이여 여왕을 구하소서

여행객들은 돈이거든

뱃머리에 부착된 여왕은

눈에 보이는 것과는 달라

Oh God save history

God save your mad parade

Oh Lord, God have mercy

All crimes are paid

신이여 역사를 구하소서

이 미친 퍼레이드를 구하소서

오 신이여, 자비로운 신이여

모든 범죄는 대가를 치르니

When there's no future

How can there be sin

We're the flowers in the dustbin

We're the poison in the human machine

we're the future, your future

미래가 없는데

어떻게 죄가 있을까

우리는 쓰레기통 속 꽃이야

우린 기계인간 속 독이야

우리는 미래, 너의 미래

God save the Queen

We mean it, man

We love our Queen

God saves

신이여 여왕을 구하소서

우린 진심이야

우린 여왕을 사랑해

신이여 여왕을 구하소서

God save the Queen

We mean it man

And there's no future

In England's dreaming

신이여 여왕을 구하소서

우린 진심이야

그리고 영국의 꿈에는

미래가 없어

No future For you
너를 위한 미래는 없어

God Save the Queen
신이여 여왕을 구하소서(영국 국가)

God save our gracious Queen,

Long live our noble Queen,

God save the Queen:

Send her victorious,

Happy and glorious,

Long to reign over us:

God save the Queen.

신이여, 저희의 자비로우신 여왕 폐하를 지켜주소서,

고귀하신 저희의 여왕 폐하를 만수무강케 하사,

신이이셔, 여왕 폐하를 지켜주소서.

여왕 폐하께 승리와,

복과 영광을 주소서,

저희 위에 길이 군림케 하소서.

신이시여, 여왕 폐하를 지켜주소서.

O Lord, our God, arise,

Scatter her enemies,

And make them fall.

Confound their politics,

Frustrate their knavish tricks,

On Thee our hopes we fix,

God save us all.
오, 신이시여, 일어나셔서
여왕 폐하의 적들을 변방으로 쫓으시고
패배하도록 하소서.
적들의 정치에 혼란을,
적들의 간교한 계략에 좌절을.
당신께 저희의 희망을 거노니
저희 모두를 지켜주소서.

Thy choicest gifts in store,
On her be pleased to pour;
Long may she reign:
May she defend our laws,
And ever give us cause
To sing with heart and voice
God save the Queen.
당신의 최상의 선물을
기뻐하사 여왕 폐하께 내려주소서.
여왕 폐하를 길이 군림케 하소서!
여왕 폐하께서 우리 법을 수호케 하시길,
항상 우리가 마음과 목소리로 찬양할 수 있도록.
선정을 베풀게 하소서.
신이시여, 여왕 폐하를 지켜주소서.

레게와 밥 말리,
라스타파리아니즘

슬픔과 희망의 레게

화려한 색조의 모자, 가닥가닥 꼬아 길게 늘어뜨린 머리 모양을 하고 코발트블루빛 바다를 배경으로 한 떼의 젊은이들이 백사장에 모여 가볍게 어깨를 들썩이며 느리게 춤을 춘다.

레게reggae를 듣거나 레게 음악에 맞추어 춤을 추는 사람들을 묘사하면 이렇지 않을까? 레게는 특히 여름에 자주 듣게 되는데, 흥겹고 가볍게 몸을 흔들며 듣는 음악이지 가슴을 후벼 파는 사랑 노래나 격정적인 파토스를 드러내는 음악이 아니다. 레게는 심각하지 않고 따라서 극단적인 감정을 자제한다. 이것이 우리가 흔히 한국에서 듣고 즐기는 레게 음악이다. 한국에 정착한, 한국적인 레게는 대체로 그렇다.

그러나 레게의 모국 자메이카에서 레게는 원래 그런 노래가 아니었다. 레게의 대부, 레게를 전 세계 만인의 공통 언어, 공통 음악으로 만든 밥 말리에게 레게는 아프리카에서 자메이카로 강제 이주당한 흑인들의 슬픔,

분노, 희망이 담긴 노래였다. 레게는 아프리카로 돌아가려는 흑인들의 정치운동인 라스타파리아니즘Rastafarianism과 연관해서 이해해야 하는 음악 형식, 아니 일종의 정치적 노래 운동이다. 밥 말리는 노래를 부르는 가수라기보다는 라스타파리안으로서, 음악이 억압받는 자들의 해방에 기여할 수 있다고 믿은 정치적 행동주의자였다.

　이번에는 국제적인 음악 장르로 부상하면서 거의 잊혔을지도 모르는 레게의 역사적 탄생과 특수한 지역성locality을 살펴보겠다. 카리브 해 지역의 특수한 문화 산물인 레게에 우리가 어떤 태도를 취해야 하는지에 대해 '반성'해보는 기회도 마련하려고 한다. 만국의 만인이 듣고 즐기는 모든 노래가 처음에는 어떤 지역의 어떤 민족 혹은 부족의 언어이자 삶의 태도였다. 그렇다면 이를 이해하는 것은 지금 이곳의 우리는 어떤 노래를 불러야 하는가를 되묻는 기회이기도 하다.

자메이카 흑인의 역사

서구 열강의 제국주의적 침략과 맞물려 1492년 이래로 식민화된 카리브 해 지역은, 이후 외부에서 유입된 질병과 원주민 저항에 대한 서구 열강의 무차별적인 대응으로 인해 원주민 수가 급감한다. 이 여파로 이 지역의 노동 집약적인 사탕수수 재배를 위해 아프리카 식민지의 흑인 노예들이 카리브 해 지역으로 대거 유입된다.

　원주민들의 문화가 거의 파괴되고, 소수 서구 백인 지배자와 아프리카 흑인들의 문화가 유입되면서 카리브 해 지역의 문화는 대단히 복잡한 양상으로 융합, 변형된다. 가령 에스파냐어나 포르투갈어와 아프리카 언어가 섞이면서 등장한 크레올Creole어는 아프리카 출신 노예들의 언어로 정착했다. 한편 아프리카 전통음악에 사용되던 북(탐보르tambor)은 이들의 삶의 애환을 결집시키는 중요한 문화적 수단이 되었다. 이들은 북을 통해 카리브 해 지역별로 다양한 음악 형식을 탄생시켰다. 또한 아프리카의 다양한 부족 출신의 흑인들은 각기 다른 신앙 체계의 공통분모에 기초해 새로운 종교인 부두교를 만들어냈다. 북 리듬에 맞추어 격렬하게 몸을 흔드는 자신들을 천박하고 음탕한 야만인으로 간주하는 백인들의 경멸 어린 시선과 핍박 속에서, 흑인들은 춤을 추며 고된 현실을 잠시나마 잊고 잃어버린 아프리카에 대한 향수를 달랬다.[1]

1960년대는 비단 서구만이 아닌 전 세계에서 급격한 문화적 변동이 일어났던 시대이다. 쿠바혁명과, 흔히 문화혁명이라고 불리는 프랑스의 68년 5월혁명, 그리고 미국의 히피운동 등과 같은 정치적이고 문화적인 급변의 영향 속에서 자메이카에서는 새로운 혼성混成 음악인 레게가 탄생한다. 레게는 1962년 영국에서 독립한 자메이카에서 흑인들의 토속적인 리듬과 미국의 리듬앤블루스rhythm and blues가 결합한 새로운 음악이다. 자메이카는 국민 75퍼센트가 흑인이고, 15퍼센트가 백인과 흑인의 혼혈인 물라토mulato이며, 나머지 10퍼센트 정도만이 백인이다. 영국의 지배를 벗어났다지만 국민 대다수를 차지하는 흑인들의 비참한 삶은 독립 이후에도 변하지 않았다. 수도 킹스턴의 트렌치타운은 이름하여 '콘크리트 정글Concrete Jungle'이라 불리는 빈민굴이다. 레게는 바로 이곳 게토 지역 흑인들의 삶을 위로하는 노래로 등장했다. 국민 대다수를 차지하는 흑인들은 백인들의 지배를 벗어나 고향 아프리카로 돌아가야 한다는 생각을 종교나 음악으로 표출하면서 연대했다. 레게는 흑인들의 '아프리카 귀환 운동'으로서 라스타파리아니즘의 메시지를 전달하는 음악으로 탄생한 것이다.

라스타파리아니즘

앞서 언급했듯이 17세기에 유럽 시장에서 폭발적으로 증가한 설탕 수요를 해결하고자 영국은 자메이카에 대규모 플랜테이션 농장을 건설했다. 18세기 대영제국 부의 원천이 된 사탕수수 농장에 아프리카 흑인들이 유입되었고, 이들에 대한 백인들의 잔혹한 통치는 흑인 노예들의 목숨을 담보로 한 도주와 반란을 야기했다. 탈출에 성공한 노예들은 마룬Maroon이란 공동체를 형성하여 자신들의 꿈과 미래를 반영한 종교를 만들었다. 영국인들이 전파한 기독교를 그들 나름으로 재해석하여 새로운 아프리카식 기독교를 만든 것이다.

마룬의 흑인들은 우선 구약에서 나오는 바빌론유수Babylonian Exile를 재해석했다. 바빌론유수는 기원전 6세기경 신바빌로니아에 정복당한 유대인들이 바빌론에 끌려간 사건으로 고국을 떠나 타향에서 핍박받는 이스라엘 백성의 이야기다. 마룬의 흑인들은 이 이야기를 현실로 끌고 들어와, 자신들이 고통과 신음 속에 살고 있는 카리브 해 지역은 바빌론이고 고향 아프리카는 시온Zion으로 간주했다.

더 나아가 마룬 공동체의 흑인들은 성경에 등장하는 억압에 대한 메시지에 주목했다. 성경은 억압받는 자와 억압하는 자를 아주 구체적으로 묘사한다. 억눌린 자들의 신 야훼는 고통받는 약자들에게 애정을 갖고 그들을 지배자들로부터 구해내고 해방시키는 존재로 등장한다. 백인들의 교회에서는 야훼가 백인으로, 예수는 백인들을 위한 메시아라고 설교했다. 억압받는 자들에게 분노와 저항이 아닌 평화와 화해의 태도를 심는 데 주력한 것이다.[2] 정치적 억압을 종교를 통해 정당화하려는 백인들의 이런 태도는 흑인들의 분노를 중화하고 억압하려는 의도에서 나온 것이었음은 두말할 나위가 없다. 정의가 아니라 무조건적인 평화와 화해를 촉구하는 백인들의 설교에는, 흑인들에 대한 무조건적인 복종과 억압의 당위성을 정당화하려는 지배자의 욕망이 숨어 있다.

　　1930년대에 이르러 마룬 공동체의 기독교 해석은 정치운동으로 확산되었다. 바로 흑인들의 아프리카 귀환운동인 라스타파리아니즘이 등장하게 된 것이다. 1930년대 자메이카의 수도 킹스턴은 격변의 도시로 화했고 영국의 식민 지배에 반대하는 모든 부류의 지식인, 즉 범아프리카주의자Pan-African[3], 노동조합원, 라스타파리안 들이 한데 모여 백인의 지배에 맞서게 된다. 마룬의 정신을 이어받은 대표 지식인이자 정치적 행동주의자였던 마커스 가비Marcus Garvey[4]는 미국에서 흑인들의 인권 회복을 위해 저항하다가 투옥되기도 했다. 그는 1927년 추종자 수천 명을 거느리고 자메이카로 돌아오면서 흑인 왕이 아프리카에서 권좌에 오를 것이라는 예언을 했다. 그런데 1930년 라스(왕자) 타파리 마코넨Ras Teferi Makonnen이라는 이름의 남자가, 자신의 이름을 '삼위일체의 힘'이라

라스 타파리 마코넨(하일레 셀라시에)

는 의미의 하일레 셀라시에Haile Selassie로 바꾸면서 에티오피아 황제로 즉위한다. 하일레 셀라시에는 솔로몬 왕과 시바 여왕의 후예임을 자부하는 왕족 출신의 인물이었다. 사람들의 눈에 하일레 셀라시에의 즉위는 마커스 가비의 예언이 '실현'된 것으로 보였다. 이후 하일레 셀라시에를 추종하는 이들은 스스로를 라스타파리안이라고 불렀다.

내부적으로 많은 분파를 거느린 라스타파리안들은 그럼에도 한 가지 점에서는 의견을 같이한다. 신약에 드러난 기독교 체계에 대해 적대적이라는 점이 그것이다. 이들은 백인의 신을 악마로 간주하고 백인을 정신적 바빌론으로 간주한다. 이들의 성경은 성스러운 피비The Holy Piby이고, 백인의 기독교에서 포도주와 빵이 행하는 성체Sacrament는 간자Ganja, 즉 지혜의 담배인 마리화나이다. 라스타파리안들은 종교의식으로써 마리화나를 피운다. 또한 머리를 길러 드레드록dreadlocks(레게 머리)으로 만든다. '드레드(공포, 불안)'는 아프리카에서 노예선에 묶인 채 수개월을 짐승처럼 학대 당한 흑인들의 덥수룩한 머리를 보고 백인들이 "끔찍하다dreadful"고 말한 데서 유래했다. 이 말은 자메이카인들에게는 칭송의 단어로 재해석되었다. 머리를 길게 길러 땋아 내린 드레드록 스타일은 백인우월주의 사회에서 라스타파리안들의 투쟁심을 상징하는 결단의 증거였고 '군주를 경외시하는 사람'을 가리키는 상징이었다.[5] 이들은 백인의 직모와 대비되는 머리를 선택하여 백인에 대한 증오심과 흑인의 우수성을 드러내려고 했다. 또한 라스타파리안들에게 하일레 셀라시에가 황제로 통치하고 있는 에티오피아는 '지상의 천국'으로 간주되었다.

1960년대 자메이카의 독립과 함께 태동한 레게 음악은 이러한 라스타파리안과 밀접히 연관된 정치적 음악이다. 드레드록을 나부끼며 간

편한 셔츠 복장으로 노래를 부르는 레게 음악은 처음부터 끝까지 정치적 저항 의식을 고취시키려는 의도에서 시작되었다. 1966년 자메이카를 휩쓴 라스타파리아니즘은 젊은이들의 문화적 해방구로 확산된다. 젊은이들은 레게 머리인 드레드록 스타일에 초록(에티오피아), 빨강(피와 형제), 노랑(태양), 검정(피부색)으로 물들인 모직 모자를 씀으로써 아프리카 출신 흑인이라는 정체성을 스타일화했다. 이런 가운데 밥 말리의 레게는 자메이카를 휩쓴 라스타파리아니즘을 전 세계에 널리 알리는 기폭제가 되었다.

밥 말리

밥 말리

서른여섯 살의 짧은 삶을 살면서 레게 뮤지션으로 자메이카인들의 해방을 위해 노래한 밥 말리는, 중년의 영국계 백인 아버지와 10대 아프리카계 자메이카 흑인 어머니 사이에서 태어난 혼혈이다. 그는 아버지가 사망한 후 열두 살에 어머니와 고향을 떠나 라스타파리안들이 가장 많이 살고 있던 킹스턴의 빈민굴 트렌치타운으로 이주했다. 열여섯 살인 1962년 처음 친구들과 음악을 시작한 말리는 이후 '밥 말리와 웨일러스Bob Marley & the Wailers'로 이름을 바꾼 밴드 '웨일링 웨일러스Wailing Wailers'를 결성해 본격적으로 레게 뮤지션으로 활동하게 된다.

1966년 리타 앤더슨과 결혼한 후 어머니, 아내와 잠시 미국에 건너
간 말리는 1960년대 자메이카 흑인들을 사로잡은 라스타파리아니즘에 경
도되어 가톨릭에서 라스타파리로 개종한다. 자메이카로 돌아온 그는 드레
드록 스타일로 머리를 길렀다. 백인 지배하에 억압받고 자긍심을 잃은 흑
인들을 위해 라스타파리안으로서의 정치적 메시지를 레게 음악으로 표현
하게 된다.

1971년 아일랜드 레코드사와 계약을 맺은 뒤 웨일러스는 1973년
팝 음악 비평가들의 찬사를 받으며 앨범 〈캐치 어 파이어Catch a Fire〉, 〈버닝
Burnin'〉을 연달아 발표했다. 영국의 뮤지션 에릭 클랩튼Eric Clapton은 〈버닝〉
에 수록된 〈아이 샷 더 셰리프I Shot the Sheriff〉를 커버하여 자신의 앨범에 실
었다. 에릭 클랩튼 버전의 이 노래는 대대적인 히트를 치면서 미국 빌보드
1위를 차지했다. 이 덕분에 밥 말리와 레게 음악이 전 세계에 알려지게 되
었다. 밥 말리는 핑크 플로이드, 레드 제플린과 같은 대형 록 밴드와 동등
한 대우를 받은 최초의 레게 뮤지션으로 음악사에 등재되어 있다. 1975년
여름 '밥 말리와 웨일러스'의 유럽 투어 가운데 런던 리세움 볼룸에서 열린
두 라이브 공연이 음반으로 나와 앨범 차트에 오르게 된다. 이 앨범에 수록
된 노래 가운데 〈노 우먼 노 크라이No Woman No Cry〉는 전 세계적으로 히트
를 친다. 1976년 음악 전문 잡지인 《롤링스톤》지는 '밥 말리와 웨일러스'
를 '올해의 밴드'로 임명했다. 1977년 나온 앨범 〈엑소더스Exodus〉는 국제
적인 슈퍼스타의 반열에 밥 말리를 올려놓았다. 1999년 《타임 Time》지는
〈엑소더스〉를 20세기 가장 위대한 앨범으로 선정하기도 했다.

'밥 말리와 웨일러스'의 리세움 볼룸 콘서트는 에티오피아의 황제

하일레 셀라시에의 대형 걸개그림을 배경으로 사용했다. 이처럼 밥 말리는 독실한 라스타파리안으로 자메이카의 정치적 분열을 통합하려는 데도 열성적이었다. 1976년에는 서로 적대 관계인 여당과 야당의 통합을 위한 무료 콘서트를 기획하다가 집에서 괴한의 습격을 받는다. 그는 가슴과 팔에 가벼운 상처를 입었지만 아내와 매니저는 심각한 상처를 입었다. 그러나 예정대로 공연을 감행한 그는, "이 세계를 악화시키려는 이들이 하루도 쉬지 않는데 내가 어떻게 쉴 수 있느냐?"고 답했다고 한다. 밥 말리는이 사건 이후 치료와 휴식차 영국으로 건너가 2년간 자진해서 유배 생활을 했다. 이 기간에 밥 말리는 〈엑소더스〉와 〈카야Kaya〉 앨범을 녹음했다. 〈엑소더스〉는 56주 동안 영국 앨범 차트에 머무르는 기염을 토했다. 1978년 말리는 자메이카로 돌아와 정치 콘서트 '원 러브 피스 콘서트One Love Peace Concert'를 개최했다. 공연이 끝날 무렵 말리의 요청으로 여당 당수와 야당 당수는 무대에 올라 악수를 나누었다. 또한 남아프리카공화국의 아파르트헤이트에 강력히 반대한 말리는 아프리카의 투쟁을 지지하는 노래도 여러곡 만들었다. 〈짐바브웨Zimbabwe〉, 〈아프리카 유나이트Africa Unite〉 같은 노래들이다. 그가 만들지는 않았지만 그의 대표 곡이 된 〈워war〉는 하일레 셀라시에가 UN에서 행한 연설문을 가사로 사용했다. 1980년에는 짐바브웨의 독립 기념일에 초대를 받아 공연을 했다.

　여느 독실한 라스타파리안들처럼 밥 말리도 마리화나를 피웠다. 이것이 직접적 원인이었는지는 모르지만, 1977년 그의 발톱 밑에서 악성흑색종이 발견된다. 그러나 그는 발가락을 잘라내야 한다는 의사의 권고를 거부한다. 몸의 신성성을 믿는 라스타파리안으로서 현대 의학의 힘을 거부한 채 말리는 계속 연주 여행을 다녔고 1980년에는 월드 투어까지 계획했다. 그러나 같은 해 9월 23일 미국의 피츠버그 스탠리 극장에서의 공연이 마지막이었다. 암세포가 몸 전체로 퍼져 급격히 병세가 악화된 말리는 8개월간 입원해 있다가 마이애미의 한 병원에서 1981년 5월 11일 사망했다. 5월 21일 자메이카에서는 말리의 장례식이 국장으로 치러졌다. 제3세계 평화에 기여한 공로로 UN은 그에게 평화상을 수여했다.

밥 말리는 서정적인 '서머 바캉스'용 노래가 아닌 매우 정치적이고 종교적인 노래를 불렀다. BBC가 밥 말리의 〈원 러브One Love〉를 새로운 21세기를 위한 노래로 선정했다거나, 2004년 음악 잡지 《롤링스톤》이 가장 위대한 예술가 100인 가운데 11위에 밥 말리를 등재시켰다거나, 오스트레일리아 애버리지니Aborigine 원주민들이 시드니의 빅토리아 공원에 밥 말리를 기리는 신성한 불을 피워놓았다거나, 2008년 세르비아에 밥 말리의 동상이 건립되었다거나 하는 이야기는, 밥 말리가 뮤지션으로서 또 소수자들의 해방에 헌신한 '정치인'으로서 어떠한 상징적인 의미를 갖는지를 보여주는 사례들이다. 그러나 변방의 노래가 국제적인 인기와 대중성을 획득하게 되거나 혹은 '상품'이 되면, 처음 가졌던 의미는 퇴색될 수밖에 없다. 세계 어디에서나 틀면 나오는 대중음악인 레게에서 역사성이나 지역성을 상기하는 게 너무 '무겁다고' 생각하는 '쿨'한 감수성이 더 일반적인 것은 부정할 수 없는 사실이다. 이런 점에서 오늘날 밥 말리의 식지 않는 인기는 동시에 어떤 힘의 상실을 뜻하기도 한다. 《레게와 카리브 음악Reggae and Caribbean Music》의 저자 데이브 톰슨Dave Thompson의 다음과 같은 지적은 이런 점에서 언급해볼 만하다.

"밥 말리는 현대 문화의 가장 대중적인 인물이자 동시에 가장 왜곡된 인물이기도 하다. (중략) 기계가 말리를 무력화시켰다는 것은 의심의 여지가 없다. 체 게바라와 블랙팬더당을 경외했고 이들의 포스터를 웨일러스의 레코드 가게에 꽂아두었던 게토 출신 아이는 공식 기록에서 사라졌다. 자유와 자유가 필요로 하는 투쟁을 믿었고, 초기 앨범에서는 신분에 걸맞은 복장을 하고 있었으며, 제임스 브라운과 무하마드 알리가 영웅이었고, 신은 라스타파리였으며, 마리화나가 성체聖體였던 게토 출신의 아이는 사라졌다. 대신에 오늘날 자신의 왕국을 굽어보는 밥 말리는 온화한 자비이고, 밝게 빛나는 태양이자, 느릿하게 흔들거리는 야자수이며 풍선껌 기계 속 사탕처럼 정중한 라디오에서 굴러떨어지는 히트곡이다. 물론 이것은 밥 말리의 불멸을 보증한다. 그러나 밥 말리를 천박하게 만들기도 했다. 밥 말리는 이 이상의 가치가 있다."⁶

마지막으로 밥 말리의 노래 가운데 가장 유명한 〈노 우먼 노 크라이〉와 〈겟 업, 스탠드 업Get Up, Stand Up〉의 가사를 통해 라스타파리아니즘의 메시지를 살펴보자.

No Woman, No Cry
여인이여 울지 말아요

Said, said, said I remember when we used to sit

In the government yard in Trenchtown

Oba, ob-serving the hypocrites

As they would mingle with the good people we meet

Good friends we have had, oh good friends we've lost along the way

In this bright future you can't forget your past

So dry your tears I say

나는 그날을 기억해

트렌치타운의 정부 앞뜰에 앉아서

위선자들이

우리가 만난 선한 이들과 뒤섞이던 때를

우리의 착한 친구들, 오 착한 친구들을 우리는 길을 걷다가 잃어버렸어

이렇게 밝은 미래에 너의 과거를 잊을 수는 없을 거야

그러니 눈물을 닦아

No woman, no cry

No woman, no cry

Oh my Little sister, don't shed no tears

No woman, no cry

여인이여, 울지 말아요

여인이여, 울지 말아요

나의 작은 누이여, 눈물을 떨어뜨리지 말아요

여인이여, 울지 말아요

Said, said, said I remember when we used to sit

In the government yard in Trenchtown

And then Georgie would make the fire light

Logwood burning through the night

Then we would cook corn meal porridge

Of which I'll share with you

나는 그날을 기억해

트렌치타운 정부 앞뜰에 앉아 있던 때를

그때 조지는 불을 피웠고

로그우드는 밤새 탔지

우리는 옥수수죽을 만들었어

우리가 나눠 먹을

My feet is my only carriage

So I've got to push on through

But while I'm gone…

Everything's gonna be alright

내 유일한 이동 수단은 나의 발

그래서 나는 타협 없이 전진해야 했어

하지만 내가 간 뒤에는…

모든 게 다 잘 될 거야

여인이여 울지 말아요(중복된 가사는 생략)

Get up, stand up
깨어나, 일어나

Get up, stand up: stand up for your rights!

Get up, stand up: don't give up the fight!

깨어나, 일어나, 너의 권리를 위해 분연히 떨쳐 일어나!

깨어나, 일어나, 투쟁을 포기하지 마!

Preacher man, don't tell me,

Heaven is under the earth.

I know you don't know

What life is really worth.

It's not all that glitters is gold;

Half the story has never been told:

So now you see the light, eh!

Stand up for your rights. come on!

Get up, stand up: stand up for your rights!

Get up, stand up: don't give up the fight!

설교자여 내겐 설교하지 마시오,

천국은 지상에 있지.

삶의 진짜 가치를

당신이 모른다는 걸 난 알아.

반짝이는 게 다 금은 아니듯,

이야기의 절반은 들린 적이 없듯,

그러니 이제 당신은 빛을 보는 거야!

자, 너의 권리를 위해 일어나!

깨어나, 일어나, 너의 권리를 위해 분연히 떨쳐 일어나!

깨어나, 일어나, 투쟁을 포기하지 마!

Most people think,

Great god will come from the skies,

Take away everything

And make everybody feel high.

But if you know what life is worth,

You will look for yours on earth:

And now you see the light,

You stand up for your rights. jah!

사람들은 대개

신이 하늘에서 내려올 거라고 생각하지,

모든 것을 앗아가고

모든 사람을 높이 고양시킨다고.

하지만 삶의 가치가 무엇인지 안다면,

넌 이곳 지상에서 너의 것을 찾게 될 거야.

그러니 이제 너는 빛을 볼 것이고

자, 너의 권리를 위해 일어나!

We're sick and tired of your ism and skism game.

Die and go to heaven in Jesus' name, Lord.

We know when we understand:

Almighty god is a living man.

You can fool some people sometimes,

But you can't fool all the people all the time.

So now we see the light (what you gonna do?),

We gonna stand up for our rights! (yeah, yeah, yeah!)

우리는 너희들의 교조적인 생각들에 지칠 대로 지쳤어.

죽어서 예수의 이름으로 천국에 간다고 하지.

우리는 언제 이해해야 하는지를 알지,

전능한 신은 살아 있는 사람이라는 것을.

너희들은 가끔 몇몇 사람을 속일 수는 있을거야,

그러나 항상 모든 사람을 속일 수는 없어.

그러나 이제 우리는 빛을 볼 거야,

우리는 우리의 권리를 위해 일어날 거야!

(중복된 가사는 생략)

힙합,
게토 흑인들의 하위문화

예술로서의 힙합

대부분의 대중음악이 그렇듯, 한국에서 나름 독보적인 계보를 쌓고 있는 힙합hiphop 역시 미국 흑인들의 음악으로 처음 출발했다. 지금은 세계 각 지역의 특수한 역사적 상황, 국민/민족 정서 등과 맞물리면서 다양한 형태로 확산, 보급되고 있다. 국내 힙합 신의 현재 상황은 또 다른 지면을 통해 분석을 해야 할 만큼 복잡하고 역동적이다. 네이버 지식 검색에 올라온 좋아하는 국내 래퍼, 실력 있는 래퍼를 추천해달라는 부탁에 전문가 수준의 댓글이 숱하게 달린다. 거기에 오르내리는 이름들을 보면 한국 랩 혹은 힙합 신이 얼마나 높은 수준의 실력과 음악성을 갖고 있는지 알 수 있다. 남녀 간의 사랑, 현실에 대한 비판적 문제의식, 젊은이의 고민과 같은 다양한 소재가 쟁쟁한 래퍼들의 가사로 등장한다. 래퍼들의 이력도 국내외 유수 대학을 졸업한 소위 엘리트에서 자생적인 독학형까지 다원화되어 있음을 알 수 있다. 비보이B-boy에 관한 한 한국이 세계 최고 수준이라는 점 역시 한국 힙합의 자생성, 독자성을 잘 보여주는 사례다. 비보이 전용 극장이 있다는 것도 이런 맥락에서 반가운 일이다.

일상적인 대화를 그대로 옮겨놓은 듯한 랩의 거칠고 조악하고 내뱉는 듯 자연스런 가사는 서정적인 멜로디와 더불어 듣는 사람들에게 카타르시스를 안겨준다. 어깨를 들썩이며 손가락으로 허공을 찌르고, 곧 숨이 넘어갈 듯 빠른 '속사포' 랩을 따라 부를 때, 버스를 기다리다가 MP3에서 흘러나오는 랩을 흥얼거리며 하루의 우울함과 분노를 삭일 때, 힙합은 힘과 용기를 북돋는 에너지 자체이다. 힙합은 청춘들의 힘, 분노, 절망을 드러내고 위로하는 탁월한 형식이고 장르이다. 2010년 인터넷을 달군 UMC의 싱글 〈사람들을 착하게 만들어 놓았더니〉처럼 악마의 웃음을 빌어 착한 사람들 때문에 세상이 더 나쁘게 변한다고 비판하는 직설적 가사에 소름이 돋을 때, 혹은 흑인들만의 힙합에 자신만의 성역을 구축한 백인 래퍼 에미넴Eminem의 신보 〈리커버리Recovery〉를 최대한 크게 틀어놓고 머릿속을 방전시킬 때, 힙합은 고요하고 평온하며 나른한 일상에 침입한 '테러', '쓰나미', '토네이도'가 된다. 힙합은 우울하거나 자기 연민에 빠지게 하는 노래들보다 강하고 시원하다.

랩 배틀rap battle은 다른 어떤 음악에서도 볼 수 없는, 힙합의 즉흥성, 자발성을 증명한다. 두 사람의 래퍼가 공연장에서 즉흥적으로 지은 가사로 상대방 래퍼의 공격을 무력화하는 랩 배틀은, 예술로서의 힙합의 진면모를 드러낸다. 래퍼는 자신의 공격적 가사를 전통 시에서 볼 수 있는 각운, 압운과 같은 라임rhyme을 구사해 전달해야 한다. 고대 음유시인의 계보를 잇는 것으로 평가되는 래퍼들은 '플로우flow', 즉 억양, 톤, 악센트, 띄어쓰기/읽기를 통해 가사를 '음악적으로' 구술하는 능력을 겸비해야 한다.

전설적인 갱스터 래퍼 투팍2Pac의 사후 발간된 유고시집 《콘크리트에서 핀 장미The Rose that Grew from Concrete》에 수록된 주옥같은 '시'를 소리 내서 읽어보길 추천한다. 한국어판으로도 번역되어 나왔지만 사실 번역문으로는 원어의 라임 '맛'을 제대로 음미할 수 없다. 이 시집에는 실리지 않았지만 필자가 개인적으로 좋아하는, 흑인 갱들이 꿈꾸는 이상향을 노래한 투팍의 〈깡패 소굴Thugz mansion〉 일부만 봐도 라임이 랩의 기본 형식이자 맛임을 알 수 있다.

> A place where death doesn't re**side,** just thugs who col**lide**
>
> Not to **start beef** but **spark trees**....

이렇듯 현장성, 즉흥성, 예술성을 두루 갖춘 랩 배틀은 소위 '퍼포먼스' 예술의 특성을 보여준다. 관조와 초연함 혹은 침잠을 통해 경험되는 (고급) 예술에 대한 저항으로 20세기 후반 등장한 퍼포먼스는 예술의 일회성, 즉흥성, 순간성, 직접성을 통해 예술의 아우라를 파괴하려 하는 아방가르드 예술이다. 랩 배틀은 '배틀'이 일어나는 바로 그 순간의 경험과 일회적 에너지를 절대시하는 예술 형식이라는 점에서 아방가르드 예술이라고 할 수 있다.

게토 문화로서의 힙합

힙합을 간단히 정의한다면 "흑인 게토에서 발생한, 길거리에서 노는 문화."[1]이다. 1970년대 뉴욕의 가장 가난한 동네인 사우스 브롱크스에서 탄생한 힙합은, 도시 재개발 과정에서 변두리로 내몰리게 되는 하층민들의 삶이 어떻게 저항적인 하위문화를 만들어내는지를 보여주는 대표적 사례라고 할 수 있다.

1930년대까지만 해도 사우스 브롱크스는 서인도제도 출신 흑인들의 거주지였다. 이후 다양한 유색 인종이 이주해 들어오면서 경제적으로 큰 변화를 겪는다. 1950년대까지 유색인종들에게 브롱크스는 아메리칸드림을 실현하기 위한 출발지였다. 그러나 1959년 당시 뉴욕 시장이었던 로버트 모지스Robert Moses의 주도로 고속도로가 들어서면서 급격한 변화를 겪는다. 뉴욕 중심에서 교외로 이주한 중산층이나 노동계급 사람들의 출퇴근과 산업용 물자의 이동을 원활하게 하려는 목적에서 건설된 '브롱크스 횡단 고속도로Cross Bronx Expressway, CBE'가 관통하게 되면서 브롱크스는 황폐해지고 완전히 슬럼화된다. 직접적으로 CBE가 관통한 브롱크스 강제철거 지구에서 공식적으로는 수천 가구가 철거당했다. 그러나 공사로 인한 소음과 먼지, 공동체 내부 경제활동의 위축 등으로 인해 건설 기간 동안 브롱크스에서 이주한 인구는 6만 명에 달했다고 한다. 1963년 고속도로 완공 이후 수십만 명의 인구가 이주해버린 브롱크스에 남은 이들은 빈민층이었다. 결국 최하층만 남은 브롱크스에는 마약과 범죄가 들끓게 된다. 바로 이런 슬럼화, 방화, 범죄화, 즉 사회 안전망이 사라진 브롱크스 게토에서 등장한 것이 힙합이었다.[2]

흔히 힙합은 그래피티, 비보잉B-boying, 디제잉DJing, 랩Rapping, 이 네 요소로 구성된다. 자동차 이용자들을 위한 도로나 다리를 짓는 데 뉴욕 시가 골몰하는 동안 뉴욕 지하철은 방치되었다. 이 낡고 방치된 지하철을 대담하고 화려하게 장식한 것이 바로 그래피티였다. 정규 미술교육을 받지 못한 흑인들은 길거리 벽이나 그들의 주된 이동 수단인 지하철 벽을 캔버스 삼아 자신들의 삶을 기록했다. 지하철과 같은 공공재산 외에도 사유재산 건물의 벽에까지 그래피티가 그려지자, 주류 사회는 '라이프스타일 범죄'라고 비난했다. 그럼에도 불구하고 장 미셸 바스키아Jean Michel Basquiat 와 키스 해링Keith Haring 같은 그래피티 아티스트들은 뉴욕 시 전체를 배경으로 자신들의 절망과 분노를 표현했다. 게토의 흑인 청년들은 번듯한 음악 기기 하나 없이 '붐박스'와 턴테이블을 이용해서 언제 어디서나 음악을 즐기고 기존의 음악을 스크래칭하면서 자신들만의 비트와 리듬을 만들어 냈다. 이들은 따로 공연장도 없이 집 뒷마당과 폐허가 된 도시의 길거리, 공원, 주차장에서 춤추고 노래 불렀다. 성기완은 《장밋빛 도살장 풍경》에서 힙합의 네 요소를 이렇게 설명한다.

"힙합은 본질적으로 테러다. 랩은 멜로디에 가하는 테러이다. 멜로디로 아름답게 자기 삶을 노래하기에는 게토의 삶은 너무 비참하고 끔찍하다. 힙합은 그래서 일종의 고발문학이다. '내가 이렇게 맹수처럼 산다'는 메시지를 자랑하듯이 던지는 래퍼들의 뻐김은 실은 '내가 사는 삶은 이렇게 비참하다'는 고발이다. 그래피티는 실제로 남의 재산에 대한 테러의 일종이다. 미국의 백인 주택가 벽에는 이런 문구가 쓰여 있다. '사유재산을 훼손하는 일을 삼갈 것. 고발하겠음.' 디제잉 역시 일종의 테러이다. 백인들은 밴드를 만들어 자기 곡을 작곡하고 연주하지만 흑인들에겐 그럴 돈이 없다. 그래서 남의 음악을 샘플러로 따고 LP를 돌리고 그 모든 것들을 자기 리듬으로 재구성한다. (중략) 힙합은 혁명이다.

이 혁명은 길거리의 삶에서 비롯한 아주 솔직한 문화적 혁명이다. 음악의 형식과 방법, 내용을 완전히 뒤집어엎은 것은 예술가들의 형식적인 노력이 아니라 바로 길거리의 삶이다. 늘 혁명은 이런 식으로 시작되고 그들이 바로 전위다."[3]

1980년대가 되면서 미국 흑인 사회의 고립과 슬럼화는 특정 지역에 국한되지 않고 동부 전역의 대도시로 확대된다. 레이건 행정부의 보수적인 경제, 군사 정책은 하층민들의 삶을 더욱 변방으로 내몰았다. 노동자와 서민들을 위한 사회 지출이 기업의 부담을 높이고 세계경제에서 뉴욕의 지위를 위협한다고 판단한 기업 엘리트들은 국가 복지 예산을 대거 삭감했다. 이 여파로 브롱스와 같은 미국 내 게토 지역의 범죄는 더욱 기승을 부렸다. 중산층이 교외로 나가 살면서 대도시는 흑인과 유색인 들의 거주 지역으로 변모했다. 정부의 별다른 보호를 받지 못한 이들은 사회적, 경제적으로 급격히 소외되었다. 에이즈와 살인 사건으로 죽어가는 사람들의 비율 역시 터무니없이 높아졌는데, 앞서 언급한 투팍 역시 수천만 장의 앨범을 판 랩의 대부이지만 길거리에서 각종 마약과 범죄에 연루된 삶을 살다가 어느 흑인이 쏜 총에 맞아 스물다섯 살에 죽는다. 1980년대 이후 힙합 가사에 N-word(인종차별적 언어)와 F-word(욕설)가 많아진 것은 흑인들이 감옥에 더 많이 가게 된 것과 연관이 있다고 한다. 즉 실업 상태의 젊은이들은 어쩔 수 없이 군대에 가거나 마약 거래에 뛰어들 수밖에 없었다. 이런 이유로 힙합에 폭력적이고 성차별적인 거리와 감옥 문화가 결합되었다는 것이다.

힙합 앨범을 두 장이나 낸 프린스턴 대학 철학과 교수인 코넬 웨스트Cornel West는 힙합을 예언자 힙합Prophetic hiphop과 콘스탄틴 힙합

Constantinian hiphop으로 구분한다. 예언자 힙합은 초기 기독교가 살상, 살인, 전쟁 반대와 같은 평화주의적 성격을 띠었듯, 폭력, 경찰의 학대, 빈곤 등 주로 동시대 사회 문제를 비판하는, 말하자면 정치적, 비판적 힙합이라고 할 수 있다. 이에 비해 콘스탄틴 힙합은 콘스탄티누스 대제 이후 기독교가 로마제국의 종교로 군림했듯, 미국이라는 한 제국의 일부로서 기능하는 힙합을 말한다. 폭력적이고 성차별적이며 물질만능주의적 성격을 띠는 많은 상업적 힙합, 혹은 갱스터 힙합이 이에 해당한다.[4]

속사포로 빠르게 구사되는 흑인들의 힙합이 정치적 힙합인지 상업적 힙합인지 알고 듣는 청자는 극소수일 것이다. 흔히 '랩의 대부'로 불리는 시인이자 음악가인 길 스콧헤론Gil Scott-Heron의 유명한 구어체 노래 〈혁명은 TV에서 중계되지 않아The Revolution Will Not Be Televised〉와 퍼블릭 에너미Public Enemy의 대표곡인 〈파이트 더 파워Fight the Power〉를 통해 힙합에 담긴 흑인들의 분노와 삶을 알아보자.

길 스콧헤론, 혁명은 TV에서 중계되지 않아

시인, 작가, 가수이자 사회운동가이기도 한 길 스콧헤론은 힙합이 대중음악 신에 본격적으로 등장하기 전인 1970년대에 비판적인 가사를 통해 아프로-아메리칸에 대한 미국 사회의 인종차별주의에 직격탄을 날렸다. 그의 첫 번째 앨범인 〈125번가와 레녹스 거리에서의 잡담Small Talk at 125th and Lenox〉은 TV의 표피적이고 말초적인 특징, 흑인 혁명가들의 위선, 백인 중산층 계급의 소수자에 대한 무지, 자본주의의 무분별한 소비주의에 대한

길 스콧헤론

급진적 비판을 담은 열다섯 곡으로 구성되었다. 앨범 제목에 등장한 뉴욕 할렘 125번지와 레녹스 거리는 앨범의 모든 곡을 녹음한 클럽이 있는 곳들로, 미국 아프로-아메리칸 문화의 상징적 장소들이다. 아무런 멜로디 없이 콩가(아프리카를 기원으로 한 북)와 타악기의 비트를 사용하고 거기에 맞추어 시를 읊는 헤론의 독특한 창법은 블루스, 소울, 펑크, 재즈를 유산으로 한 것이며 이후 힙합에서 래퍼의 발화법으로 이어진다. 백인의 우월주의만큼이나 흑인에게 만연한 패배주의와 허무주의를 몰아내는 데 헌신했던 길 스콧헤론의 음악은 힙합의 중요한 원류이다. 시를 읽는 듯도 하고 노래를 부르는 것도 같은 그의 '구어체spoken word 창법'은 이후 힙합의 랩 형식에 영향을 주었다. 2011년 그가 사망하자 힙합 뮤지션들이 그에게 존경과 경의를 표했는데, 가령 에미넴은 "그는 모든 힙합에 영향을 주었다", 퍼블릭 에너미의 척 디Chuck D는 "당신은 우리가 한 모든 것의 기원이다"고 애도를 표했다.

'혁명은 TV에서 중계되지 않아'는 원래는 1960년대 미국의 흑인 인권운동에서 즐겨 사용된 슬로건이었다고 한다. 길 스콧헤론은 TV가 어떻게 백인을 위한 매체로서 사람들의 의식을 마비시키는지를 치밀하게 분석하면서, '바보상자' 앞에 앉아 바보가 되지 말고 생각을 하고 혁명을 일으킬 것을 촉구한다. 이 제목은 2003년 베네수엘라에서 우고 차베스Hugo

Chavez를 실각시키고자 일어난 쿠데타를 다룬 다큐멘터리의 제목으로 사용되었고, 2012년과 2013년 영국BBC에서 제작한 풍자 코미디 〈혁명은 TV에서 중계된다The Revolution Will Be Televised〉에 영향을 주기도 했다.

The Revolution Will Not Be Televised
혁명은 TV에서 중계되지 않아

You will not be able to stay home, brother.

You will not be able to plug in, turn on and cop out.

You will not be able to lose yourself on skag and skip,

Skip out for beer during commercials,

Because the revolution will not be televised.

너는 집에만 있을 수는 없을 거야, 형제여.

너는 '플러그를 박고 느낌 받고, 그리고 내뺄 수'⁵는 없을 거야.

너는 약에 뽕 가서 지나칠 수는 없을 거야.

광고가 나오는 동안 맥주 한잔하면서 지나칠 수는 없을 거야.

왜냐하면 혁명은 TV에서 중계되지 않으니까.

The revolution will not be televised.

The revolution will not be brought to you by Xerox

In 4 parts without commercial interruptions.

The revolution will not show you pictures of Nixon

blowing a bugle and leading a charge by John

Mitchell, General Abrams and Mendel Rivers to eat

hog maws confiscated from a Harlem sanctuary.

The revolution will not be televised.

혁명은 TV에서 중계되지 않아.

혁명은 제록스 사에 의해 중간 광고도 없이

4부작으로 제공되지도 않을 거야.

혁명은 은나팔을 불고 있는

닉슨(미국의 37대 대통령)의 영상을 보여주지 않아.⁶

그리고 안식처 할렘에서 몰수해간 돼지 내장 요리(흑인들의 전통 음식)를 먹으라
는 존 미첼(닉슨 정권 때 법무장관), 에이브럼스 장군(베트남전쟁 때 남동부 아시아 군
사령관), 멘델 리버스(베트남전쟁 때 미 하원 군사위원회 의장)의 명령을 진두지휘하
는 닉슨의 영상을 보여주지 않아.
혁명은 TV에서 중계되지 않아.

The revolution will not be brought to you by the

Schaefer Award Theatre and will not star Natalie

Woods and Steve McQueen or Bullwinkle and Julia.

The revolution will not give your mouth sex appeal.

The revolution will not get rid of the nubs.

The revolution will not make you look five pounds

thinner, because the revolution will not be televised, Brother.

혁명은 《셰퍼어워드극장》(연극적인 영화를 묶은 선집)으로

너에게 제공되지 않을 것이고, 나탈리 우드(백인 여배우),

스티브 맥퀸(백인 남배우), 불윙클(만화 캐릭터), 줄리아(시트콤 배우)가 나오지도

않을 거야.

혁명은 '당신의 입을 섹시하게 만들'(울트라브라이트 치약 광고문)지도 않을 거야.

혁명은 '당신의 수염을 말끔하게 다듬'(질레트 광고)지도 않을 거야.

혁명은 네가 5파운드나 날씬해 보이게 하지도 않을 거야.

왜냐하면 혁명은 TV에서 중계되지 않거든, 형제여.

There will be no pictures of you and Willie Mays

pushing that shopping cart down the block on the dead run,

or trying to slide that color television into a stolen ambulance.

NBC will not be able predict the winner at 8:32

or report from 29 districts.

The revolution will not be televised.

너와 윌리 메이즈가 건너편 블록으로 쇼핑카트를 죽도록 밀고 있건,

훔친 구급차에 컬러 TV를 밀어 넣고 있건,

그걸 찍은 영상은 없을 거야.[7]

NBC는 8시 32분(대통령 선거 투표가 종료된 8시 이후 방송국에서 하는 출구조사 발표 시간)에 승자를 예언한다든지

29번가에서 보도를 내보내지 못할 거야.

혁명은 TV에서 중계되지 않아.

There will be no pictures of pigs shooting down

brothers in the instant replay.

There will be no pictures of Whitney Young being

run out of Harlem on a rail with a brand new process.

There will be no slow motion or still life of Roy

Wilkens strolling through Watts in a Red, Black and

Green liberation jumpsuit that he had been saving

For just the proper occasion.

짭새들이 형제들을 총으로 쏴대는 것을

반복 재생으로 보여주는 영상은 없을 거야.

파마를 한 채 기차로 할렘에서 쫓겨나는

휘트니 영(인권운동가)의 영상은 없을 거야.

산보를 하는 로이 윌킨스(흑인지위향상협회 사무차장)나

적당한 기회에 입으려고 아껴두었던 붉은색 검은색 녹색(범아프리카주의 깃발색)이 섞인

리버레이션 점프슈트를 입은 와츠(와츠 폭동을 암시하는 부분)의

슬로 모션 동작이나 정물화도 없을 거야.

Green Acres, The Beverly Hillbillies, and Hooterville

Junction will no longer be so damned relevant, and

Women will not care if Dick finally screwed

Jane on Search for Tomorrow because Black people

Will be in the street looking for a brighter day.

The revolution will not be televised.

〈그린 에이커즈〉(시트콤), 〈비벌리 힐빌리즈〉(시트콤), 〈후터빌 정션〉(시트콤)은
이제 조금도 상관없게 된 거라고.

그리고 여자들은 〈서치포투머로우〉(TV 드라마)에서

흰둥이가 그 여자를 따먹었는지 상관 안 하게 될 거야.

왜냐하면 흑인들은 거리에서 보다 나은 미래를 찾고 있을 테니깐.

혁명은 TV에서 중계되지 않아.

There will be no highlights on the eleven o'clock

news and no pictures of hairy armed women

liberationists and Jackie Onassis blow ing her nose.

The theme song will not be written by Jim Webb,

Francis Scott Key, nor sung by Glen Campbell, Tom

Jones, Johnny Cash, Englebert Humperdink, or the Rare Earth.

The revolution will not be televised.

이젠 열한 시 뉴스의 하이라이트도.

겨드랑이 털도 밀지 않은 여성해방론자의 영상도.

재키 오나시스(케네디 대통령의 미망인)가 코를 푸는 영상도 없을 거야.

주제가를 짐 웹(작곡가)이나 프랜시스 스콧 키(미국 국가 작사가)가 쓰고,

글렌 켐벨(컨츄리 가수), 톰 존스(가수), 조니 캐시(컨츄리 가수), 잉글버트 험퍼딩
크(영국 가수).

레어 어스(전부 백인으로 구성된 밴드)가 부르는 일은 없을 거야.

혁명은TV에서 중계되지 않아.

The revolution will not be right back after a message

about a white tornado, white lightning, or white people.

You will not have to worry about a dove in your

bedroom, a tiger in your tank, or the giant in your toilet bowl.

The revolution will not go better with Coke.

The revolution will not fight the germs that may cause bad breath.

The revolution will put you in the driver's seat.

혁명은 이제 잠시 후에 돌아오는 일은 없을 거야.[8]

'흰둥이 토네이도'[9], '흰둥이 번개'(밀주를 뜻하는 은어), 흰둥이 광고 뒤에 말야.

너는 이제 '네 침실의 비둘기'(도브 탈취제 광고), '통 안의 호랑이'(광고 문구),

'변기 속의 거인'(청소용품 광고 문구)에 대해 걱정할 필요는 없을 거야.

혁명은 '콜라와 잘 어울리지'(콜라 광고 문구) 않을 거야.

혁명은 '입 냄새를 유발하는 세균과 싸우지'(광고 문구) 않을 거야.

혁명은 '널 운전석에 앉히지'(광고 문구) 않을 거야.

The revolution will not be televised, will not be televised,

will not be televised, will not be televised.

The revolution will be no re-run brothers;

The revolution will be live.

혁명은TV에서 중계되지 않아, 중계되지 않아.

TV에서 중계되지 않아, 중계되지 않아.

혁명은 재방송되지 않아, 형제여.

혁명은 삶이거든![10]

퍼블릭 에너미의 정치적 힙합

퍼블릭 에너미

힙합을 흑인의 정치의식 고취 수단으로 삼은 대표적인 그룹은 단연코 '공공의 적', 퍼블릭 에너미다. 1992년 《뉴스위크Newsweek》가 선정한 미국 사회의 여론과 가치에 영향을 준 '문화 엘리트 100인'에 대중 가수로 당당히 이름을 올린 퍼블릭 에너미를 두고 《워싱턴포스트The Washington Post》는 "랩으로 표출되는 그들의 이미지는 완벽한 테러리스트이다. 이제껏 유래를 찾아볼 수 없을 만큼 역동적인 가수이자 가장 과격하고 혁명적인 집단"이라고 평가하기도 했다. 흑인들의 권리 수호를 촉구하는 랩을 구사하는 4인조 그룹 퍼블릭 에너미의 랩은 주로 세상을 뒤바꾸겠다는 가사로 이루어져 있다. 퍼블릭 에너미는 흑인들의 분노와 고통을 치료하고 그들의 자긍심을 고취하는 것을 최우선 과제로 삼은, 이른바 랩을 '무기'로 사용하는 이들이다.

랩을 '검은CNN'이라고 비유한 이들의 앨범 재킷 사진 속 복장은 항상 완전 무장한 전투복과 베레모를 착용한 군인, 백인 사회와 보수 체제에 대응하는 혁명 투사의 모습이다. 퍼블릭 에너미의 노래에는 검은 회교도라는 의미의 블랙 무슬림Black Muslim 지도자인 루이스 패러컨Louis Farrakhan 이란 이름이 자주 등장한다. 패러컨은 미국 내 아프로-아메리칸의 정치적, 정신적, 경제적 복권을 목적으로 1930년대에 미국에서 조직된 종교적, 정치적 조직인 이슬람국가The Nation Of Islam, NOI의 리더다. 퍼블릭 에너미가 패러컨을 직접 인용한 것은 '악의 제국'으로서의 미국 백인 사회에 대한 자신들의 비판적 입장을 반영한 것이다.

음악으로 사회의 모든 부조리 척결을 부르짖는 퍼블릭 에너미의 리더이자 랩 보컬인 척 디는, 2003년 봄에 내놓은 싱글 〈부시의 아들Son of A Bush〉에서 부시를 맹렬히 비난했다. 또한 대량 살상 무기와 관련된 미국의 이라크전쟁을 테러로 규정하며 반전시위에 동참하기도 했다. 퍼블릭 에너미는 메시지의 효과적인 전달이라는 측면에서 랩 형식을 대단히 잘 활용했다. 이들은 노이즈로 대변되는 독특한 힙합 음향을 창조했는데, 라디오 방송 잡음, 사이렌 소리, 메탈 리프, 펑키 리듬, 일상 대화 등을 요란한 스크래치와 뒤섞어 현장감을 강조했다. 이는 이후 레코딩과 샘플링 기술의 진보를 앞당기는 데 기여했고, 세기말 뉴메탈nu metal과 하드코어hardcore 밴드가 등장하는 데 큰 영향을 미치게 된다.

흑인 영화감독 스파이크 리Spike Lee의 1989년 작 〈똑바로 살아라Do

the Right Thing〉는 바로 그다음 해에 일어난 LA폭동을 예언한 영화로 유명하다. 이 영화에는 자신들의 불합리한 현실에 분노하며 이탈리아인과 한국인 같은 유색인들을 증오하는 두 명의 흑인이 나온다. 그 가운데 한 명이 들고 다니는 대형 스테레오 라디오에서는 늘 퍼블릭 에너미의 〈파이트 더 파워〉가 흘러나온다.

Fight the Power
권력과 싸워

1989 the number another summer (get down)

Sound of the funky drummer

Music hittin' your heart cause I know you got soul

(Brothers and sisters hey)

1989년, 또 여름이 찾아왔어

펑키한 드럼 소리

네(형제와 누이여)게 영혼이 있다는 것을 알기에

음악은 네 심장을 두드려

Listen if you're missin' y'all

Swingin' while I'm singin'

Givin' whatcha gettin'

Knowin' what I know

While the Black bands sweatin'

And the rhythm rhymes rollin'

Got to give us what we want

Gotta give us what we need

혹시 잊고 있었다면 잘 들어

내가 노래하는 동안 몸을 흔들고

네가 얻은 것을 주고

내가 아는 것을 너희들도 알아둬

흑인 밴드가 땀을 흘리는 동안

리듬과 운율이 울려 퍼지고

너희는 우리가 원하는 걸 줘야 해

너희는 우리가 필요한 걸 줘야 해

Our freedom of speech is freedom or death

We got to fight the powers that be

Lemme hear you say

Fight the power

우리의 발언권은 자유 아니면 죽음이지

우리는 존재하는 권력에 맞서 싸워야 해

네가 말하는 것을 들려줘

같이 맞서 싸우자고

As the rhythm designed to bounce

What counts is that the rhymes

Designed to fill your mind

Now that you've realized the prides arrived

리듬은 흥겹게 타야 하듯이

중요한 것은

너의 마음을 채우는 운율이지

이제 너는 자신감을 찾았다는 걸 알 수 있을 거야

We got to pump the stuff to make us tough from the heart

It's a start, a work of art

To revolutionize make a change nothin's strange

People, people we are the same

No we're not the same

Cause we don't know the game

What we need is awareness, we can't get careless

You say what is this?

더욱 강해지기 위해 마음으로부터 끌어올려야 해

이건 시작이지, 예술 작품이지

혁명은 이상한 것은 하나도 없게 바꾸는 거지

우린 모두 같은 사람이야

아니, 사실 엄연히 말해서 똑같지는 않지

우리는 게임을 하지 않기 때문이야

우리가 필요한 건 자각이고, 부주의해서는 안 돼

이게 뭐냐고?

My beloved lets get down to business

Mental self defensive fitness

(Yo) bum rush the show

사랑하는 이여, 이제 시작해

스스로 정신 무장을 단단히 하고

이제 시작해

You gotta go for what you know

Make everybody see, in order to fight the powers that be

우리가 알고 있는 것을 위해 싸워야 해

존재하는 권력에 맞서 싸워야 해

Elvis was a hero to most

But he never meant shit to me you see

Straight up racist that sucker was simple and plain

Mother fuck him and John Wayne

Cause I'm Black and I'm proud

I'm ready and hyped plus I'm amped

엘비스 프레슬리는 대부분에게 영웅이었지

하지만 너도 알다시피 나한테는 영웅이 아니었어

그 새끼가 인종차별주의자였다는 사실은 간단하고도 분명하지

엘비스랑 존 웨인은 나가 죽으라고 그래

나는 흑인임이 자랑스럽기 때문에 그렇게 말한 거야

나는 준비가 되었고 몹시 흥분해 있어

Most of my heroes don't appear on no stamps

Sample a look back you look and find

Nothing but rednecks for 400 years if you check

Don't worry be happy was a number one jam

Damn if I say it you can slap me right here

나의 영웅들은 대부분 우표에 전혀 나오지 않았어

확인해보면 지난 400년 동안

백인 새끼들밖에 안 나왔어

〈돈 워리 비 해피〉 같은 노래가 1등을 하곤 했지

만약 내가 여기서 그따위 말을 지껄인다면 날 한 대 때려

(Get it) lets get this party started right

Right on, c'mon

What we got to say

Power to the people no delay

To make everybody see

in order to fight the powers that be

(Fight the Power)

파티를 시작하자

그래 바로 지금이 그때야

우리가 해야 할 말은

어서 지체하지 말고 힘을 기르자는 거야

권력에 맞서 싸워야 한다는 것을

모두가 알 수 있게

9

멕시코 벽화운동과
3인의 벽화가

제3세계의 강박

20세기 중엽까지의 세계 근대사를 놓고 보면, 서구 열강의 식민 통치에서 독립해 새로이 '탄생'한 제3세계 독립국가들은, 헌법을 세우고 국체國體를 확립하는 것 외에, 계급, 지역, 노선 등에 따라 분열된 사람들을 하나의 '민족nation'이나 '국민population'으로 호명하려는 동일한 움직임을 보였다. 그리고 이들에게 하나의 일관된 국가주의적 정체성을 심어주기 위해 강력한 프로파간다를 작동시킨 것도 비슷하다. 억압받았던 민족의 '독립'이라는 근대적 신화는 식민 통치를 거치는 동안 오염된 혼종성을 제거하려는 강박에 사로잡힌다. 제국주의 지배 이후의 여파로써 이 강박은 제3세계에서 반복된다. 그러므로 내부의 차이를 몰아내려는 싸움은 당연할 수밖에 없다. 이 과정에서 '일시적으로' 혹은 '전략적으로' 민족주의가 득세한다. 1920년대 멕시코에서 일어난 벽화운동mural movement은 바로 이러한 정치적 이해관계나 필요성 그리고 이에 반응하는 예술가들의 태도를 세 명의 벽화가를 통해서 보여준다.

　300년간의 에스파냐 식민 통치, 민족주의자들이 주도한 독립운동, 그 뒤를 이은 내분, 일인 독재의 장기화, 아래로부터의 민중 혁명을 통한 국가 건립까지 멕시코의 길고 긴 역사는 민족 정체성 회복을 위해 시작된 벽화운동의 주제이기도 하다. 멕시코 벽화운동을 주도한 3인의 거장, 즉 디에고 리베라Diego Rivera, 호세 클레멘테 오로스코José Clemente Orozco, 다비드 알파로 시케이로스David Alfaro Siqueiros를 중심으로 멕시코혁명과 멕시코 벽화운동의 관계를 살펴보자.

멕시코혁명과 국가의 탄생

1492년 에스파냐의 크리스토퍼 콜럼버스Christopher Columbus가 서인도제도를 발견했다. 1521년에는 에르난 코르테스Hernán Cortés가 멕시코제국인 유카탄반도에 상륙했다. 이렇게 시작된 에스파냐의 멕시코 식민 통치는 1810년 독립운동이 일어날 때까지 근 300년간이나 지속되었다.

　19세기 중남미에 확산된 독립운동의 여파 속에서 멕시코에서도 미겔 이달고Miguel Hidalgo, 호세 마리아 모렐로스José María Morelos 같은 신부가 주도하여 독립운동이 시작된다. 1821년 에스파냐로부터 독립한 멕시코는 오랜 식민 통치의 여파로 심각한 내분을 겪는다. 또한 1846년 미국과의 전쟁에서 패하여 1848년 국토의 절반(캘리포니아, 텍사스, 뉴멕시코, 애리조나 등)을 미국에 1,500만 달러에 파는 수모를 당한다. 게다가 자유주의 세력(서구화를 통한 전통의 타파를 부르짖는 개화파)과 보수주의 세력(멕시코 전통의 복원을 부르짖는 세력) 간의 갈등, 끊임없는 농민 봉기 등으로 심각한 분열이 일어난다. 대통령 40명과 황제 두 명이 권좌에 올랐다가 내려가길 거듭하다가, 1870년 포르피리오 디아스Porfirio Diaz 대통령이 집권하면서 어느 정도 안정 국면에 들어서게 된다.

1870년에 집권한 디아스 대통령은 외국자본을 들여와 철도를 건설하고, 공장을 세우고, 석유를 수출하는 등 멕시코 근대화에 주력했다. 하지만 35년에 걸친 장기 집권은 부정과 부패를 낳았고, 1910년 재선 반대 혁명이 일어나면서 1911년 그는 권좌에서 물러나게 된다. 디아스의 독재 체제하에서 국민의 1퍼센트에 해당하는 지주계급이 농토의 90퍼센트를 소유하는 극심한 부의 불균등이 초래되었다. 디아스의 독재 체제가 표방한 근대화 프로젝트는 하층계급, 토지를 수탈당한 인디오 농민, 중앙집권화 과정에서 피해를 입은 지방의 반발을 결집한 혁명에 의해 무너진다. 1910년에 시작된 혁명은 1917년 헌법이 발표되고 1920년 알바로 오브레곤Alvaro Obregon 대통령이 취임하면서 막을 내리게 된다.

민족주의와 벽화운동

오브레곤 대통령은 혁명 기간 내내 분열되어 있던 멕시코의 인종적, 지역적, 계급적 문제를 봉합하고 국민들의 단합과 사회 안정을 선전할 대대적인 문화운동을 계획한다. 국민 80퍼센트가 문맹이었던 1910년대 멕시코에서 벽화운동은, 혁명 이후 재정립된 멕시코 민족주의 이념을 대중에게 전파하는 매개 수단이자 프로파간다의 하나로 벽화 예술을 이용하려 한 정부가 국민들을 상대로 '국가의 탄생'을 알리고 계몽하려는 프로젝트였다. 멕시코를 여행하는 사람들은 멕시코 전역의 공공건물 어디에서나 벽화를 흔하게 볼 수 있다. 여행객들은 벽화의 크기, 등장인물의 수와 위엄에 압도당하게 된다. 오브레곤 대통령 치하 교육부장관이었던 호세 바스콘셀로스José Vazconcelos가 주도한 벽화운동은 국민 대통합의 차원에서 수백 년간 외세의 침략에도 굴하지 않았던 멕시코인들의 자긍심을 일깨웠고, 새로운 국가의 비전을 제시했다고 할 수 있다.[1]

가장 중요하고 가장 유명한 벽화가로 평가되기도 하는 디에고 리베라는 오랜 유럽 생활을 마치고 1921년 멕시코로 돌아온다. 이때를 출발점으로 하는 벽화운동은 오브레곤이 권좌에서 물러난 1924년 이후에도 지속되다가 1940년대 무렵 소멸된 것으로 평가된다. 1940년대 이후 멕시코의 집권층은 미국의 영향력을 인정하고 받아들이면서 산업화와 경제 건설에 매진했고 정치적 안정을 달성했다. 그렇기에 국가가 표방하는 공식 이데올로기를 굳이 전면에 내세우면서 통합 정책을 이끌어갈 이유가 없어졌다. 국가의 대대적인 지원이 끊어지면서 벽화운동도 시들해진 것이다.

교육부장관 바스콘셀로스는 멕시코인들의 교육을 위해 학교 건물을 포함한 모든 공공건물 벽면에 프레스코화를 제작한다. 그는 이 작업을 '화가, 조각가, 판화가 조합'에 의뢰했다. 1922년 '3인의 벽화가' 가운데 한 사람인 시케이로스가 작성하고 모든 벽화운동가들이 서명한 '전 세계 프롤레타리아를 위한' 〈사회, 정치, 미학 원리 선언Art and Revolution, Lawrence and Wishart〉을 조금 살펴보자.

"우리 인종의 고귀한 작업, 하찮은 영적·물질적 표현까지 포괄한 작업의 뿌리는 본질적으로 인디오 토착민에게 있다. 미를 창조하는 데 있어서 탁월한 능력을 입증한 멕시코인들의 예술은 세계에서 그 유례를 찾아볼 수 없을 만큼 수준 높은 정신적인 표현성을 드러낸다. 멕시코 예술은 민중에게 속하는 것이고 바로 이런 이유로 우리 미학의 근본적인 목표는 부르주아 개인주의를 혁파하고 예술적 표현을 사회화하려는 것임이 분명하다. 우리는 상류층 지식인들이 선호하는 모든 종류의 예술 그리고 이른바 이젤 회화를 거부한다. 우리는 벽화가 공공의 재산이기에 벽화를 지지한다. (중략) 새로운 시기로 이행하는 이와 같은 사회 변화의 시기에 미의 창조자는 민중을 위한 이데올로기적인 예술 작품을 생산하는 데 최선의 노력을 기울여야 한다. 예술은 더 이상 개인적인 만족의 표현이어서는 안 된다. 예술은 민중을 위해 교육적이고 전투적이어야 한다."[2]

벽화는 미술관 밖으로 나와 평범한 사람들을 관객으로 초대하는 예술이다. 벽화는 일상적인 공간에서 사람들의 시선을 사로잡고 그들의 뇌리에 천천히 각인된다. 멕시코 벽화운동은 오랜 식민 통치를 겪은 멕시코인들의 의식을 멕시코 고유의 전통과 문화로 고취하려는 정치적 프로파간다의 하나다. 이러한 측면에서 벽화를 감상하는 일은 사람들에게 멕시코의 역사와 현재, 쟁취할 위업으로서의 미래를 영웅적인 자긍심을 갖고 감동적으로 받아들이는 효과를 불러온다. 사실 평범한 멕시코인 입장에서는, 침략자인 에스파냐 사람들이나 북아메리카의 에스파냐 식민지 태생 백인인 크리오요Criollo나 모두 지배계급이라는 점에서 동일하다. 혁명에 앞장서서 가장 많은 피를 흘리고 멕시코 재건에 기여한 민중인 메스티소mestizo(인디오와 라틴아메리카 에스파냐계 백인의 혼혈로 국민의 대부분을 차지)와 인디오 들은 정치적, 경제적 분배에서 늘 소외되었기 때문이다. 멕시코 정부는 새로운 대중, 민주주의 시민으로 등장한 인디오와 메스티소를 국민으로 흡수하고 사회적 동질성과 이념을 확립할 필요가 있었다. 바로 멕시코 '문화'가 필요했다. 이러한 이유로 멕시코 정부는 혁명적 예술가들에게 민족주의 색채를 띤 벽화를 의뢰한 것이다.

3인의 거장 예술가

'3인의 벽화가'들은 모두 '메스티소 민족주의'를 위한 정치적 예술에 동의했다. 또한 멕시코 국가의 이념 또는 이데올로기를 바탕으로 민족 정체성을 고취하는 예술을 지지했다는 공통점이 있다. 이들은 예술의 사회적 유용성을 지지했으며 진정으로 '멕시코적인 것'을 찾기 위한 출발점으로 인디오 전통의 복권을 강조했다. 1920년대 유럽을 뒤흔든 표현주의, 입체파, 미래파 같은 아방가르드적인 회화 유파를 흡수하면서 동시대와 호흡하는 민중미술을 만들겠다는 이들의 다짐이 멕시코 정부의 국가주의 이데올로기와 맞아떨어진 것이다.

　　그러나 20세기 후반 프리다 칼로Frida Kahlo의 비극적인 예술 세계가 각광을 받자 세계적으로 더 유명해진 그녀의 남편 리베라와, 남미에서는 리베라보다 더 추앙을 받는 오로스코, 공산당 당원으로서 마르크스주의적 비전에 충실했던 시케이로스는 겉보기에도 확연히 차이가 나는 작업을 진행해갔다. 리베라는 인디헤니스모Indigenismo, 즉 인디오 문화의 우수성을 부각시켜 사회 구석구석에 잔존하는 에스파냐 식민 통치의 잔재를 일소하고, 멕시코 고유의 가치와 전통을 복원하려는 메스티소 민족주의에 충실했다. 오로스코는 혁명의 실패와 미래의 비전에 대한 불신을 드러내는 비판적이고 성찰적인 노선을 걸었다. 시케이로스는 마르크스주의적 해석에 충실한 사회주의적 미래의 관점에서 멕시코의 현재를 읽어내는 벽화를 만들었다.

디에고 리베라

디에고 리베라

리베라는 1907년 유럽으로 유학을 떠나 1921년 영구 귀국할 때까지 피카소, 브라크Georges Braque 등 입체파 작가들과 어울리며 입체파의 영향 안에서 그림을 그렸다. 귀국 후 그는 멕시코의 토착 문화에 접근, 민중을 주제로 한 사회주의리얼리즘을 자신의 예술 세계로 추구한다. 1920년대 이후 본격화된 문화적 민족주의, 즉 외세의 침입에 맞서 굳건한 민족 정체성을 확립함으로써 통일과 안정을 추구하는 민중주의적인 노선에 가장 충실히 가담한 예술가로 평가된다.

리베라의 벽화는 메스티소 민족주의론을 가장 충실히 따르는 가운데, 새로운 민족사의 기점으로 인디오적 과거를 미화했고 혼혈인 메스티소를 새로운 정체성의 중심으로 그려냈다.[3] 리베라가 1929년 시작해서

멕시코의 역사

1935년에 완성한, 대통령궁에 그린 〈멕시코의 역사History of Mexico〉는 벽화
의 발주자인 국가의 이념으로 통합·흡수되는 장대한 멕시코 역사를 재현
하고 있다. 리베라는 식민 통치를 겪은 민족주의에 흔히 등장하는 적대적
이분법, 즉 민족 대 외세, 지주/상층 부르주아 대 민중, 부자 대 빈자라는
이분법을 충실히 고수하면서 메스티소를 '우주적 인종'으로 묘사한다.

리베라가 〈멕시코의 역사〉를 그리기 시작한 1929년은 2000년까
지 '멕시코식의 정치적 안정'을 이끌었던 제도혁명당PRI이 창설된 해이기
도 하다.[4] 혁명 권력을 승계하고 정치제도로 공식화된 정당을 지지한 그의
제스처는 반외세 영웅들의 이미지를 통해 민족의 역사를 미화하는 벽화의
분위기에서도 잘 드러난다. 그의 낙관적인 민족주의에는 혁명정권과 정치
가들이 보여준 타락과 부패를 비판하고 성찰하는 진지함은 없다. 이런 점

에서 오브레곤의 뒤를 이어 1924년 집권한 카예스 정권이 혁명적 벽화에 큰 호감을 표시하지 않자, 즉 이젤 회화가 다시 득세하자, 오로스코는 그림을 접고 미국으로 떠났고 시케이로스는 고향에 은둔해버렸다. 반면, 리베라는 대통령궁에 〈멕시코의 역사〉를 그렸다. 그는 혁명이 가져온 현실과 미래에 대한 낙관주의적 관점을 결코 포기하지 않았다. 이 지점에서 혁명 이후의 부패에 염증을 내고 민족사를 비판적으로 성찰하고자 한 오로스코와 극명한 대조를 보인다. 리베라에게 인디오 문명은 선善 그 자체였고 에스파냐 정복은 악惡 그 자체였다.[5]

공산당 당원으로 정치적 저항운동에 더 열심이었다고 할 수 있는 시케이로스는 미국인들에게 인기가 많았던 리베라를 "보헤미안 속물, 기회주의자, 백만장자들의 화가"[6]라며 비난했다. 리베라는 1929년 멕시코 주재 미 대사관의 벽화 의뢰를 수락한 뒤 미국에서 수많은 벽화를 의뢰받게 된다. 1930년대에는 샌프란시스코 증권거래소와 미술학교에 벽화를 그렸고 1931년에는 뉴욕현대미술관MoMA, Museum of Modern Art에서 개인전을 열었다. 그를 가장 유명하게 만든 사건은 1933년 뉴욕의 록펠러센터가 의뢰한 벽화 관련 스캔들이다. 리베라가 노동자들 사이에 레닌의 초상화를 그려 넣자 록펠러센터는 레닌의 얼굴을 지우라고 요청했다. 하지만 리베라는 요구를 받아들이지 않았다. 록펠러센터는 리베라에게 벽화 비용을 전부 지불한 뒤 거의 완성된 벽화를 모두 깎아 없앴다.[7]

리베라의 벽화는 대부분 멕시코적인 것, 전통에 대한 향수와 민중에 대한 한없는 애정을 드러낸다. 리베라는 멕시코로 돌아온 뒤인 1940, 50년대에도 계속 그림을 그렸지만, 정치적이고 급진적인 사상을 전달하기보다는 전통에 대한 향수를 드러내는 작업에 매진했다. 그는 멕시코혁명에서 긍정적이고 낙관적인 면만을 읽어낸 것이다.

호세 클레멘테 오로스코

오로스코

오로스코는 어린 시절 폭약 사고로 왼팔을 잃고 일찍이 아버지를 여읜 뒤 생활 전선에 뛰어들어야 했다. 리베라가 유럽 아방가르드의 영향을 뒤로하고 벽화에 매진하게 된 것과 달리, 그는 민족주의자였던 아틀 박사Doctor Atl 그리고 관학적인 아카데미즘과 무관한 기법으로 삽화와 풍자화에 뛰어난 예술가 호세 과달루페 포사다José Guadalupe Posada의 영향하에 독자적인 화풍을 개척한 것으로 알려졌다.

오로스코는 에스파냐 식민주의자들의 잔인함만큼이나 아메리카 인디언들의 야만성에 대해서도 비판적이었다. 그는 혁명 기간 사회 이상을 앞세운 이들의 위선을 목격했고, 수천의 민중이 고문과 학살로 죽어가는 것을 지켜봐야 했다. 그렇기에 그는 혁명이 내세우는 비전보다는 혁명의 어둡고 비극적인 이면에 더 많은 시선을 두었다. 리베라가 '제도혁명당'의 혁명사 해석과 인디헤니스모에 대한 지지를 보인 반면, 오로스코는 당대 혁명의 타락과 부패를 직시했고 인디오 문명에 대한 지나친 미화와 구태의연한 역사 서술을 경계했다. 그는 멕시코적인 것에 매몰된 민족주의 이데올로기를 보다 보편적 관점에서 바라보고 비판하려 했다. 그렇기에 교

회와 군부, 독재자, 이데올로기를 가차 없이 공격했다.

독일 표현주의적인 기법을 강하게 드러내는 오로스코의 작중 인물들은 모두 "공포와 섬찍함의 미학"[8]에 사로잡혀 있다. 그는 에스파냐 정복사를 담담한 필치로 재현해냈다. 즉 정복이 가져온 종족 혼합, 영적 구원을 리베라처럼 선악의 이분법으로 선명하게 표현하길 꺼려 했다. 또한 에스파냐 정복사를 우월한 문명이 저급한 문명을 정복하는 숙명적인 과정으로 간주했다. 비록 아즈텍 문명은 에스파냐와 유혈 충돌하는 가운데 궤멸되었지만, 그 대가로 에스파냐의 인문주의(화가 엘 그레코El Greco와 작가 세르반테스Miguel de Cervantes가 대표적)와 가톨릭 종교가 대륙에 뿌리를 내리게 되었다는 역사적 숙명론을 펼친다.

1927년부터 1934년까지 뉴욕에 체류하는 동안 오로스코는 그의 가장 대표적인 작품으로 평가되는 뉴햄프셔 주 〈다트머스 대학 벽화〉를 그렸다. 또 1936년에는 고향 과달라하라의 여러 건물에 자신만의 강렬하고 과격한 영감을 드러내는 벽화를 그렸다. 혁명정권의 지도자들은 물론 마르크스주의 지식인들에게조차 비판적이었던 오로스코는 당대의 모든 공식화된 이데올로기에 적대적이었다고 볼 수 있다. 유럽을 휩쓸며 비판적 지식인들을 결속시킨 1930년대 파시즘과 이에 대항할 만한 이념으로 간주된 마르크스주의 모두를 경계한 것이다. 그는 인간의 해방이 노동자 운동이나 특정 이념에 의해 이루어질 것이라는 지식인들의 생각에 동의하길 거부했다.

오로스코는 불을 통해 정화된 인간을 하나의 이상형으로 간주하는 그림을 통해 미래에 대한 자신의 비전을 완성한다. 그는 우상과 미신에서 벗어나서 과학과 지식으로 무장한 새로운 세대에게서 멕시코의 미래를 찾으려 했다. 이들이 '불의 단련'을 거치고 이데올로기적 편견에서 해방될 때 진정한 멕시코 국민의 미래가 보장될 것이라고 생각했다.[9]

다비드 알파로 시케이로스

시케이로스는 리베라, 오로스코와 비교해서 가장 이론적이었고 이념적으로 가장 급진적이었다. 그는 에스파냐내란에 전투원으로 가담했고, 그를 마르크스주의로 이끈 러시아혁명의 한가운데에 있었던 공산당 당원이었다. 그렇기에 노동자 노조, 교원 노조가 주도하는 파업에 자주 가담했고, 자주 투옥되었다. 시케이로스는 유럽에서 돌아온 1922년 이후 멕시코의 정치적 사건이나 노동운동에 가담한다. 그는 자신이 속한 공산당과 자

시케이로스

신이 믿은 사회주의 이념에 근거해서 현실을 해석했다. 유럽 미래파에 영향을 받은 시케이로스는 멕시코 현실을 충실하게 반영한 리얼리즘보다는 미래 세계에 대한 낙관을 담은 유토피아적 벽화를 제작한다. 그에게 미래는 농민과 노동자가 주인이 되는 사회주의 세계로 간주되었다.

시케이로스는 공산당과 여러 노조에서의 급진적 정치 활동 때문에 바스콘셀로스의 후임으로 교육부장관이 된 푸이그 카사우랑Puig Cassauranc의 미움을 샀다. 그는 1919년까지 고향 과달라하라로 피신해 있다가 1930년대 초가 되어서야 작품 활동을 다시 시작한다. 1930년 투옥 중이던 시케이로스에게 멕시코 정부는 감옥과 미국행 가운데 하나를 선택할 것을 강요한다. 그는 미국으로 건너가 LA 미술학교에서 벽화를 가르치는 일을 하게 된다. 그가 LA에서 그린 벽화의 주제는 미국 노조운동, 미국 내 멕시코 노동자, 중남미 역사 같은 것이었기에 미국에서도 비난을 받은 것으로 알려져 있다. LA에서 벽화를 제작하면서 선진 문물을 접한 덕분에 시케이로스는 산업 기술과 현대성이 공공 예술인 벽화의 본성과 일치한다는 생각을 하게 된다. 그는 대중사회의 급진적이고 혁명적인 변화는 선진 기술과 방법을 응용한, 말하자면 기법적인 혁명을 수반해야 한다는 생각을 벽화 제작에 도입한다. 이 덕분에 시케이로스는 걸어가는 관찰자가 보다 생생하고 동적인 방식으로 벽화를 감상할 수 있도록 시각적 효과를 가

콰우테모크

미한 '다각적 전망' 기법을 창안할 수 있었다.[10]

　　그는 귀국 후 반파시즘 운동에 적극 가담했다가 1940년 트로츠키 암살 사건에 연루되어 추방당해, 칠레와 쿠바에서 자신의 정치적 활동을 이어갔다. 시케이로스의 벽화에 자주 등장하는 아즈텍의 마지막 군주 〈콰우테모크Cuauhtémoc〉는 시케이로스에게 반제국주의 투쟁의 민족적 상징이자 영웅이다. 즉 인디오 문명의 대표자로서 에스파냐 정복자에 대항하여 싸운 아즈텍 최후의 군주의 투쟁은, 약소민족이 식민주의자들에 맞서 싸우는 전 세계의 반제국주의 투쟁의 보편적 드라마를 상징한다. 제국주의자들에게 패배할 수밖에 없다는 숙명론에서 벗어나 정복자의 무기와 갑옷으로 무장한 이 젊은 영웅이 내뱉는 당당한 민족주의적 선언이 시케이로스의 화면에 자주 등장한 것이다.[11]

1950년대에 이르러 시케이로스는 민족사의 재조명 내지는 재해석보다는 현대 문명과 미래를 주제로 방향을 선회한다. 리베라가 인디오 문명이라는 과거의 유토피아로 회귀한 것과 달리 시케이로스는 산업사회의 미래와 유토피아로 전향했다고 볼 수 있다. 그는 사회주의사상이 던져준 기술적 진보의 미래를 믿었다. 사실 그가 지닌 사회주의 이념은 낙후된 멕시코 현실에서는 실현 불가능한 것이었다. 그렇기에 그에게 혁명은 벽화에서나 가능한 것이었을지 모른다. 시케이로스의 회화는 멕시코 현실을 지나치게 마르크스주의적 이념에 맞추어 해석하였기에 낙후된 현실을 제대로 반영할 수 없었다. 리베라의 적대적 이분법과 마찬가지로 그 역시 민족의 복잡한 현실을 노동자 대 자본가라는 단순 구도로 읽었다는 역사적 한계를 갖고 있다.[12]

멕시코 벽화운동은 1920년대에 멕시코를 뒤흔들다가, 1930년대에는 경제공황이 불어닥친 미국 국민의 호응에 힘입어 미국에서 더 큰 지지와 인기를 구가했다. 그러나 1940년대에는 더 이상 프로파간다 장치가 필요하지 않게 된 멕시코의 정치적 이해관계 속에서 그 영향력을 서서히 잃게 된다. 리베라, 오로스코, 시케이로스는 새로운 국가로서의 멕시코 민족 정체성을 위한 국가 주도의 벽화운동에 동참했지만, 그들의 정치적 성향이나 태도는 제각기 달랐다. 겉으로 보기에 일관된 듯 보이는 모든 집단 운동은 가까이에서 보면 이질적이고 다양한 무늬를 드러내며 차이를 품은 채 지속되고는 한다. 국가의 지지와 후원이 사라지면서 시들해진 멕시코 벽화

운동은, 그러나 1960년대 미국 내 '치카노Chicano(멕시코계 미국인)'의 벽화운동에서 중요한 역할을 하게 된다.

1980년대 한국 화단은 사회주의리얼리즘의 영향하에 민중미술이 중요한 흐름을 형성하고 있었다. 독재정권 시절 예술의 사회적이고 정치적인 역할에 대해 고심하던 미대생들과 작가들을 중심으로 독일, 중남미, 러시아의 리얼리즘 작가들이 소개, 흡수되었다. 이 과정에서 멕시코 벽화운동은 억압의 역사를 해방의 방향으로 돌리는 한국 민중의 이미지를 재현하는 데 중요한 기반이 되었다.

10

1960년대 치카노의
정체성 회복 운동

동화와 분리 사이에서

근대국가는 전통적인 삶을 영토와 성문법에 따라 자르고 구획화하고 통계화하는 가운데 수립된다. 개인이 한 나라의 국민으로 '계산'된다는 것은 국가 정체성을 갖고 국민으로서 '동등한' 한 표를 행사하며 국가적 생산주의에 호명당하는 것이다. 가족을 이루고 공동체의 지속에 필수적인 노동력을 생산하면서 국민으로 호명되는 가운데 개인은 자신과 국가를 자연스럽게 동일시한다. 그러나 "국가는 누구의 (상상의) 관념인가"라는 문제가 제기되고 있는 지금, 즉 지구촌화가 국가의 경계를 흐리고 근대법 자체에 대한 정치적 질문들이 제기되며 국가 중심의 민주주의에 대한 근본적인 회의가 논의되고 있는 지금, 우리는 (모든) 국민을 보호하는 '내부'로서의 국가에 대해 재고할 필요가 있다. 오늘날 우리 삶의 조건을 이루는 지구촌화나 다원주의는 국가주의를 넘어설 역사적이고 윤리적인 자세를 요청한다. 동시에 오늘날 우리 삶의 조건인 불확실함이나 불안은 '우리'를 위협하는 타자들을 제거하고 더욱 단단한 정체성으로 '우리'를 묶어야 한다고 유혹한다.

1960년대 미국에서는 멕시코계 미국인들 대부분이 최하층 노동자로 살아갔다. 이들 내부에서는 과연 백인 중심의 미국적 가치를 따르는 순응주의적 삶을 따라가야 하는가, 그것이 우리를 위한 것이 아니라면 우리의 정체성을 다른 기원과 토대에 근거해서 세워야 하는 것 아닌가, 라는 이른바 민족주의적인 각성이 일었다. 이는 비단 멕시코계 미국인들만의 전복적인 문제 제기는 아니다. 흑인을 포함한 유색인, 여성, 동성애자 들이 백인 이성애자 남성의 가치를 '국민'의 가치로 정당화하는 데 반기를 드는 문화운동의 전면에 등장한 것이다. 멕시코계 미국인이라는 이름 대신에 '치카노'라는 이름으로 불리길 선택한 이들, 동화보다는 분리를 선택한 이들의 정치적이고 경제적인 움직임에 대해 간단하게 살펴보자.

낙인이자 자긍심의 이름, 치카노

미국 사회의 주류는 WASP, 즉 백인 앵글로색슨 신교도White Anglo-Saxon Protestant가 차지한다. 미국인은 모두 백인으로 혹은 '양키yankee'[1]로 일반화하는 사람들도 있겠지만, 온갖 다양한 인종, 종족이 뒤섞인 용광로인 미국 사회에서 백인 다음으로 많은 인종이 히스패닉이다. 미국에서 에스파냐어를 사용하는 사람들을 뜻하는 히스패닉과 라틴아메리카 출신 미국인을 뜻하는 라티노는 2010년 현재 미국 총 인구의 16.3퍼센트, 대략 5,047만 명에 달한다고 한다. 이 가운데 3,179만 명이 멕시코계 미국인이다. 캘리포니아 총 인구의 37.6퍼센트를 차지하는 멕시코계 미국인들의 수는 통계에 잡히지 않는 불법체류자까지 감안한다면 실로 엄청나다.[2] 이러한 멕시코계 미국인들을 부르는 단어에 치카노라는 우리에게 낯선 말이 있다. 이 글을 다 읽어야 이해가 될 문단이기는 하지만, 텍사스 여행안내서는 치카노를 이렇게 설명한다.

> "농장 노동자들의 용기와 세자르 차베스가 주도한 캘리포니아 파업, 그리고 그 시기 앵글로아메리칸 청년들의 항거에 고취된 많은 멕시코계 미국인 대학생이 치카노 운동으로 알려진 사회적 개선을 위한 십자군 전쟁에 참여하게 되었다. 그들은 자신들의 재발견된 유산, 청년의 확고한 의지, 호전적인 의제를 표현하는 데 치카노란 이름을 사용했다. 학생들과 지지자들은 치카노라는 말을 멕시코계 미국인 전체를 언급하기 위해 사용했지만, 그들은 그 이름이 보다 직접적으로 테하노Tejano(에스파냐어로 텍사스 사람) 공동체의 정치적 의식이 강한 이들을 가리키는 것으로 이해했다."[3]

인용된 문단에 등장하는 세자르 에스트라다 차베스César Estrada Chávez가 주도한 파업은 1960년대 후반의 사건이다. 이 시기는 베트남전 반대 시위를 필두로 온갖 타자들(유색인, 여성, 청년, 동성애자 등)의 저항이 미국을 뒤덮은 때이다. 당시 노동자들과 대학생들을 중심으로 한 멕시코계 미국인들이 '뿌리' 찾기 운동에 구호로 내건 단어가 '치카노'인 것이다. 즉 "1960년대 말부터 1970년대 초까지 미국 내에서 진행된 치카노들의 자기 정체성의 긍정과 정치적 자결권을 확보하고자 하는 일련의 움직임"[4]으로서의 치카노 운동은 멕시코계 미국인을 치카노로 고쳐 부르려는 분리주의적 정치의식의 각성에 근거한다.

에스파냐어로 치카노는 Chico(small)+ano(man), 즉 '작은 사람'을 뜻한다. 어느 문화권에서나 작은 사람은 '키가 작은'이란 중립적이고 기술적인 뜻denotation 안에 '보잘것없고 사소하고 무시해도 좋은'이란 평가적 connotative 의미를 갖고 있다. '큰 사람big man'은 영웅 혹은 남자다운 남자이고, 작은 사람은 그보다 열등한 사람 혹은 남자이다. 치카노는 그렇기에 부정적인, 결핍을 내포한 단어이다. 처음에 이 말은 19세기 말과 20세기 초 특정 지역의 멕시코 출신 공장 및 농장 노동자들을 소유주들이 부르는 말에서 시작되었다고 한다. 언어는 사회의 다수와 주류의 가치관을 보호하는 이데올로기적 기능을 숨기면서 중립적인 수단으로 간주되기 마련이다. 백인 중심의 미국 사회에서 대부분 빈민층 노동자로 살았던 멕시코계 미국인들을 치카노라고 부르는 것은, 현재의 상황을 영구적인 운명으로 고착화하려는 상징적 이데올로기 전략이다. 그렇기에 멕시코 출신 이민자들에게 들러붙은 치카노라는 '낙인'으로부터 벗어나기 위해 멕시코계 미국인들은 최선을 다해 사회의 중심으로 통합되려는 움직임에 가담했다.

정치적이거나 경제적인 이유로 미국으로 건너온 멕시코인들은 미국인들의 착취에 맞서 간간히 저항하기도 했다. 하지만 멕시코 출신 미국인 대부분은 경제적 성공을 꿈꾸며 백인 사회에 통합되고 동화되려는 데 열심이었다. 흔히 이민 1세대로 간주되는, 1960년대 이전 멕시코계 미국인들의 정체성 운동은 중산층 중심으로 진행되었다. 개량주의적이고 자유주의적인 이들 계급의 움직임은 백인 주류 사회로의 동화나 통합을 위한 것이었다. 1920년대 이후 '라틴계 미국시민연맹LULAC'이 주도한 치카노 운동 1세대가 보여준 동화에의 욕망은, 제2차 세계대전과 6·25전쟁에 어느 인종보다 미국인으로서 뛰어난 전사가 되었던 멕시코계 남성들을 통해 드러난다.[5] 이들은 전쟁터에서 백인보다 위험한 임무를 맡았다. 자국에 있는 멕시코계 여성들은 군수산업 현장에서 험한 노동을 마다하지 않으며 미국의 승리와 부를 위해 일했다. 그러나 미국의 승리와 부에 혁혁한 기여를 한 이들의 삶은 전쟁이 끝난 뒤에도 별로 나아진 것이 없었다. 자신들의 정치적 소외와 무능, 경제적 빈곤을 벗어나는 방법으로 누구보다 미국인다운 미국인이 되려는 통합주의적 시도의 결과는 예상과 달리 일천했다.

산발적으로 일어나는 흑인을 포함한 유색인에 대한 인종차별은 멕시코 출신자들에게도 마찬가지였다. 가령 유명한 사건 하나가 1943년 6월에 일어난 '주트수트zoot suit'[6] 사건이다. 제2차 세계대전 기간 멕시코계 미국인들 사이에서 유행한 주트수트 차림의 멕시코계 청년들을 백인 해군들이 길거리에서 구타했다. 주위에 있던 백인들은 해군들의 폭행을 '구경거리'처럼 즐겼다. 헌병과 지역 경찰은 수수방관하다가 오히려 피해자인 멕시코계 청년들을 연행했다. 미국에서 태어나고 미국이 자신들의 고향이라고 생각한 치카노들에게 어떤 결단이 필요하다는 것을 인식시켜준 사건이었다. 더불어 대학에 들어가는 젊은 멕시코

주트수트 스타일

이민자들이 늘어나면서 치카노들의 고양된 정치의식은 폭발 단계에 도달했다. 1960년대까지 성공한 중산층 멕시코 출신자 소수를 제외한다면 멕시코계 미국인들의 90퍼센트는 노동자나 농민 계층이었다. 치카노로 불리는 게 일상이었던 이들은 이제 여타 다른 소수자들의 시민권 운동이 폭발하듯 일어난 1960년대에 이르러 치카노로서 자신들의 정체성을 찾는 운동을 시작한다. 동화보다는 분리를 주창하며, 개인주의적이고 자유주의적인 미국의 이데올로기에 맞서, 치카노로서의 집단 정체성을 회복하고 '다른' 세계를 건설하려는 움직임이 당시 시대 분위기 속에서 가시화된다.

분리주의를 지향하는 집단적 움직임은 이제 국경 너머 멕시코와 자신들을 접합하려는 움직임을 따라 전개된다. 치카노들은 정복에 대한 비판 의식이 없이 동화되길 꿈꾸는 대신 정복에 대한 저항과 분리를 기획한다. 이제 그들은 미국의 남서부는 아스틀란Aztlán (고대 아즈텍의 상징적 고향)이고, 그곳은 애초에 자기들의 땅이었음을 주장하면서 치카노들의 정치적 통합을 꾀한다. 이런 맥락에서 치카노의 '세계'는 콜럼버스가 도착하기 이전의 원주민 세계와 이후의 멕시코 역사까지도 물려받는다. 알프레드 아르테아가Alfred Arteaga의 정의에 따르면 치카노는 "미국 혹은 아스틀란에 살고 있으며 영어 또는 에스파냐어를 구사하는 혼혈"이다. 즉 치카노는 미국 곧 아스틀란에 살고 영어와 에스파냐어를 같이 사용함으로써 두 정체성 '사이'에서 움직이는 사람들로 정체화한다. 말하자면 그들은 '완전한' 미국인으로의 통합이 불가능한 '잉여'를 자신들의 한 부분으로 의식하기 시작한 것이다.

이제 치카노는 오랜 역사 속에서 각인된 부정적인 어감을 거스르면서 멕시코계 미국인들의 정체성을 표식하는 정치적 언어로 적극 사용된다. 《치카노의 목소리Chicano Voices》의 저자 카를로타 카르데나스Carlota Cárdenas de Dwyer는 치카노를 두고 "한 사람의 멕시코-에스파냐-인디언 유산을 문화적으로 규정하는 행동이다. 앵글로-아메리칸 사회에 동화되려는 자는 치카노라 부르지 않을 것이다"라고 민족주의를 표방한다.[7] 백인 농장주나 공장주가 노동자들을 경멸하며 사용해왔던 이름, 굴욕과 수모에 노출된 최하층 이민자를 가리키는 이름 '치카노'는 이제 앵글로-아메리칸과의 자신들의 차이, 자신들의 역사에 대한 자긍심, 스스로를 있는 그대로 긍정하려는 용기를 내포한 단어로 변화한다. 주로 학생과 노동자, 지식인, 예술가들이 연대하여 일어난 치카노 저항운동은, 그렇기에 노동자들의 계급투쟁이고 청년들의 정체성 운동이자 빼앗긴 영토를 탈환하려는 포스트식민적 운동이었다.

치카노 활동가와 단체

흔히 치카노 운동은 1966년 세자르 차베스가 주도한 전국농장노동자연합National Farm Workers Association, NFWA의 딜라노에서 새크라멘토에 이르는 총 450킬로미터의 도보 시위에서 시작되었다고 평가된다. 차베스의 NFWA 외에도 치카노 운동사에서 반드시 언급되는 단체는 레이즈 로페즈 티헤리나Reies Lopez Tijerina의 '토지양도연합연맹운동LGM', 로돌포 "코르키" 곤잘레스Rodolfo "Corky" Gonzales의 '정의를 위한 십자군Crusade for Justice'이 있다.

차베스와 전국농장노동자연합

세자르 차베스

차베스는 가난한 노동자 집안의 아들로 태어나 정규교육도 받지 못한 채 멜론 농장에서 중노동을 해야 했다. 그는 자신에게서 지도자의 자질을 발견한 도널드 맥도넬 신부와 같은 많은 사람의 도움을 받으며 노동계급의 처우 개선을 위한 사회운동과 비폭력 저항에 헌신하게 된다.[8] 차베스는 1962년 NFWA 의 전신인 '농장노동자연합FWA을 발족한다. 그가 노조가 아닌 연합이란 단어를 선택한 것은 당시 노조 활동에 대한 세간의 부정적인 인식을 피하기 위해서였다고 한다. FWA는 오직 가난한 조합원들이 갹출한 조합비로 모든 활동을 충당했고 다른 지원은 받지 않았다.

그 당시 유색인들로 구성된 농장 노동자들은 미국법의 보호를 받지 못한 불법체류자들이었다. 그렇기에 이들에 대한 농장주와 공장주의 착취와 수탈은 이루 말할 수 없을 정도였다. 조합원들은 수없이 파업했지만 매번 실패했다. 그러는 가운데 1965년 필리핀계 노동자들을 중심으로 식용포도 농장 노동자 800여 명이 파업을 일으켰을 때, 차베스는 멕시코계 노동자 2,000명과 함께 파업에 동참하여 성공적으로 파업을 끝낸다. 그 결과 캘리포니아 전체를 통틀어 노동자 7만 명을 조합원으로 두게 된 NFWA를 놓고 차베스는, "단지 파업을 일으키기에 충분한 노동자를 확보하려는 것이 아니라 스스로 돕고자 하는 정신과 생존 양식을 지닌 집단을 만들어가는" 조직이라고 설명했다.[9] 그렇기에 차베스는 노동자들의 권익 보호를 위한 파업이나 쟁의만이 아니라, 살충제를 지나치게 사용하는 식용포도업자들에 대한 전국적인 불매운동과 같은 시민운동도 이끌었다. 그는 1,700만 명의 소비자가 NFWA 소속 노동자들이 수확하지 않은 포도의 불매운동에 동참하도록 촉구했다. 또한 살충제를 과도하게 사용하는 포도와 심지어 상추에 대한 전국적인 불매운동을 주도하기도 했다. 1968년 중순 미국 최대의 농기업인 '포도왕' 지우마라John Giumarra sr.를 상대로 한 파업과 불매운동 당시, 차베스는 파업노동자들에 대한 폭력 진압의 중단을 요구하면서 25일간 단식을 했다. 단식투쟁 장소였던 '40에이커 농장'은 그 당시 상원의원이었던 로버트 케네디Robert Kennedy도 다녀갔다고 한다.

치카노의 정체성 운동을 미국 내에 가장 널리 알리게 된 사건은 1966년 차베스와 NFWA 멤버들이 딜라노에서 새크라멘토까지 한 도보 행진 시위였다. 시위대는 총 20일 동안 약 450킬로미터의 거리를 하루 24킬로미터씩 주파했다. 이 시위는 포도 불매운동에 대해 농기업인 쉔리의 답변을 얻어내기 위한 목적으로 시작되었다. 1966년 3월 17일에 시작한 저항 행진은 '순례'로 불렸다. 이들의 행진은 성조기, 멕시코 국기, NFWA 깃발, 멕시코의 수호성인인 과달루페 성모 깃발을 앞세우고 진행되었다. 시위대는 농장 노동자들의 파업에 대한 새로운 지지 세력을 얻어내고, 불매운동에 대한 대중매체의 관심을 집중시키는 한편, 사순절을 준수하려는 공동체 의식을 매일 미사와 사순절 참회 의식을 통해 거행했다. 이 행진은 농장 노동자들의 희생과 고난에 대한 시각적이고 의식적인 표현을 통해 시위에 동참한 이들의 정신적이고 종교적인 일체감을 극적으로 고양하고 멕시코 출신으로서의 자부심을 고취한 역사적 사건으로 기록되었다.

캘리포니아 주에서는 차베스가 태어난 3월 31일을 의회의 승인을 거쳐 공식 기념일로 준수한다. 버락 오바마 대통령은 2008년 선거 유세 구호로 차베스의 비폭력 투쟁의 상징적 구호인 "예, 우리는 할 수 있습니다 Sí, se puede"를 사용했다.[10] 1993년 차베스 사망 후에 UCLA 학생들은 대학에 '치카노 연구학과'의 신설을 요구하는 단식투쟁을 통해 새로운 학과를 창설했다. 차베스가 25일간 단식투쟁을 했던 딜라노 서쪽의 40에이커 농장은 2011년 미국의 역사적 유적지National historic Landmark로 등재되었다.[11] 진보적인 사람들에게 혹은 치카노 정체성을 강조하는 사람들에게 차베스가 얼마나 중요한 인물인지를 알려주는 사례들이다. 간디Gandhi와 마틴 루터 킹Martin Luther King에게서 비폭력 투쟁의 영감을 받았고, 모든 멕시코인이 그렇듯이 독실한 가톨릭 신자로서 종교적 삶을 중시했던 차베스를 두고, 항간에는 단순히 멕시코 민족주의를 넘어서 '다인종 노동자들의 지도자'로서의 삶을 살았던 인물로 평가한다.

곤잘레스와 정의를 위한 십자군

주요한 치카노 운동 단체 가운데 하나인 '정의를 위한 십자군'의 리더 곤잘레스의 이름에는 '코르키(코르크 마개)'라는 말이 들어간다. 마치 코르크 마개를 따는 것 같은 목소리를 가졌다고 붙여진 별명이다. 그의 폭발적인 웅변술은 맛좋은 술의 코르크 마개를 따듯 사람들의 마음을 움직이고 사로잡았다고 한다.

아마추어 권투 선수 출신의 곤잘레스는 스물아홉 살에 치카노 최초로 민주당 덴버 시 지구의 지역책 임자로 선출되어 라티노들의 인권 운동에 가담한다. 그러나 1966년 지역청년단 대표자로 활동하면서 멕시코인을 두둔하느라 백인과 흑인을 의도적으로 배제했다는 신문 기사로 스캔들에 휘말린다. 이 탓에 세간의 관심이 그에게 쏠리는 가운데 그는 당내 지도부와 갈등을 겪다가 결국 민주당 직을 사임한

코르키 곤잘레스

다. 이 사건을 계기로 곤잘레스는 미국의 어떤 제도 정치에도 가담하지 않겠다고 결심한다. 그는 미국의 정치제도를 "소수자들이 갖고 있던 위엄을 없애고 그들을 추종자, 정치적 아첨꾼, 창녀가 되게 했다"[12]고 비판한다. 그는 민주당이건 공화당이건 제도 정당은 결국 치카노 문제에 대해 입장이 같다고 인식했다. 이후 곤잘레스는 기성 정당에 편입하기를 거부하고 독립적인 치카노 정당을 설립하기 위한 노선을 걷는다.

같은 해에 곤잘레스는 덴버에 '정의를 위한 십자군'을 창설한다. 이 단체는 아동보호시설, 법률 서비스, 주택과 고용 정보 제공, 건강 센터 등 일상에서 필요한 편의 시설과 정보를 제공하는 역할을 담당했다. 그 후 미국 남서부 지역 치카노 운동의 중심 조직으로 꾸준히 성장한다. 1969년 3월에는 본부에서 '전국 치카노 청년 해방 회의'를 개최한다. 전국에서 대표자 1,500명 정도가 모여 전국 규모로는 최초로 치카노 청년 모임을 결성한다. 이들은 치카노 운동의 가장 영향력 있는 문서 가운데 하나인 〈아

스틀란 정신 선언El Plan Espiritual de Aztlán〉을 채택한다. 이 선언은 종족적이고 민족적인 자부심과 문화적 전통을 강조하면서, 고대 아즈텍(아스틀란 사람이란 뜻의 나우아틀어)의 상징적 고향인 아스틀란을 통해 이 땅의 주인이 곧 자신들이었다고 주장한다. 이 선언문은 치카노 운동사에서 치카노에 대한 정의를 좀 더 구체적이고 명확하게 내렸다고 평가된다.

> "스스로의 역사적 유산을 자랑스럽게 여기는 우리 치카노, 난폭한 그링고(양키)들이 우리 영토를 침략했다는 사실을 자각하게 된 우리 치카노, 또한 새로운 민족으로 선조들의 땅인 아스틀란 북부 지역의 주민이자 문명인인 우리 치카노는, 우리의 피의 부름이 우리의 권력이자 책임이고 불가피한 운명임을 천명한다. 우리 선조들은 그들의 출생지를 되찾고 태양의 민족으로서의 결정권을 축성해왔다. (중략) 아스틀란은 씨앗을 심고 곡식을 수확하는 이들에게 속한 것이지 유럽인에게 속한 것이 아니다. (중략) 우리는 이방인에 대항해 싸울 수 있는 하나의 민족으로서 메스티소 국가의 독립을 선언한다."[13]

인용문에서 볼 수 있듯, 선언문의 문장은 강력한 분리주의적 '세계'의 설립을 천명하고 있다.

'정의를 위한 십자군'은 강력한 멕시코 민족주의를 표방하면서도 베트남전쟁 반대 운동에 동참하면서 미국적인 가치와 생활 방식을 거부하는 급진적 움직임을 주도했다. 1972년 정의를 위한 십자군은 기존 미국 정당정치 내로 편입한다. 이때 보다 현실적이고 실리에 충실한 정치적 이익을 도모하자는 입장과, 분리된 별개의 독립 정당을 구성해서 치카노 세계를 직접적으로 대변하는 창구를 만들자는 입장 사이에서 내분이 일어난다. 그러자 그는 자신의 기존 입장을 관철했다. 견해차를 좁히기 위해 시행한 투표에서 곤잘레스의 노선이 패배했고, 곤잘레스는 그 뒤로 정치 일선에서는 완전히 물러났다.

곤잘레스가 1967년 발표한 서사시인 〈나는 호아킨이다 I am Joaquín〉는 치카노 운동의 정신을 가장 잘 표현한 작품으로 평가된다. 팸플릿 형식에 스테이플로 묶은 20쪽 정도의 시집에서 그는 멕시코인과 치카노 경험을 하나로 묶어서 연속성을 강조했다. 치카노 경험의 다양성을 통합하기 위해 고대 인디오 신화와 아즈텍 신화, 멕시코와 치카노 역사를 선별해서 접합시켰다. 시의 일인칭 화자인 호아킨은 잊힌 역사를 망각으로부터 불러내는 매개자 역할을 한다. 서사시는 이렇게 시작한다.

"나는 호아킨이다.
혼돈의 세상에서 길을 잃고
양키 사회의 소용돌이에 붙들린 채
규칙에 혼란스러워하고
태도 때문에 경멸당하는
지배에 억압받고 근대 사회에 의해 파괴된
나의 선조들은 경제적 성공을 잃었고
문화적 생존 투쟁에서 승리했다.
이제 나는 선택해야 한다.
육체적 굶주림에도 불구하고
정신의 승리를 택할지,

아니면 미국 사회의 신경증에 시달리며
배는 부르지만 영혼은 황폐해지는 삶을 택할지."[14]

안온한 굴종을 택할지 궁핍한 저항을 택할지를 고민하는 화자는 이미 자신의 차이, 자신의 결핍을 의식하고 있다. 풍요와 성공에 대한 미망은 굴종과 결핍의 진실을 은폐하려 하지만, 서사시의 화자는 그 모든 어려움과 고통에도 불구하고 '양키' 사회의 밖으로 나가기로 결심한다. 서사시는 모든 문장이 대문자로 된 "나는 견뎌낼 것이다I SHALL ENDURE/나는 견뎌낼 것이다I WILL ENDURE"로 끝을 맺는다.

티헤리나와 토지양도연합연맹운동

로페즈 티헤리나

로페즈 티헤리나는 차베스나 곤잘레스에 비해 한국에는 거의 소개되지 않았다. 그는 원래 목사였다가 법을 공부한 뒤 무장 투쟁가로 변신, 미국의 법과 사법 정의에 반기를 든 과격한 인물이다. 티헤리나는 감옥에 투옥되거나 수배령을 피해 도피 생활을 했으며 정부 조직을 무력으로 장악하기도 했다. 그의 삶은 '도적'과 '동키호테'라는 극단적인 평가 사이에서 전개되었고, 진보 언론은 그를 '호랑이왕King Tiger'으로 불렀다.[15]

티헤리나는 특히 뉴멕시코 주를 중심으로 활동했다. 1960년대에 그와 조직원들은 미국 정복사 속에 빼앗긴 자신들의 영토를 반환, 회수하려는 정치적 행동주의의 면모를 강력하게 보여주었다. 그는 1967년 티에라 아마릴아 법원을 무장 공격한 사건으로 미국과 국제사회에 이름을 알린다. 티헤리나는 '토지양도연합연맹운동LGM'의 창시자이다. 그는 백인 소유주들과 연방정부가 멕시코인들의 땅을 불법으로 획득했다면서, 원래 자신들의 선조 땅이었던 만큼 토지소유권을 반환할 것을 주장하며 행동에 나섰다. LGM의 주장 근거는 1848년 과달루페 이달고 조약Treaty of Guadalupe Hidalgo이었다. 조약에 따라 미국으로 이양될 지역에 사는 멕시코인들에게 시민의 권리가 보장되었고, 이들의 토지 재산과 문화 기구 및 제도를 보존할 권리 역시 보장되었다. 그러나 실제로 미국이 조약을 충실히 따르지 않았고 조약의 내용을 사실상 위반했다는 인식이 치카노 운동의 당위성을 형성한 것이다.

티헤리나는 소수의 신도들과 텍사스 사막에서 집단생활을 영위하다가 신비한 체험을 하게 된다. 자신에게 어떤 소명이 내려졌다는 깨달음을 얻게 된 것이다. 동시에 사람들을 착취해 사익을 꾀하는 목사가 아닌, 민족을 구하는 정치인이 되라는 주변 사람의 조언을 받아들이게 된다. 이후 그는 법과 역사를 공부하여 은닉되었거나 간과되었던 협약들의 이행을 위한 사법 소송을 시작한다. 한편 공동체 아이들에 대한 공교육(미국식 삶을 내면화하는 제도)을 거부하고 홈스쿨링 교육 방식을 고수하여 주정부의 감시를 받기도 한다. 티헤리나는 뉴멕시코 토지 양도에 관한 법률 조항들을 조사해서 미국이 조약을 위반했다는 사실을 확인하게 된다. 1964년과 1966년 티헤리나는 라디오방송을 통해 미국이 라티노에게 취한 행동을 지적하고 운동의 필요성을 역설했다. 라티노 수천 명이 그의 행동을 지지하고 운동에 가담한다. 그러던 차에 같은 해 뉴멕시코 주지사가 토지 분배에 대한 조사를 끝내면서 티혜리나의 주장이 유효성 없다는 결론을 내리자, 그는 무장투쟁으로 선회한다.

티혜리나는 그해 10월 에스파냐 국왕이 하사하고 주정부가 관리하는 캠프장 '에코 앰피시어터 공원'를 점령했다. 그가 이곳에 '산호아킨델리오드차마 공화국Republic of San Joaquín del Río de Chama을 세우자, 국유림 감독관과 주 경찰은 그곳을 봉쇄했다. 티혜리나와 무장한 회원들은 봉쇄를 뚫었지만 곧 체포되어 벌금형을 언도받았다. 이듬해 그는 투옥된 동지들을 구해내고 법을 어긴 지방검사 산체스를 체포하기 위한 작전을 감행한다. 1967년 6월 5일의 법원 급습으로 티혜리나는 미국 사회에서 유명 인물이 된다. 의도치 않게 감옥 경비원이 총에 맞았고, 보안관이 심각한 부상을 입었다. 이러는 가운데 뉴멕시코 역사상 가장 큰 소탕 작전이 펼쳐졌다. 현장에서 붙잡힌 티혜리나는 감옥에 갇힌 35일 동안 전 세계적인 관심을 이끌어냈다. 이 사건으로 티혜리나는 2년간 투옥 생활을 한다. 그는 감옥에서 풀려난 뒤에도 가난한 사람들을 위한 치카노들의 시위행진을 대대적으로 주도하거나 영토 반환과 관련한 사법적 변호와 투쟁을 지속했다. 비록 현실적으로 얻어낸 것은 미흡했지만, 티혜리나와 LGM의 활동은 가난하고 고립되고 백인들의 멸시에 대한 분노를 느끼던 이들에게 분노를 표출할 수단을 제공해주었다. 동시에 이중 언어교육, 민권, 경제적 동등성, 당국의 차별적 법 집행 중단을 요구하며 치카노 운동의 범위를 확대하는 데 일조했다.

델라노의 차베스, 덴버의 곤잘레스, 뉴멕시코의 티혜리나, 세 사람은 미국인으로서 백인 중심의 미국적 삶에 동화되길 거부했다. 이들은 분리주의 민족주의자로서 자신들의 문제를 해결하기 위해 미국 사회와 갈등하고 투쟁한 소수자들이다. 앞서 살펴본 바와 같이 이들의 입장과 운동 방식의 차이는 크지만 1960년대 치카노들의 자긍심을 고취했다는 공통점이 있다. 물론 이들의 이름에는 함께 싸웠던 수많은 이름들이 섞여 있다. 영웅 중심의 투쟁사나 역사는 약자들이나 이름 없는 자들의 집단적인 연대와 투쟁을 삭제하고 그 위에 고유명사 몇 개를 얹는 손쉬운 기술 방식일지 모르겠다. 그러나 노동자들의 권익에 헌신한 차베스, 치카노 청년들의 정체성 고취에 헌신한 곤잘레스, 영토 반환 투쟁에 가담한 티헤리나라는 이름을 기억하는 것은, 다인종 국가인 미국을 백인의 국가로 오인하는 관성을 잠시나마 잊을 수 있게 할 것이다.

11

치카노
벽화운동

이름 없는 치카노들의 예술

1960년대 미국 내 다양한 소수자의 인권운동과 동시에 시작된 멕시코계 미국인들의 정체성 회복 운동은, 앞에서 살펴보았듯이 농장 노동자들의 권익 향상 운동을 주도한 차베스, 멕시코계 청년들을 중심으로 대안적인 정치적 운동을 이끌었던 "코르키" 곤잘레스, 미국으로 편입되면서 잊힌 멕시코 토지 반환 운동을 주도한 티헤리나와 같은 행동주의적인 지도자들을 중심으로 전개되었다. 이들은 앵글로색슨족 중심의 미국 사회에서 자신들의 열등하고 소외된 삶을 더 이상 주류로 통합하려 하지 않고, 자신들만의 독립된 공동체로 긍정하려 했다. 그리고 이들 치카노들의 집단적인 정체성 운동에서 중요한 구심점이 되었던 것이 바로 '벽화운동'이다.

미술관에 전시되는 '회화'가 곧 진정한 문화 생산(물)으로 간주된 1960년대 말과 1970년대 초에 치카노 예술가들은 화이트 큐브聖所로서의 미술관에서 벗어나 집단적이고 공동체적인 공간 한가운데에서 치카노 주민들과 연대하여 수많은 벽화를 생산했다. 치카노들이 몰려 있는 미국 남서부 지역, 특히 캘리포니아 주에서 번성한 벽화는, 치카노들이 밀집해서 살아가는 바리오barrio의 독특한 문화적 생산양식이었다. 미술사적으로 볼 때 이 시기는 추상미술, 그 가운데서도 추상표현주의가 진정한 미국식 회화로 추앙받았던 때이다. 자본주의 이데올로기를 주도한 미국은 소비에트 연방의 사실주의 예술과의 차별성을 중시하여, 추상미술을 진정한 개인주의적 서구 미술의 이념으로 절대시했다. 그렇기에 캔버스에 알아볼 수 있는 상징들이나 도상들을 재현하는 구상 회화에 적대적이었다. 이런 미국 내의 분위기 속에서 민속 문화, 민중 문화, 사실주의적 기법을 자신들의 문화 생산 안으로 끌어들인 치카노 미술가들의 벽화는 '예술'의 관점에서는 평가받지 못했다. 치카노 벽화는 상업적 갤러리 시스템과 무관하고 순수한 예술의 이념과도 무관한, 공동체적이고 정치적인 예술이었다. 그렇기에 이 벽화운동을 위대한 몇몇 '개인' 창조자들 중심의 미술사로 환원할 수 없다. 이름 없는 수많은 지역민들, 기꺼이 자비를 들여가며 동참한 예술가들, 물심양면으로 벽화 그리기를 도왔던 치카노들의 협업이 치카노 벽화운동의 특징이기 때문이다.

1960년대 이후 치카노 벽화운동은 1920년대 멕시코 벽화운동을 주도한 세 거장(리베라, 오로스코, 시케이로스)에게서 직접적으로 영감을 받은 것이지만, 그들이 그린 벽화와는 아주 달랐다. 세 거장은 국립예비학교와 같은 교육기관과 정부 건물 내부에 벽화를 그린 반면, 치카노들은 바리오의 공원, 거주지, 병원, 상점 등의 외관에 벽화를 그렸다. 또 치카노들의 벽화는 전문적인 미술교육을 받지 못한 일반인들이 비공식적인 지역 단체의 후원이나 경로를 통해서 재원을 충당한 '풀뿌리 민주주의' 문화였다. 1968년 첫 벽화가 제작된 이후 10년 동안 캘리포니아 주에서만 무려 1,500개 정도의 벽화가 완성될 만큼 치카노 벽화는 그 크기나 규모 면에서 엄청나다. 이제 치카노 벽화운동을 '회고'할 때 중요하게 거론되는 벽화와 인물과 장소를 살펴보자. 기록된 이름을 기억하는 관습을 되풀이하겠지만, 그 이름이 품은 너무나 많은 이름 없는 사람들을 동시에 떠올렸으면 한다.

엘 테아트로 캄페시노 벽화

치카노 벽화운동의 시작을 알린 최초의 벽화가 어느 것인가에 대해서는 이견이 있다. 그러나 이 벽화운동이 1960년대 치카노 민권운동과 직접적으로 연관되어 있다는 관점에서 중요하게 평가되는 최초의 벽화가 있다. 안토니오 베르날Antonio Bernal이 델레이 소재 '엘 테아트로 캄페시노' 사무실 벽에 그린 두 짝 벽화이다.[1] 치카노 '극장' 운동의 시발점에 있는 엘 테아트로 캄페시노는, 차베스가 주도한 전국농장노동자연합과 연계된 주변 10여 개 정도의 캠프에 거주하는 이주 노동자들을 위해 공동체 극장 운동을 펼쳤다. 교수이자 시인, 연극인이자 후에 영화감독으로도 활동한 루이즈 발데즈Luis Valdez가 주도한 엘 테아트로 캄페시노는 주로 멕시코의 전통 발라드인 코리도 형식에 정치 메시지를 첨가한 선동적인 퍼포먼스를 상연했다.

극장 외벽에 베르날이 그린 벽화 두 점은 동시대 치카노 민족주의 운동과 마야와 아즈텍 조상들의 제례를 소재로 한다. 치카노 민족주의 운

엘 테아트로 캄페시노 벽화

동을 소재로 한 벽화는 멕시코혁명의 영웅들과 치카노 운동의 리더들을 재현했다. 멕시코혁명기 전설적인 여성 게릴라인 아델리타Adelita[2]를 시작으로 벽화에 등장하는 영웅들을 순서에 따라 인용하면 다음과 같다. 농민군 지도자였던 프란시스코 '판초' 비야Pancho Villa, 멕시코혁명의 상징인 에밀리아노 사파타Emiliano Zapata[3], 19세기 무법자 영웅 호아킨 뮤리에타 Joaquin Carrillo Murrietta[4], NFWA의 차베스, 뉴멕시코의 토지반환투쟁의 리더 티헤리나, 맬컴 액스의 모습을 한 흑표범당 당원, 마지막으로 마틴 루터 킹. 이렇듯 일렬로 늘어선 영웅들의 모습은, 1966년 NFWA 노동자들의 딜라노에서 새크라멘토까지의 450킬로미터 도보 행진을 연상시킨다. 벽화는 치카노 정체성의 외연이 얼마나 유연한지를 보여준다.

에스트라다 코츠 벽화

1968년 전후 최초의 치카노 벽화를 시작으로 이제 치카노들의 벽화는 델레이뿐만이 아니라 새크라멘토, 덴버 지역을 넘어 이스트LA에서 본격적으로 점화, 그 폭발적 생산력을 드러내게 된다. 처음 이스트LA에서 벽화는 멕시코계 예술가들이 운영하는 비공식적인 갤러리 몇 곳이 주도하여 생산되었다. 가령 '메히카노 아트센터'와 '괴츠 갤러리'가 대표적 사례들이다. 이곳과 연계된 미술가들은 1971년부터 벽화 프로젝트를 조직했다. 치카노들의 정치의식화에 영향받은 예술가들은 자연주의 풍경, 그래픽 문양, 구상적 영웅 이미지, 초현실적 상상 이미지, 흑인들의 그래피티와 팝아트 같은 다양한 '맥락'을 한데 엮어 독특한 벽화들을 제작한다.

이스트LA에서 제작된 벽화 가운데 가장 대대적인 이목을 끌었던 것은 에스트라다 코츠Estrada Courts 벽화이다. 에스트라다 코츠는 제2차 세계대전 중인 1942~1944년 사이에 LA 시가 주택 부족을 해결하고자 건설한 집단 거주촌으로 주로 저소득층 치카노들이 살고 있었다. 1972년 이스트LA의 비행 청소년들을 위한 직업훈련 프로그램을 담당한 이스마엘 페레이라Ismael Pereira는 괴츠 갤러리의 "가토" 펠릭스Charles "Gato" Felix를 찾아갔다. 페레이라는 펠릭스에게 지역 청소년들에게 여름방학 동안 일자리를 제공할 묘책으로 에스트라다 코츠 외벽에 벽화를 그리자는 제안을 한다. 괴츠 갤러리와 연계된 많은 예술가들이 이에 합세했고, 에스트라다 코츠의 주민들도 직간접적으로 참여했으며, 청소년들과 심지어 갱 단원들도 동참했다. 에스트라다 코츠의 외벽에는 낙후되고 소외된 지역 어디에서나 볼 수 있는 그래피티가 그려져 있었다. 벽화 그리기는 이 그래피티를 지우면서 시작되었다. 사람들의 이목을 피해 게릴라식으로 그려지는 그래피티는 벽화에 첨가되고 지워지면서 여전히 그 힘을 잃지 않고 있다고 한다.[5]

1973년부터 1978년까지 대략 7×10미터의 대형 벽화 여든두 점이 완성되었다. 그 외에 거주촌의 담에도 벽화 스무 점 정도가 들어섰다. 전문적인 미술교육을 받은 이가 거의 없는 치카노 미술가들은, 주로 공동체 내 미술센터와 워크숍 등 자발적인 조직을 통해 물감을 다루는 법, 주제와 내용 등을 습득해야 했다. 이들은 국립청소년봉사단에서 빈곤층 자녀들에게 지불하는 펀드 외에는 공식 임금을 지불받지 못했다고 한다. 가토 펠릭스와 청소년들은 벽화를 그리기 위한 자금을 충당하기 위해 자동차 닦기와 같은 이벤트를 벌이기도 했다.[6]

벽화 여든두 점 가운데 대표적인 작품 둘을 살펴보자. 프랭크 피에로Frank Fierro가 주도한 벽화 〈오랄레 라자Orale Raza〉는 손을 들고 인사를 나누는 남자, 웃고 있는 남자아이, 꽃잎이 떨어지고 있는 장미로 구성되어 있다. '자 이리와, 나의 사람들', 혹은 '나의 공동체여'란 의미를 갖는 〈오랄레 라자〉는 벽화를 그리는 이들과 지역 주민들 사이의 화합을 도모하고, 모든 치카노에게 열정적으로 인사를 나누는 공동체 연대의 상황을 형상화하고 있다.

또 여러 예술가들이 공동 제작한 〈우리는 소수자가 아니다We Are Not A Minority〉는 체 게바라가 커다란 손가락을 앞으로 내밀며 행인과 관객을 정면으로 응시하면서 구호를 외치는 모습으로 구성되어 있다. 치카노를 정식 국민으로 인정하지 않는 앵글로색슨 문화를 향해 정면 대응하는 이러한 외침은, 자신들의 정체성을 있는 그대로 긍정하고 공공의 장으로 끌어들이려는 결단을 보여준다. 역시나 이스트LA에서 성장하고 현재도 그

오랄레 라자

우리는 소수자가 아니다

곳을 거점으로 활동하는 팝음악 그룹 '블랙 아이드 피스The Black Eyed Peas'의 세 번째 앨범 〈엘레펑크Elephunk〉의 첫 번째 싱글 〈웨어 이즈 더 러브?Where Is The Love?〉의 뮤직비디오는 에스트라다 코츠를 중심으로 촬영되었다. 뮤비를 통해 에스트라다 코츠의 벽화들을 확인할 수 있는데, 특히 벽화 〈우리는 소수자가 아니다〉는 노래의 후반부에 정면으로 등장한다.[7]

윌리 헤론과 아스코

윌리 헤론Willie Herón은 스물두 살에 에스트라다 코츠 외벽에 고등학교 동창인 그롱크Gronk와 〈흑백 모라토리엄 벽화Black and White Moratorium Mural〉를 그렸다. 이 벽화는 베트남전쟁 반대를 외치던 치카노 시위대와 이를 저지하려는 경찰 사이에서 벌어진 폭력적인 대치 상태에서 빚어진 비극을 소재로 했다.

정식 미술교육은 한 번도 받지 않은 헤론은 치카노 청년들이 흔히 선택하는 갱 단원이 되길 거부했고 대신 예술가가 되었다. 부모의 불화로 조부모와 삼촌들 사이에서 성장한 그의 주위에는 갱이 득실거렸다. 그만큼 그를 둘러싼 것은 만연한 치카노들의 무력감과 분노였다. 헤론은 가족과 이웃이 들려주는 치카노의 삶과 역사가 학교에서 공식적으로 가르치는 제도적 지식에서는 전혀 등장하지 않는다는 사실, 집안에서 쓰는 에스파냐어와 학교에서 강요하는 영어가 다르다는 사실에 곤혹감을 느꼈다. 그러나 그는 자신이 겪는 차별에 대한 분노나 무력감을 폭력으로 발산하지 않고 벽화로 승화시켰다.

216

흑백 모라토리엄 벽화

헤론의 〈흑백 모라토리엄 벽화〉는 베트남전쟁 반대 시위에 가담한 행동주의자들의 다양한 양상과 경찰의 폭력 이미지를 파편적으로 조합한 몽타주 기법의 벽화이다. '치카노 모라토리엄'은 1969년 11월에 시작되어 1971년 8월 그 열기가 사그라들기까지 근 2년간을 지속한 치카노 행동주의자들의 비폭력 반전시위였다. 이 시위는 1970년 8월 29일 이스트LA에서 일어난 비극적 사건을 기점으로 폭력화하게 된다. 그날 이스트LA의 치카노들은 베트남전에서 치카노들이 상대적으로 많이 사망한 사실에 대한 정부의 답변을 촉구하는 반전시위를 벌이고 있었다. LA카운티 보안관들이 시위대에게 최루탄을 발사한 탓에 시위자 몇이 부상을 입었다. 그런데 시위를 촬영하던 기자가 부상을 입고 결국 사망하면서 평화로운 시위는 폭력으로 변질되기에 이른다. 헤론은 자신이 직접 겪은 이스트LA의 시위대 관련 사건을 벽화로 기록한 것이다. 그는 1980년 이 벽을 다시 방문해서 벽화 한구석에 부인과 포옹하고 있는 자신의 모습을 첨가했다.

헤론의 또 다른 유명한 벽화로 치카노 벽화운동사에서 중요하게 평가되는 〈쪼개진 벽The Wall that Cracked Open〉이 있다. 이 벽화는 헤론의 형이 동네 갱들의 칼에 찔려 위독한 상태에서 앰뷸런스를 타고 병원으로 실려 갈 때 동승한 헤론이 본 환영을 형상화한 것이다. 헤론은 서로 맞붙어 싸우고 있는 두 사람 사이에서 서서히 위로 솟아오르고 있는 기괴한 남자의 얼굴, 그를 둘러싼 경건한 조상들, 아즈텍 상징들을 엄습한 두려움 속에서 보았다고 한다. 그날 집으로 돌아오자마자 헤론은 도구를 챙겨 갱들이 자주 지나다니는 골목길로 달려가 자신이 본 환영을 그렸고 동이 터오를 무렵 벽화는 완성되었다. 이웃의 목숨까지 위협하는 갱들의 싸움에 대한 한 개인의 무력하지만 용기 있는 '시위'였다. 이 벽화는 치카노 공동체가 겪고 있는 분열이 몰고 올 파괴적 결과들에 대한 강력한 정치적 항의로 해석된다. 원래 그 벽에는 그래피티가 그려져 있었는데 헤론의 벽화는 그래피티와 뒤섞인 채로 지금도 그 자리에 있다. 오늘날 이 벽화는 갱들의 폭력이 초래할 파괴적 결과와 양상에 대한 비판이면서 갱들 혹은 치카노 주민들의 일상 거리 문화를 모두 포용한

쪼개진 벽

복잡한 '작품'으로 평가되고 있다.[8]

　헤론은 1972년에 고등학교 동창들인 그롱크, 파치 발데즈Patssi Valdez, 해리 갬보아 주니어Harry Gamboa, Jr.와 아스코ASCO라는 전위적인 퍼포먼스 집단을 조직한다. 에스파냐어로 '구토'를 뜻하는 아스코는 1970년대의 앵글로색슨 백인 중심의 미술계 밖에서 미술관을 공격하고 길거리 예술을 실험한 아방가르드 개념미술 집단이다.[9] 이들은 영화, 사진, 퍼포먼스와 같은 전위적인 매체를 통해 페인팅 중심의 미술관 제도의 배타적이고 이데올로기적인 속성을 비판했다. 아스코는 LA카운티미술관LACMA 벽면에 자신들의 이니셜을 그래피티 형식의 스프레이로 휘갈기고 '히트 앤드런hit and run'한 것으로도 유명하다. 이는 LA카운티미술관 큐레이터 한 사람이 미술관 컬렉션에는 그저 민속 미술이나 그리는 치카노와 같은 '혼종'의 작품을 포함할 수 없다는 인종차별적이고 거만한 발언을 한 것에 대한 분노 어린 반응이었다.[10] 아스코는 1972년 크리스마스이브에 이스트LA의 메인 도로인 휘티어 거리Whittier Boulevard에서 〈걷는 벽화Walking Murals〉란 퍼포먼스를 진행했다. 그롱크는 크리스마스트리로, 헤론은 벽화로, 발데즈는 과달루페 성모로 분장하고 치카노들의 호위를 받으며 멀리 경찰이 감시하는 가운데 이 퍼포먼스를 실연했다.

걷는 벽화

　아스코는 휘티어 거리를 자신들의

퍼포먼스를 위한 일종의 '갤러리 공간'으로 활용했다. 전통적으로 휘티어 거리는 주말에 치카노 젊은이들이 차대를 낮게 개조한 로라이더Lowrider 자동차를 몰고 나와 지나가는 여자들을 꼬이는 '청년 문화'의 장소였다. 갱들을 포함한 치카노 청년들은 휘황찬란한 장식과 멕시코의 전통 도상들을 외벽에 붙이고 칠한 채로 로라이더 자동차를 몰고 나와 휘티어 거리를 축제의 거리로 만들었다. 당연히 경찰에게 이곳은 젊은 치카노들이 모여 무슨 '짓'을 벌일지 경계해야 하는 우범지대였다. 실제로 1968년 치카노 고등학생과 대학생 들은 휘티어 거리에서 치카노 민권운동을 벌였고 1970년에는 베트남전쟁 반대 치카노 시위대 역시 이곳에서 치카노 모라토리엄 시위를 벌였다. 아스코는 이러한 역사적, 공동체적 장소를 자신들의 갤러리로 선정했고, 갬보아 주니어는 이곳에서 열린 퍼포먼스를 모두

최초의 만찬

220

사진으로 기록했다.

아스코의 모든 양상을 가장 잘 예시하는 작품 가운데 하나일 〈최초의 만찬(주요 폭동 이후)First Supper(After a Major Riot)〉은 베트남전쟁에 반대하는 모라토리엄 시위자들과 경찰의 충돌에 대한 아스코의 코멘트이다. 멤버들은 가면을 쓰고 휘티어 거리 한가운데에서 식사를 했다. 곤잘레스는 이 퍼포먼스를 두고 이렇게 회상한다. "우리들의 모든 관심사를 이미지 하나에 담았다는 점에서 강렬한 작품이다. 이것은 공공 미술에 대해, 저항에 대해, 그것들이 어디에 있어야 하는지에 대한 논평이었다. 초현실주의에 대한 묵례였고 영화적이기도 했다." 또 그롱크는 이렇게 논평한다. "우리는 길거리나 이웃집을 점거했다. 그 당시 많은 작품의 전략이 치고 빠지기였다. 우리는 경찰이 오기 전에 식사를 마쳐야 했다. 그 당시 전화 한 통에 10센트였다. 우리는 체포되어 감옥에서 전화를 해야 할 경우를 대비해서 주머니에 모두 10센트를 갖고 있었다. 다행히 그런 일은 벌어지지 않았다." 사진을 보면 휘티어 거리를 알리는 표지판 아래에 그림이 걸려 있는 것을 알 수 있는데, 이것은 그롱크의 첫 번째 '회화'인 〈칠레에서의 테러의 진실The Truth of the Terror in Chile〉이다.[11]

아스코는 1987년까지 포스터, 퍼포먼스, 영화, 비디오 등 개념미술 작업을 진행했다. 윌리 헤론은 별도로 자신의 친구들과 '불법체류자들Los Illegals'이란 펑크 밴드를 조직해서 현재까지 보컬이자 키보드 연주자로 활동하고 있다. 역설적이지만 2011년 LA카운티미술관은 아스코의 15년간의 작업을 대표하는 150점의 작품으로 〈아스코 회고전〉을 개최했다. 치카노를 인정하지 않는 주류 미술계에 대한 공격으로 미술관 외벽에 아스코가 '이름'을 남겼던 바로 그곳이 말이다. 이는 아스코가 이제는 '주류' 아티

스트로 평가받는다는 것을 반증하는 셈이다.[12]

주디 바카와 LA의 거대한 벽

가장 유명한 치카나chicana(치카노 여성) 예술가인 주디 바카Judy Baca는 캘리포니아 주립대학에서 미술을 전공한 뒤 자신이 졸업한 고등학교에 미술교사로 들어간다. 치카노 모라토리엄과 같은 치카노들의 시위에 자주 참여한 바카는 교사의 명예와 위신을 훼손했다는 이유로 다른 선생 몇몇과 해고당한다. 그 뒤 바카는 LA 시가 운영하는 공원 내 미술교육기관에 취직해서 지역민들을 상대로 미술 프로그램을 운영한다. 당시 공원은 치카노 갱 단원들의 주된 아지트이자 싸움터였다. 바카는 그들의 일거수일투족을 눈여겨보다가 네 조직에 소속된 갱 열두 명을 모아 벽화 교육 프로그램을 개설하기에 이른다. 경찰의 회유와 갱들의 협박에도 바카는 갱 단원들이 심각한 내분 없이 공원 벽화를 완성할 수 있도록 기여한다. 이 갱들은 치카노로서의 분노가 아닌, 치카노로서의 자긍심과 정체성을 회복하면서 갱단 활동을 접었다. 바카는 평소 "양으로 100일을 사느니 사자로 하루를 살겠다"는 좌우명처럼 목숨이 위태로운 상황에서도 긍정적 태도를 잃지 않았다. 그 후로도 그녀는 갱들에게 치카노 정체성을 심어주는 벽화 제작 운동을 지속했다.

이런 과정 중에 LA 시는 1974년 문화 교류를 위한 도시 벽화 프로그램 사업을 출범하면서 그 책임자로서의 막중한 역할을 젊은 치카나인 주디 바카에게 일임했다. 그녀는 매년 40여 점의 벽화를 제작할 수 있도록

LA시에 지원금 15만 불을 요청했다. 바카는 1974년부터 1984년까지 총 250점의 벽화를 완성한다. 거의 1,000여 명이 참여한 이 프로젝트에는 치카노, 백인, 흑인, 타이계, 중국계를 포함해 거의 모든 LA 지역 공동체가 가담했다. 그녀의 프로젝트는 협소한 치카노 공동체 운동의 한계를 뛰어넘어 문화 교류에 벽화를 이용한 역사적인 사례였다고 할 수 있다. 가장 유명한 프로젝트는 1974년에서 1978년까지 매년 여름방학을 이용해서 샌퍼낸도 골짜기에 있는 800여 미터에 달하는 홍수 통제 수로를 따라 그린 〈LA의 거대한 벽The Great Wall of Los Angeles〉이다. 세계에서 가장 긴 것으로 평가되는 이 벽화는 이후 1984년까지 네 차례에 걸쳐 새로운 역사적 장면을 보충했다. 역사학자, 민속학자 40여 명의 자문을 받으며 진행된 이 프로젝트에는 문화적 배경이 다양한 학생과 선도 대상 청소년 450명, 보조 작가 40명, 보조 스텝 100여 명이 협업 방식으로 참여했다.

바카는 공식적인 역사, 즉 앵글로색슨 중심의 역사에는 기록되지 않은 LA의 역사를 벽화로 기록했다. 이것은 선사시대 푸에블로인디언의 이야기에서 동시대 도시의 모습에 이르기까지의 장대한 역사적 시간을 재현한 것이었다. 바카는 LA에 대안적인 역사, 즉 치카노들을 차별해 벌어진 주트수트 폭동에서 매카시즘을 지나 인권운동과 다저스타디움에 자리를 내놓은 차베스 협곡에 이르기까지 이어지는 미국 시스템의 부정의의 역사를 그렸다.[13] 1987년 이후로 바카는 〈세계의 벽: 공포 없는 미래를 향하여The World Wall: A Vision of the Future without Fear〉와 같은 국가의 장벽을 넘어선 코즈모폴리턴적인 벽화 프로젝트를 진행하면서, 문화 상호 간의 교류와 화해를 위해 예술가이자 교육자로서의 실천을 지속하고 있다. 또한 자신의 동지들과 함께 LA의 가장 중요한 문화유산 가운데 하나인 벽화를 목록화하고 보존, 보호하는 단체인 사회공공미술센터SPRAC를 이끌었다.[14]

이 밖에도 치카노 벽화가들, 벽화 단체들의 이름은 끝이 없이 많다. 이들은 백인 중심의 미술관 제도에 진입하기에는 여러 면에서 불리한 위치에 있었던 '예술가'들이다. 이들은 현실을 반영하지 않는 이른바 '순수한' 예술을 주창한 백인들의 추상미술 전통과는 다른, 자신들만의 혼성적이고 공동체적인 문화 생산을 예술 제도의 주변부에서 지속해나간 사람들이다. 앞서 치카노를 거부한 미술관을 공격하는 퍼포먼스를 시도한 아스코가 바로 그 미술관에서 회고전을 열었다고 했다. 즉 주류가 비주류를 포섭하여

'예술'로 인정한 것이다. 이는 '예술'로서의 아스코에 대한 주류의 평가만큼 치카노의 인권이 향상되었고, 치카노가 자본이 무시할 수 없는 '소비/고객' 층을 형성했다는 사실과 연관해서도 이해해야 할 부분이다. 치카노 벽화운동은 처음에는 독립적인 공동체 운동의 일환으로 시작되었다. 그러나 주디 바카의 실천 방향이 보여주듯이 국경을 넘어서 전 세계인의 하나 됨을 위한 대안 문화양식으로 확장했다. 삶이 그러하듯이 문화 형식도 늘 변화무쌍하게 흐르면서 접합되고 확장된다.

12

스톤월항쟁과
동성애 인권운동

슬픈 퀴어

게르만 민족의 순수 혈통을 지키겠다며 아우슈비츠를 세워 인종적인 '타자'로 호명한 유대인을 절멸하려 한 나치의 만행은 잘 알려져 있다. 그러나 같은 기간 동성애자 수만 명을 집단으로 학살하고 의학 실험 대상으로 사용했다는 사실은 잘 알려지지 않았다. 나치는 "남자들 간의 혹은 여자들 간의 사랑에 관심을 갖는 사람들은 우리의 적이다"고 공표했다. 또한 동성애자들의 상징인 '핑크 트라이앵글'[1]을 집단 수용소 내 동성애자들의 가슴에 붙이고 그들을 차별화했다.

성소수자, 동성애자, 게이Gay, 퀴어Queer, 혹은 LGBTLesbian, Gay, Bisexual, Transgender 등으로 불리는 이들은, 이성애자가 '인간'이고 '정상'인 사회에서 기형이자 질병이고 혐오물이다. 차이를 못 견뎌 하고 '단일, 통일, 일치'를 강조하는 한국 사회에서 퀴어 '정체성'을 갖고 산다는 것은, 어른이 되고 사회화되는 데 반드시 필요한 '모델'을 박탈당하는 일이다. 사회에 이미 존재하는 긍정적인 역할 모델(좋은 아버지, 좋은 어머니, 의사, 판사, 교수 등)에 자신을 동일시할 수 있을 때 삶은 진취적이고 더 나은 방향으로 진행될 수 있다. '퀴어 어른'이라는 형상은 청소년의 역할 모델이 아닐뿐더러 가시적으로도 그 삶은 긍정되지 못한다. 자신이 퀴어라는 것을 인정(해야) 하는 것은 스스로에게도 대단히 고통스러운 일이다. 자기 자신과 사이가 좋은 사람들은 이해 못 하겠지만, 화해 불가능한 자신과 함께 살아가는 사람들, 심지어 비밀을 숨긴 채 주변 사람들에게조차 거짓말을 하고 있다는 죄의식에 고통받는 사람들이 퀴어이다. 이름 없는 고통, 사회적 기호로 번역할 수 없는 고통에 짓눌린 이들의 얼굴은 '슬픔'의 표식을 달고 있다. 이성애자가 '자연'스러운 존재로 간주되는 사회에서 자신의 정체성을 설명할 기원이나 토대가 이들에겐 없기 때문이다. 또한 이들은 어떤 (긍정적인) 사회 가치나 역할에 스스로를 동일시할 수 없는 '타자'로서의 자신을 의심하고 두려워하면서도 끝끝내 그것이 '자기'이기에 화해 불가능한 상태로 자기와 계속 산다. 자기혐오에서 자기 긍정으로 가는 길은 험난하다. 그것은 자기계발서들이 꼬드기는 것처럼 내 의지나 노력으로는 성취할 수 없는 집단적인 투쟁 혹은 행동의 문제이고, '정상'의 사회 전체와 싸워야 하는 문제이다. 모국어를 사용하는 외국인, 내부의 외부, 혹은 몸에 들러붙은 기생충, 떠돌이 들.

퀴어는 일시적인 유행이나 호기심, 혹은 '취향'이 결코 아니다. 이런 자극적이고 '유쾌'한 분류로는 다른 '정체성'으로 고통을 겪는 이들의 삶을 온전히 담아내지 못한다. 한국에서 퀴어는 여전히 '인간'으로 간주되지 않는다. 이들은 '벽장' 안에 숨어서 지낸다. 벽장에서 나와 스스로를 퀴어로 선언하는 '커밍아웃coming out of the closet' 의식은 이들에게는 사회적 삶 자체가 불가능해질 수 있는 위험한 행위이다. 이 탓에 퀴어는 자신이 퀴어임을 알아챈 주변 사람들에게 협박을 당하기도 한다. '아우팅outing'하겠다고 협박하면서 자신의 요구 사항을 내미는 것이다. 그들은 친구일 수도, 동료일 수도 있다. 거짓말쟁이라는 고통, 발각되고 부정될 것이라는 두려움… 하지만, 자신이 누구인지를 속이고 있다는 자괴감, 스스로를 사랑하지 못한다는 불행감, 늘 거짓말을 늘어놓는다는 죄의식은 퀴어들에게 '커밍아웃'을 감행하게 한다. 퀴어의 삶은 그렇게 고통과 두려움이 뒤섞인 고독으로 점철된다. 스스로 선택한 것이 아닌 '그냥 그렇게 되어버린' 이들의 정체성. 사회가 수용할 수 없는 퀴어로서의 삶이 이성애자와는 '다른' 삶으로서 사회에서 공존할 수 있는 것은 이성애자의 호의나 배움 덕분이 아니다. 퀴어들 스스로의 집단적인 움직임, 정치화 혹은 '가시화'가 결정적이었다. 사람들의 의식을 바꾸기 위해서 소수자들은 집단으로 거리에 나선다. 여성들, 흑인들, 성수소자들, 장애인들이 거리로 나서는 것은 '인간'에 포함되지 못한 타자들의 존재를 가시화하고, 자신들의 차이를 긍정하여, 인간으로 포함될 것을 요구하는 과정의 출발점인 것이다.

미국의 게이 인권운동의 출발점으로 간주되는 1969년의 스톤월항쟁Stonewall Riots을 중심으로 동성애자들의 인권운동의 전개 과정을 간략하게 살펴보자.

매타친소사이어티와 빌리티스의 딸들

동성애가 하나의 성적 경향이나 다른 삶으로 인식되기 전까지 동성애는 일반적으로 '질병'으로 간주되었다. '정신병적 인격장애'로서의 동성애 '환자'는 나치에 의해서였건 근대 의학 시스템에 의해서였건 감금, 격리되어야 할 존재였다. 색출, 제거, 교정, 박멸의 위험 속에서도 동성애자들은 늘 살아 있었다. 그러나 이들의 삶을 담아낼 언어가 없으므로 이들은 거의 살아 있다고 보기 힘든, 반은 죽은undead 존재였다. 언어는 누구에게나 따뜻하고 아늑한 집이 아니다. 집이 없는 이들은 유령처럼 떠돌고 언어 없이 벌거벗은 채 사는 이들은 더듬거리거나 말이 없거나 비밀이 많다.

동성애자 인권을 위한 1950년대 대표 집단 매타친소사이어티 Mattachine Society[2]와 빌리티스의 딸들DOB, Daughters of Bilitis[3]은 스톤월항쟁 이전 동성애자 인권운동의 성격을 잘 보여준다. 게이 인권 단체인 매타친은 호모섹슈얼homosexual보다는 호모필homophile이란 단어로 자신들의 정체성을 가시화했다. 이는 'sex'란 단어에 포괄된 '성관계'나 '성적' 의미가 연상시키는 관념을 피하고, 사랑을 뜻하는 그리스어 'phile'이 연상시키는 온건하고 일반적인 관념으로 인정받기 위한 것이었다. 한편 호모필 운동의 지지자들은 스스로에게도 내면화되어 있는 동성애 혐오homophobia를 떨치려 했다. 이런 점에서 이들은 자신들의 '다른' 정체성을 부각시키는 대신 '정상'의 일부로 기성 사회에 편입되고자 한 보수주의적 운동을 지향했다. 전후 미국 사회의 불안을 공산주의 색출에 이용했던 상원의원 매카시의 광풍이 불고 있던 시기에, 매타친은 우익의 함정수사로 희생양이 된 동성애자들을 지원하는 활동을 전개했다. 매카시주의자들은 "성도착자들은 대부분 감정이 불안정하고 윤리 의식이 부족해 간첩의 회유나 협박에 잘 넘어간다"고 주장하며 동성애자 색출에 혈안이 되었다. 이들에 맞서 활동한 매타친은 주로 기성 사회에 호의적이고 고결한 구성원으로서의 동성애자

들을 대표하는 데 만족했다. 1960년대 중반까지 활동한 매타친은 동성애
자들을 교정해서 사회적으로 받아들일 만한 인간으로 인정받게 하는 것이
주된 목표였다.

　　1955년 샌프란시스코에서 결성된 최초의 레즈비언 권리 단체인 빌
리티스의 딸들도 마찬가지였다. 이들의 정간지 《사다리The Ladder》는 레즈
비언에 대한 사회 인식을 바꾸는 데는 크게 기여했다. 1972년까지 발행된
《사다리》를 중심으로 DOB는 정부와 싸우는 대신 기성 사회에 수용되기
위해 정치적이고 사회적인 로비를 펼치는 데 주력했다. 이들은 회원들에
게 "사회에 반항하지 말 것"과 "표면적인 사회질서와 도덕 준수"를 촉구했
다. 동성애자를 환자로 인식한 1950, 60년대에 이들은 자신들의 섹슈얼리
티를 '비정상'이고 '치료'가 필요한 부분으로 받아들이기까지 했다. 그렇기
에 후세대 운동가들은 이들이 "방어적이고, 과민하며, 불안에 가득 찬 데
다, 과학적 사고와는 무관하게, 스스로를 부정한" 운동에 머물렀다고 비판
했다.

　　1960년대에 이르러 호모필 운동가들은 매타친이나 DOB와 달리
자신들의 운동을 치료를 통한 기성 이성애 질서로의 편입이 아닌, 차이와
저항으로 바꾼다. 워싱턴DC의 매타친소사이어티 설립자인 프랭크 캐머
니Frank Kameny는 "동성애는 질병이 아니라, 단지 선호나 지향 또는 성향일
뿐이고, 이성애와 동등하며 종류가 다르지 않은 것이다"고 선언한다. 그는
이 결의문에 대해 동성애자들의 동의를 얻어내기에 이른다. 1965년에는
백악관과 여러 정부 기관 앞에서 피켓 시위를 주도했다. 당시 미국정신의
학회APA가 동성애를 정신 질환으로 지정하자, 이에 반발한 캐머니는 회의
장에 들어가 정신과 치료가 게이와 레즈비언 들의 삶에 끼치는 피해에 대

해 토론하기도 한 정치적 행동주의자이다.

'올바른 사회 구성원', '훌륭한 미국인'이 되는 게 주된 목적이었던 기존 호모필 운동가들이 보기에 캐머니는 위험인물이었지만, 1960년대 미국 사회의 급진적 목소리들과 연관해서 보면 당연한 실천이었다. 1960년대 중반에서 말까지 미국 내 여성운동, 베트남전쟁 반대 운동, 흑인 인권운동과 같은 다양한 저항의 목소리는, 젊은 동성애자들이 보다 급진적이고 호전적인 태도로 전향하도록 고취했다. 사회 전반적으로 사회혁명의 이념이 1960년대 말의 시대정신이었다. 레즈비언과 게이의 집단의식은 공격적인 '게이 프라이드gay pride' 운동이 점화되어 타오르도록 할 사건들(아마 모든 사건)을 위한 준비가 되었다.

스톤월항쟁

동성애에 대한 혐오, 무지, 두려움이 가득한 사회에서 동성애자들이 사교와 모임을 위해 갈 수 있는 유일한 공공장소는 술집Bar이었다.[4] 그러나 뉴욕 주는 형법 106조 6항을 들어 동성애자들에게 술집과 같은 공공시설이 서비스를 제공하는 것을 공개적으로 금지하고 있었다. 게이들은 평복을 입고 잠복 중인 경찰들에게 잡혀가기 일쑤였고, 트랜스젠더는 길거리에서 체포되는 것이 다반사였다. 퀴어들이 피난처로 삼은 술집은 그렇기에 마피아들이 운영하는 제한된 몇몇 곳에 불과했다. 그리니치빌리지에 위치한 스톤월 주점Stonewall Inn도 그중 하나였다. 주인이 역시나 마피아였던 그곳은 '드래그퀸drag queen(여장 남자)', 어린 게이, 상대를 찾는 남자들 사이로 간

간이 레즈비언들이 눈에 띄는 어둡고 좁고 더러운 술집이었다. 영화감독 비토 루소Vito Russo는 "너무 어리고 너무 가난하고 너무 심각해서 다른 어떤 곳에도 갈 수 없는 이들을 위한 술집이었던 스톤월은 게토 심장부에 있는 길거리 드래그퀸들의 집합소였다"고 술회한다.

　게이들에게 술을 파는 술집 대부분은 주류판매허가증이 없었고, 영업정지를 당하지 않기 위해 정기적으로 경찰에 뇌물을 줘야 했다. 가끔 기습 단속이 있었지만 '정해진 각본'에 따라 마피아 주인들은 경찰이 다녀간 다음 날이면 다시 가게 문을 열었다. 1969년 6월 28일 밤의 경찰 '습격'도 이런 행사 가운데 하나였다고 한다. 베트남 참전 용사였던 세이모어 파인 Seymour Pine 경감과 경찰 몇몇은 주류판매허가증 없이 운영한다는 평계로

스톤월 주점을 급습했다. 어둠 속에 있던 손님 200명 가운데 몇몇 사람들, 특히 남자로 분장한 여자들이나 드래그퀸, 종업원, 미성년자 들을 체포하려고 했다. 상황은 곧 끝났어야 했다. 그러나 그러지 않았다. 왜 그날 거기서 항쟁이 일어났는가를 놓고 어떤 이들은 게이 아이콘이었던 주디 갈런드Judy Garland[5]가 22일 사망한 것을, 또 어떤 이들은 그날 너무 더웠던 날씨를 원인으로 거론하기도 한다.

경찰이 급습한 현장을 보기 위해 모인 사람들의 수가 갑자기 늘기 시작했다. 바텐더, 문지기, 완전히 여장을 한 드래그퀸 들이 호송차에 실릴 때면 군중은 휘파람을 불며 야유를 보내기는 했지만 어떤 행동에 임하지는 않았다. 그런데 스톤월 주점에서 붙잡혀 나온 다이크dyke(남자역의 레즈비언)가 체포에 완강히 저항하며 호송차에 실리길 거부하면서 상황이 돌변했다. 갑자기 이에 동조하는 듯 길거리 군중은 1센트, 10센트 동전을 경찰들에게 던지기 시작했고, 연이어 술병, 보도블록 파편을 던졌다. 경찰들은 황급히 술집으로 피신, 안에서 문을 잠갔다. 45분 뒤 베트남전쟁 반대 시위 확산을 막기 위해 꾸려진 정예부대가 도착했다. 갑자기 거리의 수천 명의 '패거트faggot(게이를 칭하는 경멸적 속어)', '트래니tranny(트랜스섹슈얼을 칭하는 경멸적 속어)', '다이크' 들은 특공대원으로 돌변 전투모를 쓴 시위 진압경찰의 행동에 맞서 브래지어로 만든 끈에 열을 맞춰 대항했다.

드래그퀸들은 코러스 라인을 만들어 하이힐을 신은 발을 차올리면서 "우리는 스톤월 소녀들! 우리는 파마를 하고, 우리는 속옷을 입지 않네! 우리는 음모를 보여주며, 우리는 거친 무명천 옷을 입네! 우리의 여성스런 무릎 위에…!"[6]라고 농락하듯 노래를 부르면서 거리를 행진했다. 한 트랜스젠더는 이후에 "너희들은 우리가 똥인 양 취급했다. 이제 우리 차례다.

내 인생 최고의 순간이 바로 그때였다"고 술회한다. 그날 사건을 다룬《뉴욕데일리뉴스New York Daily News》는 "호모 소굴 단속, 여왕벌들이 미친 듯이 침을 쏘아대다"라는 표현으로 퀴어들에 대한 이성애자들의 혐오감을 대변했다.

다음 날 저녁에는 수천 명이 몰려들었다. 이성애자 좌파들, 사회주의자들, 흑표범당 당원들, 이피들(히피운동의 영향하에 게릴라 시위를 통해 반문화 사상을 확산시킨 국제 청년당), 푸에르토리코청년당 당원들(미국의 푸에르토리코 민족주의 조직)이 동성애자들의 시위에 합류하여 7월 2일 수요일까지 매일 저녁 폭력 사태가 되풀이되었다. 젊은 게이들의 빈정거림과 경험이 풍부한 활동가들의 구호는 경찰의 '폭력'을 불렀다. '퀴어들에게 당했다'는 굴욕감을 느끼자 경찰들의 수도 더 늘어났다. 하지만 경찰들은 번번이 진압에 실패했다. 그 당시 목격자들의 진술에 의하면, 시위를 주도한 것은 퀴어 안에서도 가장 멸시받고 천대받았던 이들이었다고 한다. 집에서 쫓겨났거나, 학대를 피해 길거리에서 노숙하던 여러 인종의 가난한 10대 동성애자들이 경찰에 맞서 가장 열심히 싸웠다. 또 '다이크'의 극렬한 저항을 보자 스스로를 창피해한 마초 남성들이 소극적인 자세를 버리고 시위에 적극 가담했다고도 한다.

매타친 소속 호모필 운동가들은 동성애자들이 무질서한 폭도에 진배없는 드래그퀸으로만 비춰진다는 점에 우려를 표했다. 이들은 "우리 동성애자들은 빌리지 거리에서 평화적이고 조용한 품행을 유지해주실 것을 부탁합니다"라는 벽보를 게시했다.[7] 하지만 벽보는 찢겨졌고 같은 편에게마저 무시당하게 된다. 퀴어들은 항쟁을 이끈 분노의 감정을 공유하면서 정부의 묵인하에 관습적으로 자행되어온 학대를 양순하게 견딜 필요가 없

2013년 게이 프라이드 행진

다는 것을 자각한다. 그리고 자신들의 소수자적 삶에 대한 정치의식을 갖
게 되었다. 새로운 시대가 시작된 것이다. 스톤월항쟁 중에 게이 인권단체
인 게이해방전선GLF이 결성된다. 이제 비효율적이고 온순했던 1950년대
의 저항과는 다른 대응 방식이 전면에 등장한다.

　　1970년부터 시작된 '게이 프라이드' 행진은 스톤월항쟁이 일어난
날짜에 뉴욕 시와 전 세계 여러 도시에서 동시에 개최되고 있다. 1999년
6월에는 수십 만 명의 사람들이 스톤월항쟁 40주년 기념을 경축하러 스톤
월로 모여들었다. 같은 해 미국 정부는 스톤월을 국가 유적지로 발표했고,
다음 해인 2000년에는 '역사적인 랜드마크(극소수의 역사 유적지만이 부여받는
호칭)'로 상향 조정했다.

게이해방전선

근 20년 동안 벽장 속에 숨어 있던 다양한 목소리가 다양한 집단의 모습을 하고 스톤월로 모여들었다. 이들은 항쟁을 기념하는 행진을 기획하면서 처음에는 일시적으로 매타친 뉴욕 특별위원회로 존재했지만 이후 게이해방전선으로 이름을 바꾸고 본격적인 활동을 시작한다. 1969년 7월 2일 서른일곱 명이 결성한 GLF는 매타친과는 철저히 구별되는, 좀 더 강력한 목소리를 내는 단체였다. 또한 이들은 '게이'란 용어를 쓴 최초의 퀴어 단체였다. GLF는 흑인들의 인권운동을 위한 단체인 흑표범당 외에도 다양한 반전운동 단체와 인권운동 조직과 함께 움직였다. 공식적인 지도자나 내부 정관 없이 민주적으로 행동을 조직해나갔다. '커밍아웃'을 자신들의 중요한 아젠다로 간주했고, 내면화된 동성애 혐오를 버리는 실천을 통해 동성애자들이 자존감을 갖도록 고취시켰다. GLF는 가부장제와 성차별주의를 미국인들에게 무력감과 박탈감을 느끼게 하는 근본적인 요인으로 간주했다. 이 때문에 양순한 시민으로의 동화 대신 거리로 나가 권리 획득을 위해 싸워야 한다고 촉구했다. "구역질 나는 것은 내가 아니라, 나더러 구역질 난다고 말하는 사회다"라는 이들의 슬로건은 기존 호모필 운동가들과 달리 억압적이고 착취적인 시스템 전체와의 싸움을 명시한 것이다.

GLF는 동성애자들의 권리 외에도 다른 민주주의적인 대의(인종차별주의, 성차별주의에 대한 비판과 반전 옹호)를 위해 싸우는 데 동참했다. 이에 반발한 일부 멤버들이 오직 동성애자들의 권리에만 관심을 갖는 '게이활동가연맹GAA, Gay Activist Alliance'을 1970년에 결성한다. GAA는 1970년에서 1974년 사이에 가장 활발하게 활동했다. 이들은 직장 내 동성애자 차별

철폐와 차별적으로 법률을 개정하려는 정치인들을 압박하는 데 주력했다.

스톤월항쟁 이후 동성애자 단체들의 행동주의가 제일 먼저 이룩해 낸 성과는, 동성애를 정신 질환으로 간주한 미국정신의학회와 맞서 싸운 끝에 정신 질환 목록에서 동성애를 삭제한 일이다. APA 회의를 중단시키려고 피켓 시위를 한 성난 시위대, 회의 석상에 들어가 회의에 참여한 활동가들, 가면을 쓰고 목소리를 변조해 정책 변경을 요구한 동성애자 정신과 의사들의 부단한 실천이 함께 획득한 성과였다. 1973년 동성애는 질병에서 제외되었고 5년 뒤에는 동성애자 정신과 의사들이 APA 내부에서 독립적인 소모임을 결성하게 되었다.

스톤월항쟁은 전 세계 성소수자들의 자기의식을 바꾸어놓았다. 동성애는 질병이나 기형적인 것이 아니라 여러 삶 가운데 하나일 뿐이라는 의식을 통해 자존감을 가질 수 있도록. 동성애자임이 발각되면 사형낭하거나, 동성애가 불법인 곳이 세계 곳곳에 존재한다. 반면 동성애자들 간의 결혼이나 동성애자들의 자녀 입양을 인정하는 곳도 있다. 퀴어는 사회의 내적 불안의 원인을 '다른' 것에서 찾게 만들려는 이들에 의해 사회문제의 '원인'으로 이들을 지목, 색출, 제거 하려는 위협에 쉽게 노출되는 약자들이다. 한 사회의 인권 지수는 퀴어에 대한 사람들의 인식 변화로 가늠된다고 보아도 틀린 말은 아닐 것이다. 이성애자가 동성애자를 이해하기는 아주 힘든 일이다. 자신들의 삶을 설명할 언어가 없는 삶이 바로 옆에 존재한다는 것, 이것이 무슨 의미인지, 그런 삶을 산다는 것이 어떤 것인지 가만히 생각해봐야 한다. '나'의 공포와 혐오를 투사하는 쉬운 회로 대신 내가 모르는 '너'에 대한 슬픔에 대한 공감을 작동시키면서.

레즈비언

그리스에 있는 레스보스라는 섬 이름에서 유래한 말로 여성들 사이의 사랑을 예찬한 그리스 최고의 여성 시인 사포Sappho가 젊은 여성들을 위해 세운 학교 이름이기도 하다. 레스보스에 사는 사람이라는 뜻의 레즈비언이라는 단어가 사포와 그의 제자들처럼 여성을 사랑하는 여성 동성애자를 의미하게 되었다.

게이

같은 남성에게 감정적, 성적 이끌림을 느끼는 남성 가운데 자신을 동성애자로 정체화identify한 사람을 일컫는 단어이다. '즐거운, 유쾌한, 기쁜'이란 뜻의 형용사 gay를 동성을 사랑하는 자신을 긍정하는 데 사용했다. 남녀 동성애자들 모두에게 사용되기도 하지만 게이가 남성 동성애자를 대표하기에 여성 동성애자는 레즈비언이란 단어를 선호한다.

양성애자

동성, 이성 모두에게 사회적, 감정적, 성적 이끌림을 느끼는 사람을 일컫는 말이다.

트랜스젠더

신체적 성별sex과 정신적, 사회적 성별gender이 일치하지 않는 사람을 가리키는 말이다. 생물학적으로 남성인 사람이 자신을 여성이라고 생각하는 MtoF, man to female 경우와 생물학적으로 여성인 사람이 자신을 남성이라고 생각하는FtoM, female to man 경우 모두를 가리킨다. 트랜스젠더는 흔히 성전

환수술을 통해 자신의 본래 성별에 부합하는 신체를 갖고 싶어 한다고 알려져 있지만 다 그런 것은 아니다. 성전환수술을 한 트랜스젠더는 트랜스섹슈얼이라고 따로 부르기도 한다.

퀴어

'기묘하다, 괴상하다'라는 사전적 의미대로 동성애자를 경멸적으로 지칭하는 속어였다. 그러나 동성애자 인권운동이 활발히 전개되면서 동성애자 인권운동가들에 의해 성소수자들의 자긍심을 표현하는 의미로 읽히게끔 재활용된 단어이다. 퀴어는 우리말 이반異般('이성애자 일반—般과 다른'이란 뜻으로 사용)과 비슷하게 동성애자, 양성애자, 트랜스젠더 등 이성애 제도에서 소외된 성소수자들을 통칭하는 의미로 사용되고 있다.

커밍아웃과 아우팅

커밍아웃은 '벽장에서 나오다coming out of the closet'의 줄임말로, 나의 존재를 가두고 있던 벽장에서 나와 자기 자신이 동성애자임을 긍정하는 것, 친구나 동료, 가족 등 주변 사람들에게 자신이 동성애자임을 밝히는 것, 사회에 자신이 동성애자임을 알리는 행동 모두를 의미한다. 아우팅은 자신의 의사와는 상관없이 타인에 의해 자신의 성정체성이 폭로되는 것, 즉 강제적인 성정체성 노출을 가리킨다. 아우팅은 동성애자가 커밍아웃을 통해 주위 사람들에게 자신의 성정체성을 드러낼 권리를 빼앗는 짓이다.

트랜스베스타이트

이성의 옷을 입기 좋아하는 사람을 가리켜 트랜스베스타이트transvestite라한다. 특히 여성의 옷을 입는 것을 좋아하는 남자를 가리키는 말이기도 하다.

1980년대 에이즈 위기와
액트업의 행동주의

에이즈바이러스와 정치적 이해관계

액트업ACT-UP('권력 해제를 위한 에이즈 연합'의 약칭, AIDS Coalition To Unleash Power)은 미국에서 에이즈로 인한 위기가 최고조에 달한 1980년대 중반 결성되어 1990년대 중반까지 활동한 미국 및 전 세계 비폭력 시민 불복종 운동과 관련된 대중적인 에이즈 단체이다. 보수적인 레이건 행정부의 통치 기간 (1981~1989년)에 에이즈는 미국, 그중에서도 특히 뉴욕을 불안에 빠뜨린 질병이자 '이데올로기'였다. 에이즈는 흔히 생각하듯이 동성애자들이 걸리고 퍼뜨리는 '천형'이 아니다. 그럼에도 에이즈가 동성애자들의 낙인으로 간주된 데는 특수한 정치적이고 종교적인 맥락이 깔려 있다. 이번 장에서는 특정한 질병 혹은 증상이 어떻게 에이즈로 분류되고 범주화되는지,

* 이 장의 내용은 이와사부로 코소Sabu Kohso의 《뉴욕열전ニューヨーク烈傳》과 http://www. thebody.com/content/art14001.html. http://www.noaids.co.kr/~noaids/cgi-bin/technote/read. cgi?board=noaids&y_number=250 등을 주로 참조했다.

또 어떻게 소수자의 삶을 억압하는지 짚어보겠다. 그리고 이런 사회 분위기에서 동성애자들의 집단적인 행동주의는 어떻게 왜곡되고 삭제되었으며, 어떻게 자신들의 삶과 목소리를 재현하고 가시화했는지를 살펴보려고 한다.

세계보건기구WHO는 동성애가 에이즈의 직접적인 원인이 아님을 누차 강조해왔다. 에이즈 감염 원인을 나열한 공개 자료에도 동성애는 등재되어 있지 않다. 안전하지 않은 성관계를 통해 확산되는 에이즈 감염자 80퍼센트가 이성애자라고 한다. 감염자의 체액(정액, 질 분비물, 혈액, 모유 등)에 직접적으로 노출된 사람은 인간면역결핍바이러스HIV(에이즈바이러스)에 감염될 가능성이 농후하다. 에이즈는 특정한 성적 경향이나 특정 집단에 귀속되지 않는다. 뉴욕 게토와 주변부의 취약 집단들이나 예술가들 혹은 무정부주의자들을 중심으로 뉴욕을 저항 공간으로 재구성한 이와사부로 코소는, 그의 저서 《뉴욕 열전》에서 다음과 같이 말한다. 1970년대 말과 1980년대 초 HIV는 "웨스트빌리지의 백인 남성들만이 아니라, 레즈비언, 이성애자, 인종적 소수자, 게토 주민들의 문제 그리고 주사로 감염된 라이커스 섬Rikers island 형무소 죄수들의 문제이기도 했다"[1]. 코소는 통계를 참조해서, 가령 1987년 임산부 61명 가운데 한 명이 HIV 감염자였고, 1980년대 후반 25세에서 44세까지 남성들의 주된 사망 원인이 HIV였으며, 15세부터 44세까지 흑인 여성의 주요 사망 원인 역시 HIV였다고 지적한다. 1987년 한 해 동안 만 명, 1991년에는 2만 명에 달하는 뉴욕 사람들이 HIV로 사망한 사실은, 당시 미국인들에게 에이즈가 얼마나 큰 공포로 작용했을지를 짐작하게 해준다. 이로 인해 뉴욕, 그중에서도 이스트빌리지, 웨스트빌리지, 소호 등 '보헤미아 – 문화 지역'이 커다란 타격을 입었고, 로어이스트사이드, 할렘, 사우스 브롱크스, 베드포드스타이브샌트와 같은 슬럼가가 황폐화되었다고 한다.[2]

다시 말해서 에이즈는 사회적으로 소외된 지역과 약자들 사이를 파고든 질병을 부르는 이름이었다. 그러나 1980년대 레이건의 보수주의적인 통치하에서 에이즈는 게이들의 질병으로 분류되었다. 사회 부적응자와 비정상적인 '변태'들의 질병으로 고착화되자 정부가 에이즈 만연에 굳이 책임을 질 필요는 없다는 인식이 일반화되었다. 1970년대 후반부터 만연한 에이즈는 처음에는 게이들을 중심으로 나타났다. 이 탓에 비공식적으로 '게이 동성애자들의 독특한 폐렴', '게이 관련 면역 결핍증' 혹은 '게이암'으로 불렸다. 1982년 '후천성면역결핍증후군'으로 명명된 이후에도 에이즈는 곧 죽음에 근접한 질병으로 표상되었다. 레이건 정부 때 대통령 연설문을 작성한 패트릭 뷰캐넌Patrick Buchanan과 같은 보수 정치인들은 "불쌍한 동성애자들은 자연에 맞서 전쟁을 벌여왔고 이제 자연은 끔찍한 형벌을 내린다"고 발언하면서 국가가 '비정상적인' 삶을 보호하고 책임질 것을 요구하는 세간의 목소리를 일축했다.

물론 HIV에 게이 남성들이 가장 취약한 집단이었음은 부정할 수 없는 사실이다. 1986년 유행병 학자들이 추정한 바에 의하면 미국 내 게이 남성 반 이상, 그리고 정맥주사로 마약을 주입하는 사람들의 5분의 3 이상이 에이즈바이러스 감염자였다. 결국 에이즈에 대한 세간의 냉대와 무관심 속에서 죽음에 가장 많이 노출된 사람들은 가난한 게이들이나 게토 주민들이었다. 이들은 치료약을 구매할 돈이 없었다. 1980년대 에이즈 치료에 필요한 의약품은 지도부딘AZT(강력한 중독성 치료제)이 유일했는데, 1년에 만 달러 이상이 드는 약값을 하층민들은 감당할 도리가 없었다. AZT를 생산하는 유일한 제약 회사인 버로우웰컴사는 물론이고, FDA마저 자국민들의 질병을 치료하려는 의지보다는 보수 정치인들과 제약 회사의 이해관계 사이에서 움직였다.

1981년에 결성된 '동성애 남성의 건강 위기GMHC'라는 보건교육 그룹은 정부의 보다 적극적인 개입을 요청하면서, 환자 보호와 콘돔 배포, 게이바에 교육용 서류를 배포하는 등의 일을 했다. 그런데 1985년《뉴욕포스트New York Post》에서 마치 에이즈의 책임이 게이에 있다는 듯한 논조의 왜곡된 기사를 게재했다. 게다가 여타 다른 대형 신문사들까지 비슷한 논조를 펼치는 것에 항의하기 위해 '중상 비방을 반대하는 게이 레즈비언 연합Gay and Lesbian Alliance against Defamation'이 결성되어 활동하기도 했다. 당시 레이건 정권하에 미국최고재판소는 '반反항문성애법' 철회를 보류했고, 점차 확대되어가는 에이즈 위기도 무시되고 있었다. 이는 동성애자들이 활동가가 될 수밖에 없는 상황이었다.

액트업의 탄생

액트업은 1987년 3월 극작가이자 에이즈 활동가인 래리 크래머Larry Kramer에 의해 시작되었다. 그는 GMHC의 공동 설립자였지만 GMHC가 정치적으로 한없이 무능한 조직이라는 점에 절망하여 1983년 임원직에서 물러난다. 크래머는 같은 해 3월 27일 뉴욕의 레즈비언 게이 커뮤니티 서비스 센터(현LGBT Community Center)에서 연설을 한다. 효과적인 에이즈 정책을 조직, 동원, 요구하기 위해 기존의 동성애 운동 방식을 포기할 것을 천명한

것이다. 그는 게이 청
중을 향해 그들 가운
데 3분의 2가 5년 안
에 죽을 것이라는 사
실을 직시하고 행동을
변화할 것을 촉구한
다. 또한 크래머가 보
기에 대중매체는 정부
가 에이즈 위기에 침

래리 크래머

묵으로 일관하고 있는 상황을 널리 알리기 위한 중요한 수단이었다. 향후
액트업의 행동주의는 미디어 노출(가시성의 정치politics of visibility)을 지향했다.
연설 중에 크래머는 "오직 정치적 행동에 헌신할 새로운 조직을 우리가 원
하는 겁니까?"라고 물었고, 이에 청중은 힘차게 "예스"라고 화답했다. 크
래머의 연설에 고취되어 몇 달 후 열린 두 번째 모임에는 300명이 참석했
다. 이는 액트업의 탄생을 알리는 순간이었다. 그 뒤로 뉴욕에서 매주 개최
된 모임에는 통상 800명 이상이 참여했다. 이는 여러 도시에서 뒤이은 액
트업 출범에 기폭제가 되었다. 1990년대 초에는 미국과 전 세계에 액트업
지부가 거의 100여 개에 이르게 된다.

　　액트업의 본래 목적은 에이즈 실험약 발매를 촉구하는 집단 연대였
다. 이를 위해 액트업 조직은 어떤 특정한 당파에도 속하지 않는, 아래로
부터의 자발적인 목소리를 결집한 풀뿌리 민주주의의 전형을 보여주었다.
선출된 지도자나 어떤 공식적인 구조도 없는, 말하자면 탈중심적인eccentric
조직체였다. 액트업은 스톤월항쟁 이후 보수적이고 교조적인 운동으로 전

락한 주류 동성애 운동에 대한 반성과 극복을 위해 노력했다. 액트업은 에이즈 위기를 종식시키려는 직접적 행동에 헌신하고 분노하는 집단으로 스스로를 정체화한 것이다. 래디컬 민주주의의 범례로서도 손색이 없는 액트업 조직은 대의민주주의 형식, 즉 특정 개인이 다른 사람들을 대표해서 말할 권리를 갖는 (초기의 형식적) 민주주의를 거부하고 '누구나' 말할 권리를 갖는 직접민주주의 형식으로 자신들의 행동주의를 전개해나갔다. 액트업은 오직 게이들만의 운동이 되는 것을 경계했고, 여성들과 인종적, 계급적 소수자들(아프로-아메리칸들과 라틴계 소수자들)도 조직에 가담할 수 있도록 문을 개방했다. 액트업 여성들은 에이즈의 개념에 HIV 양성 보균자 여성들도 포함할 수 있도록 국가기관들, 가령 질병통제예방센터 같은 곳에 압력을 가하는 데 적극 가담했다.

액트업의 활동

처음 에이즈 실험약 발매를 촉구할 목적으로 결성된 액트업은 무수히 많은 목적들을 포용하면서 방향을 수정한다. 이들은 FDA에 압력을 가해 에이즈 신약을 승인하는 과정을 단축함으로써 적절한 시기에 적절한 방식으로 환자들이 신약을 경험할 수 있도록 했다. 또한 신약 실험에 참여한 이들을 중심으로 저소득층의 의료보조제도와 개인 건강보험 비용을 줄일 수 있도록 정책을 바꿀 것을 요구했다. 에이즈 위기가 일어난 10년 동안 왜 에이즈 치료용 약품이 AZT 하나여야 했는지, 왜 그것이 치료용으로 유일하게 승인을 받았는지를 액트업은 질문했다. 정책 엘리트들이 감추고 있는 정치적, 경제적 이해관계를 고발한 것이다. 나아가 약물 중독자나 마약 중독자 들의 주사침 교환needle-exchange을 다루는 프로그램 마련을 촉구했고, 연방정부가 콘돔 배포에 기금을 지원하고 교육에 참여하길 촉구했으며, 연방교육 당국이 감시하고 조정을 담당하는 1차 학교와 2차 학교에 성교육 프로그램을 요구했다.

1987년 창설된 이래 액트업은 제약 회사가 에이즈 치료약에 책정한 가격과 축적한 이윤을 공개했다. 에이즈 치료약의 가격을 인하하도록 제약 회사에 압력을 가해 모든 계급의 HIV 환자들이 좀 더 쉽게 치료약을 구할 수 있게 하려는 게 목적이었다. 계급 문제나 정치적 경제적 사항은 사실 액트업의 핵심 관심사는 아니었지만, 제약 회사가 환자 목숨을 대가로 이윤을 추구하고 있다는 사실을 좀 더 널리 알리려는 점도 고려되었다. 결국 수십만 명이 액트업 행동주의에 가담해 정부가 에이즈 문제에 무책임하다는 인식을 널리 퍼뜨리는 데 기여했다. 많은 사람들을 움직인 힘은 분노였지만, 크래머처럼 자신의 목숨을 지키기 위한 직접적인 정치 행동이 모든 조직의 전략에 주된 요소여야 한다는 생각에 동참하는 이들이 점점 많아졌다. 즉 대의가 아닌 절실함, 긴급함을 따라 움직이는 이들이 증가했다. 액트업의 직접적인 목적은 대중매체를 통해 시민들의 에이즈에 대한 편견과 무관심을 불식하려는 것이었다.

액트업은 '침묵=죽음Silence=Death'과 같은 슬로건을 채택했고, 보다 많은 사람들의 관심을 끌기 위해 정치적 예술을 사용했다. 이런 방식으로 액트업은 처음부터 미디어를 통해 직접적인 변화를 꾀했다. 그 결과 레즈비언 게이 커뮤니티 서비스 센터와 나아가 일반인들에게도 에이즈 쟁점을 더 널리 알리는 데 기여했다. 1987년 3월 24일 100여 명의 시위자

액트업의 1988년 FDA 시위

들이 체포된 뉴욕 월 가에서의 첫 번째 액트업 시위부터 미디어는 줄곧 액트업의 행동주의를 '기록'하고 증언하기 시작한다. 같은 해 9월 14일 액트업 멤버들은 뉴욕증권거래소에 침입해서 VIP용 발코니에 쇠사슬로 몸을 묶고 에이즈 약품의 높은 비용에 저항하는 시위를 벌였다. 이들이 내건 전단과 슬로건에는 "SELL, WELLCOME"이라는 글귀가 적혀 있었다. 웰컴은 유일한 에이즈 치료약을 독점 판매하고 있던 버로우웰컴을 가리키는 것이었다. 시위 며칠 뒤 버로우웰컴사는 환자 한 명이 AZT를 구매하는 데 드는 연간 비용을 만 달러에서 6,400달러로 낮췄다. 더불어 이 시위는 관료제에 끌려다니느라 적절한 방식으로 에이즈 실험약을 발매하지 못한

FDA의 무능에 대한 대중의 비판적 인식을 고취시켰다. 뉴욕증권거래소에서 벌어진 시위는 향후 액트업 활동의 모델이 된다. 1988년 10월 11일 액트업은 베트남전쟁 이후 벌어진 거리 시위 중 가장 규모가 큰 것으로 기록된 시위를 FDA에서 벌였다. 이날 하루 동안 FDA는 업무가 마비되었고 결국 문을 닫았다고 한다.

1987년 이후로 액트업은 동성애자 차별 반대와 에이즈에 대한 왜곡된 인식을 바꾸기 위한 시위에 적극적으로 가담한다. 에이즈 환자의 탑승을 거부한 노스웨스트 항공사를 상대로 시위하기도 했고, 잡지 《코스모폴리탄Cosmopolitan》의 편집부를 급습하기도 했다. 이는 소아정신의학자인 로버트 굴드Robert E. Gould의 〈에이즈에 대한 새로운 사실: 당신이 왜 위험하지 않은지를 의사가 알려준다〉란 기사 때문에 벌어진 일이었다. 그 사설에서 굴드는 "'건강한 성기를 가진' 남성과 여성 간의 무방비 상태의 성관계anti-safe-sex에서 설사 남성이 HIV에 감염되었다고 해도 전염 위험은 무시해도 좋을 만하다"고 피력하면서 에이즈가 이성애자들과는 무관한 질병이라고 주장했다. 이에 액트업 여성들은 굴드 박사를 따로 만나 섹스에 대한 잘못된 사실, 즉 "남성 성기에 의한 여성 성기의 감염은 불가능하다"는 주장의 오류를 지적하면서 기사 취소와 사과를 요구했지만 굴드는 이를 거부했다. 액트업 여성들은 "코스모는 문을 닫아야 한다"고 외치면서 잡지사 편집부를 급습했다. 이 전체 과정은 〈의사, 거짓말쟁이, 여성들: 에이즈 행동주의자들은 코스모에 '아니오'라고 말한다Doctors, Liars, and Women: AIDS Activists Say No to Cosmo〉란 짧은 비디오에 담겼다. 대략 150명의 활동가들이 《코스모폴리탄》을 소유하고 있는 모회사인 허스트 사의 빌딩 앞에서 '코스모에게 노를!'이란 노래를 부르며 "코스모 걸들은 에이즈에 걸릴

수 있다"와 같은 슬로건을 내걸었다. 〈필도나휴쇼Phil Donahue show〉, 〈나이트라인Nightline〉과 같은 TV 프로그램이 이 상황을 방송으로 내보냈고, 결국 잡지사는 기사 내용을 일부 수정하면서 액트업에 무릎을 꿇었다.

앞서 언급했듯 1988년에는 액트업 운동가 1,000명 이상이 메릴랜드 소재 FDA 빌딩을 둘러싸고 시위를 벌였다. 1989년에는 에이즈 문제에 적극 대처하지 못하고 정부 편에 서버린 미국시민권위원회의 에이즈 청문 회장 앞에서 시위를 벌였다. 같은 해 뉴욕에서는 성패트릭 성당의 오코너 추기경의 일요 미사를 중단시켰다. 오코너 추기경은 임신중절을 실시하는 의료 기관을 폐쇄해야 한다고 주장하면서 안전한 성행위에 대한 교육을 비판했다. 그는 병적일 정도로 신자들에게 동성애에 대한 공포심을 조장한 대표적인 종교인이었다. 12월 5일 대략 5,000명의 활동가가 낙태와 에이즈 교육, 콘돔 배포에 반대하는 로마 가톨릭 대주교 교구의 공식 입장에 반대하면서 대성당을 에워쌌다. 이런 와중에 활동가 111명이 현장에서 경찰에 체포된다. 패트릭 성당을 상대로 한 '교회를 멈춰라Stop the Church' 시위는, 가톨릭이 성과 여성의 신체적 쾌락에 적대적이라는 것을 '충분히' 경험한 푸에르토리코계 레즈비언들이 주도했다고 한다. 1991년 1월 22일 액트업 활동가들은 로버트 맥닐Robert MacNeil과 짐 레러Jim Lehrer가 공동으로 진행하는 〈PBS 뉴스아워PBS NewsHour〉 시간에 방송국에 난입, 맥닐의 책상에 쇠사슬로 자신들의 몸을 묶고 "에이즈 위기는 끝나지 않았다"고 선언하는 상황을 TV 시청자들에게 보여주었다.

액트업의 내분

액트업은 에이즈 위기와 연관해서 지명된 공공의 적, 가령 국회와 호모포비아 국회의원, 연방정부의 수장, 제약 회사, 미디어, 종교 단체와 같은 사회의 중심 세력에 맞서 자신들의 분노를 조직화했다. 이런 가운데 직접적이고 산발적이며 조직화되지 않은 시위에서 소외된 엘리트 동성애자들은 액트업의 무정부주의적이고 카오스적인 운동 방식에 대해 비판한다. 이들은 강령에 따라 내부 합의를 거친 보다 조직적이고 일관된 행동주의를 위한 분파를 결성하는 쪽으로 방향을 선회한다. 대표적인 단체가 레즈비언, 게이 조직으로 1980년에 결성되었지만 단명한 퀴어네이션Queer Nation과 1992년에 만들어진 에이즈 환자들의 처우 개선을 위한 조직인 태그TAG, Treatment Action Group이다.

　　퀴어 전체의 문제와 차별에 초점을 맞춘 급진 저항 단체인 퀴어네이션은, '퀴어'라는 단어에 내재된 '기분 나쁜 감정 상태의', '곧바르지straight 못한', '모호한', '변태적인', '정도에서 벗어난'과 같은 의미처럼 사회의 부정적 인식을 역으로 자기들을 정의하는 데 처음 사용한 단체이다. 이들은 이성애자들의 클럽에 들어가 '키스인kiss-in(공공장소에서의 게이들의 키스)'을 감행했고, 게이를 비난하는 이들을 향해 항의 집회를 열기도 했다. 이처럼 이들은

키스인

게이와 레즈비언을 상대로 길거리와 대중매체에서 벌어지는 폭력에 직접적으로 대응한 것으로 유명하다. 더불어 '전투적인' 게이 문학을 배포하는 등 강력한 어조로 자신들의 주장을 책으로 출간해 이름을 알리기도 했다.

극소수의 엘리트로 구성된 TAG는 기존 구성원들이 동의할 때에만 신입 멤버를 충원했으며, 멤버들에게 월급을 지불하는 등 강력하고 통일된 조직을 표방했다. 1992년에는 AZT 제조 회사인 버로우웰컴으로부터 수표 100만 달러를 받아냈다. 이 자금으로 전 세계 에이즈 회의 개최 비용을 충당하거나 전문적인 로비스트를 고용해 정부 공무원들에게 압력을 가하면서 에이즈 신약 개발을 촉구하는 등 정책 변화를 도모하는 데 매진했다. 그러나 에이즈 관련 전문 조사와 신약 개발에 중점을 둔 TAG의 활동 방식은 극소수 엘리트가 주도할 수밖에 없었다. 결국 조직으로서 비민주적인 행태를 답습했기에 액트업 활동가들 내부에서 TAG에 대한 시선은 비판적이었다.

동성애homosexual는 1868년 카를 마리아 벤케르트Karl-Maria Benkert(필명은 케르트베니Kertbeny)라는 사람이 처음 고안해낸 '근대적' 단어이다. 언어는 그것이 만들어진 시대의 한계와 오점을 그대로 담고 있기 마련이다. 19세기 중엽은 유럽에서 (이성애자들의) 낭만적 사랑에 기초한 (부르주아 중산층의) 결혼 제도를 하나의 가치관이자 이데올로기로 요청한 근대적 생산양식이 등장한 시대이다. 즉 결혼을 통해 사회적 노동력을 재생산하지 못하는 주변부적 존재로서의 동성애자란 '범주'는 근대적 '주체'의 등장/구성과 동시적으로 만들어졌다. 이 탓에 동성애자는 이성애자–주체의 '타자'로서 부정적으로 의미화되고 배척당하게 된다. 한 사회의 '가치'를 생산,

반복하는 주체의 정립에 반드시 필요한 것은 비(주)체 혹은 타자에 대한 확고한 정의이다. 즉 건강하고 정상적인 주체가 누구인가를 이해하기 위해서는 '질병' 혹은 비정상적인 타자에 대한 이해가 반드시 선행되어야 한다. 동성애는 이성애란 개념과 함께 19세기에 역사적으로 '구성된' 개념이다. 언어는 그것이 만들어진 시대의 상황을 그대로 드러내지만 시간이 흐르면서 마치 자연적인, 처음부터 있었던 것처럼 중립화, 객관화되고 심지어 보편화된다. 오늘날 우리가 당연시하는 대부분의 가치관은 근대적인 조건하에서 형성되어 근대적 이데올로기를 정당화하면서 작동한다고 보아도 틀리지 않다(인간, 이성, 주체, 진보, 개발과 같은…).

미국의 정치적 보수주의와 에이즈 위기가 맞물려 있다는 것은 질병이 단지 의학적 문제가 아닌, 사회학이나 정치학의 관점에서 분석되어야 한다는 것을 함축한다. 한국의 동성애자들은 에이즈 환자를 피엘PL(people living with HIV의 약칭)로 '고쳐' 부르고 있다고 한다. 이는 감염자나 환자(에이즈 희생자를 에이즈 환자로 고쳐 부르기까지 동성애자들의 오랜 싸움이 있었다)라는 부정적인 단어보다는 좀 더 친숙한, 우정과 애정이 깃든 단어로 선택된 것이라고 한다.

액트업은 사무실 점거, TV와 같은 방송 방해, 증권거래소 난입, 교통로 봉쇄, 에이즈 관련 국제회의나 정부 기관 사무실에서의 저항과 같은 직접적인 행동과, (다음 장에서 살펴볼) 정치적 예술을 통해 에이즈에 대한 세간의 무지와 오해를 바꾸려고 했다. 사회 하층민들이 마지막으로 추락하는 삶은 '노숙자homeless'이다. 에이즈 위기 때 많은 이들이 노숙자로 전락했다고 한다. 이런 이유로 액트업 활동가들은 노숙자, 약물중독자, 게토 하층민 들과의 연합을 시도했고, 정부가 에이즈 문제에 개입하도록 비폭력적이자 직접적인 행동과 시민 불복종 운동을 전개해나갔다. 이런 면에서 1980년대 미국에서 액트업은 비단 동성애자들만이 아닌 사회의 보호와 관심으로부터 극단으로 내몰린 자들의 결집과 연대의 방식을 가리키는 단어였다고 보아도 될 것이다. 더불어 국제화된 액트업은 개발도상국이나 빈곤국에서 폭발적으로 확산된 에이즈 문제에 연루되어 있는 미국 다국적기업, 혹은 제약 회사의 에이즈 신약 독점과 고비용 문제를 해결하려는 데 헌신해왔다. 이들은 빈곤국의 채무를 소멸하고 국제에이즈기금을 설립해 현지에서 에이즈 특효약을 생산할 수 있도록 허가하는 정치적이고 경제적인 투쟁의 문제에 헌신하고 있다.

14

액트업과
정치적 예술

액트업 예술가들의 문법

예술과 사회의 관계를 논할 때 예술의 '자율성autonomy'을 지지하는 이들은 한 사회에 예술이 예술로서 존재한다는 사실만으로도 예술의 사회적 기능은 정당화된다고 말한다. 즉 예술이 직접적으로 사회문제를 재현하거나 비판하지 않아도, 예술이 예술의 언어로 주제를 제시할 때, 예술은 사회에 '대한' 비판으로서 이미 제 역할을 하고 있다는 주장이다. 예술은 사회의 언어와 주제가 접근할 수 없는 예술만의 고유한 감수성이나 상상력을 통해 '다른' 언어와 주제를 제시한다는 점에서 사회에 기여한다는 것이 예술의 자율성을 지지하는 이들의 입장이다. '예술은 이미 항상 그 자체로 정치적이다'는 이러한 주장은 예술만이 제시할 수 있는 세계에 대한 봄

＊   이 장의 내용은 주로 http://hyperallergic.com/42085/aids-art-activism-gran-fury, http://hemisphericinstitute.org/hemi/en/e-misferica-91/sturken, http://www.actupny.org/indexfolder/GranFury1.html 등을 참조했다.

seeing, 지각, 희망의 방식을 옹호한다. 일반적으로 이러한 입장은 유미주의 Aestheticism라 불린다. 이에 비해 예술은 사회의 문제에 대한 직접적인 재현이나 고발을 통해 지금, 이곳이 당면한 문제에 참여하고 사회의 변화를 도모해야 한다고 주장하는 시각이 있다. 이러한 입장은 흔히 리얼리즘이란 범주로 묶인다. 리얼리스트 작가들은 사회의 권력에 억압당하고 있는 약자들의 편에서 사회의 폭력과 억압에 대해 비판한다. 이들은 지배 권력이 '상식'이나 '진실'로 둔갑시킨 이데올로기(가짜 진리)에 맞서 약자들의 삶도 인정할 수 있는 민주주의적인 세계를 실현하는 데 헌신하려 한다. 이들은 일반 대중의 마취된 의식을 각성하려고 하는 계몽주의자이며, 예술이 사회의 변혁에 기여할 수 있다고 믿는 급진주의자이다.

'예술은 사회와 관련해서 무엇이고 무엇을 할 수 있는가'란 논쟁은 이러한 '유미주의 대 리얼리즘', 혹은 '모더니즘 대 리얼리즘'이란 양극을 중심으로 전개되어왔다. 사회 현실 혹은 객관적인 현실을 미적 가치의 관점에서 인용하느냐, 객관적 진실의 관점에서 인용하느냐를 놓고 벌어진 이 오랜 예술 논쟁 가운데, 어느 쪽이 더 '올바른' 주장인가를 구분하는 것은 사실 무의미하다. '언제' 유미주의이고 '언제' 리얼리즘인가가 더 중요하고 적절한 질문이기 때문이다. 매년 수만 명이 사회의 무관심 속에 죽어가고 있는 에이즈 위기의 시기에는 직접적인 행동에 헌신하는 예술이 필요할 뿐이다. 에이즈가 동성애자에 대한 오해와 왜곡된 표상에 근거하여 정부의 무책임과 침묵, 대중의 무관심 속에서 급속히 퍼지고 있을 때, 바로 옆에서 동료와 연인이 죽어가는 것을 목격한 많은 예술가는 정치적 예술 혹은 프로파간다로서의 예술의 역할을 선택했다. 아니, 선택할 수밖에 없었다.

'에이즈 전쟁'에 가담한 예술가들은 사람들이 외면하거나 비난하거나 눈을 감아버린 문제에 정면으로 도전하면서 거리로 나가 예술을 총과 칼 대신 사용했다. 먼저 죽은 혹은 지금 죽어가는 친구나 연인의 뒤를 이을 사람이 바로 나라는 비극적 인식은, 지인들의 죽음이 일상이었던 이들이 더 이상 사적인 장소에서 무력하게 슬픔에 빠져 있을 수 없게 한 이유였다. 역시나 젊은 나이에 에이즈로 사망한 액트업 예술가인 데이비드 보이나로비츠David Wojnarowicz[1]는 가까운 이들의 죽음을 애도하는 일이 일상 의례였던 시기에 자신이 느낀 분노와 고통을 이렇게 피력했다.

> "나를 화나게 했던 것은 이 추도회실의 바깥 세상에서는 이런 슬픔이 아무런 반향도 일으키지 못한다는 사실이었다. A방송국에서 흘러나오는 손을 깨끗이 씻는 것을 장려하는 선전이 사회 전체에 훨씬 더 커다란 영향력을 갖고 있었다. 나는 분노를 억누르지 못하고 절규할 것 같은 심정이었기에 그 자리를 벗어나 버렸다…. 문득 이런 생각을 했다. 연인이나 친구 그리고 그 밖의 사람들이 이 병으로 죽을 때마다 연인과 친구 그리고 이웃들이 차에 시체를 쌓고서, 시속 100마일의 스피드로 워싱턴으로 달려가 백악관의 문을 부수고 현관 앞에서 목이 쩌져라 소리를 지르고 입구 계단에 사체를 던져버린다면 어떨까 하고."[2]

앞에서 살펴보았듯이 액트업 행동주의자들이 보기에 사안은 너무나 심각했다. 예술가들은 기꺼이 예술을 정치적 실천의 도구로 '바꾸는 데' 동의했다. 이들은 자신들의 분노와 슬픔을 포스터, 광고 게시판, 기념물, 엠블럼과 같은 공적인 매체를 통해 드러냈고, 공적인 장소에서 분노의 목소리를 표출했다. 에이즈에 무관심과 냉대로 대응한 정부와 기관들에 맞서 액트업 행동주의자들이 길거리, 방송국, 성당 앞에서 시위를 벌일 때, 액트업 예술가들은 자신들의 분노와 사람들의 의식을 각성시킬 구호를 시각 이미지와 섞어서 길거리에 뿌리고 거리 곳곳에 붙였다. 1980년대 액트업이 에이즈에 대한 사람들의 인식을 바꾸고 정부의 정책 변화를 끌어낼 수 있었던 데는 이들 예술가들의 프로파간다 전략이 큰 역할을 했다.

이들은 1950년대 국제상황주의자들이 사용했던 전략인 전용을 적극적으로 채택했다. 즉 공적으로 알려진 상징과 미디어 이미지를 전혀 다른 맥락으로 끌어들여 기존의 의미 체계를 전복시킬 만한 새로운 메시지나 의미로 재가공하는 것이었다. 이 전용 전략은 액트업 행동주의에 매우 유효했다. 사람들의 의식을 각성시키고 이성애자들만이 인간으로 계산되는 사회의 견고한 네트워크 안에 동성애자들의 삶을 집어넣기 위해서는, 기존의 의미 체계를 비틀어 낯설게 하고 희화화하여 견고한 체계를 느슨하게 해야 하기 때문이다. 액트업의 멤버이자 유명한 포스트모던 미술사가인 더글러스 크림프Douglas Crimp는 아담 롤스톤Adam Rolston과 함께 액트업의 포스터, 그래픽 이미지 들과 거기에 대한 설명을 묶어서 《에이즈 데모그래픽AIDS Demographics》을 출판했다. 그는 이 책에서 "행동주의 미술에서 중요한 것은 프로파간다 효과이다. 다른 작가들의 작업 절차를 훔쳐오는 것이 그 계획의 일부이다. 유효한 것이라면 어떤 것이든 사용할 것이다"고 말한다. 그는 기성 예술계의 문법과는 다른 게이 예술가들의 문법이 왜 프로파간다이자 훔치기 전략을 특징으로 하는지를 설명한다. 또 뉴욕에 근거지를 둔 예술가 집단 그룹 머티리얼Group Material은 "우리는 우리의 작업을 자발적으로 통제하기 위해 우리 작업의 에너지를 미술 시장의 요구와는 정반대로, 즉 사회 조건의 요구에 부응하는 방향으로 쏟을 것이다"고 주장하면서 반예술적 움직임을 이어나갔다. 액트업 예술가들은 메시지 전달에 초점을 맞춘 전시나 공공장소에 불법 전단을 뿌리는 게릴라 활동에서 공동체 사업에 이르기까지 다양한 방법을 통해 정치적 예술을 구현했다.

이제 액트업 예술가들의 행동주의 실천, 에이즈 메모리얼 퀼트의 애도 형식, 펠릭스 곤잘레스-토레스Félix González-Torres의 개인적인 애도의 방식을 간략하게 살펴보겠다. 모두 사랑하는 이를 에이즈로 잃고 있거나 잃은 자들의 분노와 슬픔의 미적 형식이다.

예술=침묵 프로젝트

1986년 게이 여섯 명이 에이즈 행동주의와 동의어가 된 그래픽 엠블럼인 '침묵=죽음'을 만들었다. 시각적으로 사람들을 압도하는 이 작품은 뒤집어진 핑크 트라이앵글[3] 아래에 흰 글씨로 '침묵=죽음'이란 엠블럼을 통합시켰다. '침묵=죽음' 프로젝트는 에이즈의 근본 원인이 HIV 감염이 아닌 보다 큰 사회 세력(정부, 기업, 일반 대중)에 있다고 보았다. 이 세력들은 그런 위기에 무관심하거나 그 위기에서 이윤을 얻어내는 자들이었다. 이 포스터는 정부의 수동성을 일종의 살인 행위로 간주했고, 동시에

침묵은 죽음

분홍색 삼각형 기호의 오명을 자신들의 자랑스러운 정체성의 표식으로 떠안았다. 포스터, 플래카드, 티셔츠, 배지, 스티커 등 다양한 형태로 배포된 '침묵=죽음' 이미지는 에이즈 위기의 실상을 드러내고 사람들의 의식을 각성시켜 후원을 도모하며 어려움을 딛고 집단적으로 투쟁해나가는 데 강력한 도구로 사용되었다.

그랜퓨리의 거대한 분노

1988년 액트업을 위한 선전사무국으로 형성된 그랜퓨리Gran Fury는 액트업 예술가 집단 가운데 가장 영향력이 컸다. 당시 뉴욕경찰서가 사용한 자동차 이름이기도 한 그랜퓨리는 이름 그대로 사회에 대한 거대한 분노를 공공장소에서 드러내는 데 헌신했다. 그랜퓨리는 대중들에게 에이즈 위기에 대한 정보를 제공하고 에이즈 위기를 종식시킬 직접적인 행동을 고취하고자 공공 예술public art, 즉 비미술관 예술에 헌신했다.

그랜퓨리의 일차적인 목적은 질병통제예방센터와 뉴욕 건강국이 집계한 충격적인 에이즈 통계에 시각적 형식을 부여해 사람들에게 에이즈를 둘러싼 복잡한 쟁점을 널리 알리려는 것이었다. 그랜퓨리의 예술 작품들은 상업광고의 단순성을 정치적 논증의 복잡성과 융합하는 데 탁월한 능력을 드러냈다. 이들의 타깃은 미술관이 아니라 거리였다. 이들은 설명적인 단어와 시각적 이미지의 충돌을 통해 사람들의 이목을 끄는 데 주력했다. 여러 매체 가운데 포스터가 사람들의 시선을 가장 잘 모으고 분노를 고취하며 의식을 바꿀 수 있는 매체라는 것을 확인한 이들은 "뉴욕에서 태어난 61명의 아이 가운데 한 명이 HIV 양성이다One in 61 Babies Born in New York is HIV Positive", "콘돔을 사용해 아니면 꺼져Men Use Condoms or Beat It"와 같은 공격적이고 계몽적인 포스터를 이곳저곳에 붙였다. "4만 7,524명이 죽은 지금 예술은 충분하지 않다With 47,524 Dead, Art is not Enough"는 문구는 앞서 지적한 것처럼 예술이 유미주의가 아니라 프로파간다로 '추락'해야 하는 긴급함을 토로한다.

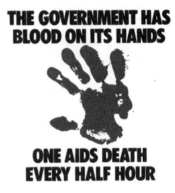

정부가 손에 피를 묻히다

1988년에 그랜퓨리는 포스터 상단에 "정부가 손에 피를 묻히다The Government has blood on its Hands"와 하단에 "30분당 에이즈 사망자 한 명One Aids Death Every Half Hour"이라는 문구를 배치하고 살인자를 상징하는 핏빛 손바닥 자국이 중앙을 차지하는 포스터를 선보였다. 죽음을 놓고 부당 이익을 취하는 제약 회사의 관계자에서 보건부장관, 대통령에 이르기까지 관료주의적 공무원과 반동 정치인이 이들의 주요 공격 타깃이었다. 이들은 세제稅制 신설에 반대한 조지 부시의 악명 높은 1988년 선거공약 "제 말을 믿으세요Read My Lips"를 동성애자들의 '키스인'과 병치하면서 보수주의적인 행정부를 비판했다.

그랜퓨리의 문구는 세간의 분노를 불러오기도 했다. 가령 "에이즈에 걸린 모든 사람은 무죄다All People with AIDS are Innocent"와 같은 현수막이 뉴욕의 헨리 스트리트 주거지에 걸렸을 때 사람들은 '상식'과 다른 주

키스는 죽이지 않는다

장에 분노했다. 이 문구는 동성애자나 마약환자 탓에 수혈과 같은 의료 행위 도중 감염된 아이나 임산부에 대한 연민을 전체 에이즈 환자에게로 돌리자는 것이었다. 에이즈 환자 전체를 희생자로 보아야 한다는 주장이었기에 사람들의 분노를 사는 것은 당연했다. 또 "키스는 죽이지 않는다: 탐욕과 무관심은 죽인다Kissing Doesn't Kill: Greed and Indifference Do"라는 문구 아래 서로 다른 인종의 동성애 커플이나 이성애 커플이 키스하는 장면을 집어넣은 이미지가 있었다. 이 이미지가 뉴욕, LA, 시카고의 버스 옆면에 부착되었을 때 사람들은 또 분노했다. 그랜퓨리는 몇몇 도시에서 논쟁을 불러일으키며 삭제되어야 했던 "기업의 탐욕, 정부의 나태, 공공의 무관심이 에이즈를 정치적 위기로 만든다Corporate Greed, Government Inaction, and Public

Indifference makes AIDS a Political Crisis "를 원안으로 이 이미지를 만들었다.

그랜퓨리의 이미지 가운데 가장 선동적이었던 것은 1990년 베니스 비엔날레 출품작이었다. 국제적으로 신망이 두터운 전시장 벽면에 그랜퓨리는 거대한 패널 두 개를 설치했는데, 한쪽 패널에는 교황의 이미지와 교회가 설파해온 무방비의 섹스(콘돔이나 피임약을 사용하지 않는 것을 자연스러운 성행위로 간주하고, 생식과 출산에 성을 종속시키며 낙태를 금지하는 종교적 의미의 성)와 관련된 문구를 병치시키고, 다른 패널에는 2피트 크기의 대형 남성 성기와 여성 및 콘돔 사용법이 적힌 텍스트를 병치시켜서 전시했다. 비엔날레 관계자를 포함한 이탈리아 당국은 그랜퓨리를 신성모독으로 고소할 것을 고려했지만, 거의 마지막 순간 그랜퓨리의 대의에 공감한 관료들의 개입으로 사건은 잠잠해졌다.

사회적으로 무력한 약자로 재현되어온 에이즈 환자나 동성애자의 입장에서 약자들의 언어로 사회에 대한 분노의 목소리를 표출하는 데 앞장섰던 그랜퓨리는 1994년 무렵 공식적으로 해체되었다.

네임즈 프로젝트, 에이즈 메모리얼 퀼트

1987년 10월 동성애자 인권운동가인 클레브 존스Cleve Jones는 네임즈 프로젝트 재단The NAMES Project Foundation을 설립한다. 이 재단은 에이즈로 죽은 이들에 대한 장례식을 집단으로 조직하여 공적인 애도로 확장했다. 클레브 존스가 살았던 샌프란시스코의 카스트로 거리 일대에서만 한 해 에이즈로 천 명이 넘는 사람이 사망했다고 한다. 그는 퀼트를 이용해 죽은 자

에이즈 메모리얼 퀼트 1987년 워싱턴DC

를 애도하고 살아남은 자의 슬픔을 치유하기로 결심했을 때를 이렇게 회
상한다.

"나는 단지 친구들을 잃고 있었던 것이 아니라 가까운 이웃들의 얼굴 전
부를 잃고 있었다. 버스운전사, 점원, 우편부… 내게 카스트로 거리는
유령이 들끓는 곳이었다. 처치 거리에서 유레카 거리까지 통하는 18번
가를 걸을 때면 여덟 블록의 그 거리에 살고 있는 사람들의 숨겨진 슬픈
이야기를 내가 다 알고 있다는 사실 탓에 나는 더 늙어버렸다."[4]

클레브 존스는 죽어서도 사람으로 인정받지 못하는 동성애자들의 슬픔, 살아남은 자들의 슬픔을 동성애자들의 '언어'로 애도하려고 했다. 그는 사람 무덤의 평균 크기인 3×6피트(약 90×180센티미터) 크기의 퀼트에 희생자 이름과 그를 기억하는 이들이 바느질로 채워 넣은 상징 이미지를 새겼다. 유족들은 퀼트에 망자의 '이름'을 넣는 것을 처음에는 두려워했지만, 연이은 전시의 성공과 대중적인 호응 덕분에 두려움은 점차 사그라들었다고 한다. 남은 가족들, 친구들, 연인들은 퀼트에 죽은 이의 '개성'을 온전히 담으려고 했다. 가령 "100년 된 퀼트, 바비 인형, 단추, 자동차 열쇠, 카펫, 샴페인 잔, 콘돔, 카우보이 부츠, 화장하고 남은 재, 신용카드, 드레스, 장갑, 모자, 레이스, 레고, 연애편지, 오토바이 재킷, 그림, 사진, 핀, 유니폼, 레코드, 셔츠, 테니스 신발, 비닐, 결혼반지"[5] 등 고인이 생전에 애용한 물건들도 퀼트에 포함했다.

1987년 워싱턴 DC의 내셔널몰National Mall 광장에서 처음 대중에게 공개된 퀼트는 그 크기와 규모 면에서 사람들의 이목을 집중시켰다. 총 1킬로미터에 달하는 수천 장의 퀼트를 관람하며 걷는 중에 사람들은 모르는 사람들과 슬픔을 교집합으로 하나가 되는 공동체 체험을 했다. 레즈비언 작가로 퀼트 제작에 참여했던 크라이턴E.G. Crichton은 이후에 이렇게 술회했다.

"에이즈 퀼트를 관람한 사람들의 숫자는 엄청났다. 전국에서 몰려든 수십만 명의 사람들이 바닥에 펼쳐진 퀼트 사이를 누비며 다채로운 기억의 바다에서 울었고, 자신들이 알고 있는 이의 패널을 찾아냈고, 낯선 사람들과 포옹했다. 우리는 어떤 경외심 속에서 전체 광경에 빠져들었다. 네임즈 프로젝트는 예술과 사회의식 사이의 간극을 연결했다. 예술은 너무 자주 우리 사회의 주변에 머물렀으나, 있으나 마나 한 보푸라기 같았다. 또 정치적 행동주의는 종종 문화와 무관한 비창조적 활동으로 간주되었다. 퀼트는 이 두 세계를 성공적으로 통합시킨 보기 드문 사례이다."[6]

1992년 에이즈 메모리얼 퀼트 전시 때 액트업은 '화장 행동Ashed Action'으로 명명한 '정치적 장례식'을 감행했다. 8,000명이나 참가한 이 전시회에서 사람들은 경찰의 감시선을 뚫고 죽은 친구나 가족의 재를 백악관 잔디에 뿌렸다고 한다.[7] 이러한 행동은 만연한 '예술가 혹은 동지'의 죽음과 죽음이 초래하는 박탈감과 슬픔으로 인해 능동적인 활동을 스스로 포기할 수밖에 없는 분위기를 타개하고, 상실감을 공적 공간에 분출함으로써 사회의 냉혹함과 냉소에 맞서 집단 결속력을 굳건히 하는 가운데 자존감을 회복하려는 실천이었다.

표현 매체로서의 퀼트는 천의 부드러운 질감을 통해 두려움으로 점철된 에이즈라는 질병에 대한 통념을 약화시키고 친근하게 만드는 데 효과적이었다. 천 조각으로 형상화한 동료의 이미지는 추상적인 질병의 이미지를 희생자 개개인의 구체적인 삶으로 되돌려놓았다. 1996년 전시를 마지막으로 워싱턴 광장에서는 더 이상 전시되지 않는 네임즈 프로젝트 에이즈 메모리얼 퀼트는 34개국, 미국 28개 지역에서 106회에 걸쳐 전시되었고, 지금도 지속되고 있는 퍼포먼스이자 의식이다. 에이즈 메모리얼 퀼트는 세계에서 가장 큰 공공미술 프로젝트이다. 1989년에는 노벨평화상 후보로 지명되기도 한 퀼트는 수많은 책과 영화는 물론이고 논문, 기사,

연극 퍼포먼스의 주제가 되기도 했다.

펠릭스 곤잘레스-토레스, 애도의 장면들

그룹 머티리얼의 맴버이기도 했던 쿠바 출신의 작가 펠릭스 곤잘레스-토레스는 미니멀리즘Minimalism 계열 미술의 설치와 조각으로 유명하다. 곤잘레스-토레스는 사망하고 11년이 지난 2007년에 베니스비엔날레 미국관의 공식 대표 작가로 선정될 만큼 '예술성'을 인정받은 작가이다(사후에 미국관의 대표 작가로 선정된 선례는 1982년 로버트 스미스슨Robert Smithson이 유일하다). 전시 중 작품을 관객이 갖고 갈 수 있도록 하는, 즉 작품이 전시 중에 '사라지도록' 하는 '조각' 작품으로 유명한 곤잘레스-토레스는 1991년 연인 로스 레이콕Ross Laycock을 에이즈로 잃은 뒤 자신의 작업과 연관해 "누가 당신의 관객인가, 누구에게 이르고자 하는가"란 질문에 늘 한순간의 망설임도 없이 "로스"라고 대답한 것으로도 유명하다. 곤잘레스-토레스 역시 로스가 사망하고 5년 뒤 에이즈로 사망했다.

토레스는 "사랑과 상실에 대한 심오한 명상"을 위해 일상에서 흔히 볼 수 있는 전구, 시계, 사탕을 관계의 '알레고리'로 변형시키는 작업을 지속했다. 그가 전시장 바닥에 편평하게 깔아두거나 구석에 쌓아 올린 사탕의 무게는 보통 175파운드였다. 이는 생전 가장 건강했을 때 로스의 몸무게였다고 한다. 관객은 전시장 바닥에 깔린 사탕을 가져갈 수 있었다. 사라진 만큼의 사탕을 다시 채우곤 하는 행동 속에서 반복 확인되는 사탕의 무게는 질병으로 고통받았던 레이콕의 신체를 알레고리적으로 의미했다.

토레스의 사탕 설치 작품에는 로스와 무관하게 미국(인)의 일상에 대한 논평이 가미된 것도 있다. 가령 〈무제(오늘의 미국)Untitled(USA today)〉는 촌스런 빨강, 파랑, 은색의 껍질로 포장된 136킬로그램가량의 알사탕이 전시장 한구석에 쌓여 있는 작품이다. 이 역시 '작품에 손대지 말라'는 미술관의 터부에 정면 도전하면서 관람자가 사탕을 집어 먹도록 했다. 부제인 '오늘의 미국'에서 알 수 있듯이, 이 작품은 일상적인 자본주의적 소비를 조장하기 위해 매일매일 매체를 통해 쏟아지는 사탕발림의 뉴스들을 꼬집는 것이다. 또 다른 한편으로는 '오늘의 미국'의 초상으로서의 소비를 글자 그대로 이야기하는 것이기도 하다. 곤잘레스-토레스는 동시대 작가들이 소비자본주의에 냉소를 드러내는 것과 달리 관객들에게 작품의 일부

를 나누어주는 행위를 통해 나눔의 정신, 관용의 감수성을 표출했다. 그는 우리에게 소비뿐 아니라 선물 교환에 참여하기를 권유했다. '무한리필'이 란 꼬리표가 붙은 그의 사탕 더미는 유토피아적 측면에서 대량생산이 한 때 가졌던 민주주의의 가능성을 떠올리게 한다.

〈무제(3월 5일)#2 Untitled (March 5th)#2 〉는 두 개의 전구가 엉킨 전깃줄 에 함께 매달려 있는 작품이다. 전구 하나가 다른 전구보다 먼저 수명을 다 할 것은 당연지사이고, 그렇기에 이 작품은 상실의 위협에 놓인 사람들에 대한 알레고리로 작용한다. 부제인 '3월 5일'은 역시 그의 연인 로스의 생 일이다.

토레스는 1992년 5월 한 달 동안 뉴욕 도처의 광고판 스물네 개에 〈프로젝트 34 Project 34〉란 제목의, 침대를 찍은 흑백 사진을 설치했다. 이

프로젝트 34

작품은 조금 전까지 두 사람이 함께 머문 듯 헝클어져 있는 텅 빈 2인용 침
대를 찍은 것이다. 이 흑백 사진은 개인적인 슬픔과 사적인 삶을 공공장소
에 침투시키는 작업을 통해 '애도'를 공적인 장면으로 재배치한 것이다. 베
개의 눌린 자국으로만 형상화된 삶과 지금 이곳에 없는 사람의 자리를 가
시화하는 곤잘레스-토레스의 애도의 방식에서 한 번도 구체화되지 않은
것은 그의 알레고리가 가리키는 사람, 그의 '연인'의 이름이다. 이는 이성
애자들의 죽음만이 가시화될 수 있고 애도될 수 있으며 공론화될 수 있는
사회에서 타자로서의 동성애자들의 죽음이 존재하는 방식에 대한 곤잘레
스-토레스의 '논평'이라고 할 수 있다. 애도될 수 없는 상실, 애도될 수 없
는 슬픔이 동성애자들의 상실이고 슬픔이라는 것을 곤잘레스-토레스는
애인의 얼굴이나 이름을 삭제한 자신만의 재현 방식으로 그대로 증언한

것이다.

이와사부로 코소는 《뉴욕 열전》에서 에이즈 시대(1980년대)의 액트업이 기존의 공민권 운동과 달리 강력한 조직이나 강령이 없는 민주주의적인 대중의 운동이었다고 분석한다.

> "'죽어가는 사람들'을 위한 운동이었으며, 우리들 모두가 죽어가는 존재이며, 그곳으로부터 출발하는 것이 '가능하며 또한 필요하다'는 것을 가르쳐주었다. 이는 조금 늦든 빠르든 죽어가는 우리들의 '상처받기 쉬운', 그러나 '활력이 넘치는' 존재성을 긍정하는 것으로부터 출발한다는 것을 가르쳐주었다."[8]

액트업은 사회가 구성원으로 인정하지 않는 자들, 살아 있으나 삶으로 인정되지 않는 '탈인간화된dehumanized' 삶을 인정해달라는 운동이었다. 더 이상 잃을 것이 없는 이들, 죽음에 거의 근접한 삶(들)이 외치는 '인간답게' 죽을 권리에 대한 청원이었다. 더 잃을 것이 없는 사람들의 간절함, 슬픔, 고통이 길거리로 밀려 나온 지금, 에이즈는 동성애자들이 걸리는 불치병이 아닌 '만성질환'의 하나로 분류되었다. 사람들은 에이즈에 대해 여전히 무지하고 동성애자에 대해 여전히 잔인하지만 '다른' 삶에 대해 조금 더 알게 되었다.

1970년대 여성주의
예술가들의 공동 작업

예술과 여성주의

여성 인권 향상을 위한 여성주의 정치 운동은 18세기부터 줄곧 이어져왔지만, 문학과 예술에서 여성주의가 '방법론'으로 사용된 것은 비교적 늦은 시기인 1970년대였다. 남성 작가들의 작품에 등장하는 여성 이미지를 분석한 케이트 밀레트Kate Millet의 《성 정치학Sexual Politics》은 1970년에 출판되었다. 그녀는 이 책에서 D. H. 로렌스D. H. Lawrence, 헨리 밀러Henry Miller, 노먼 메일러Norman Mailer와 같은 남성 소설가들의 작품에 등장하는 여성의 이미지가 어떤 점에서 현실 여성과 무관한 남성들만의 환상인지를 비판한다. 이 혁명적 저서의 뒤를 이어 1970년대에 급진적인 여성주의자가 문화계에 대거 등장했다.

　미술사에서 여성주의 문제의식을 제기한 최초의 글은 미술사가 린다 노클린Linda Nochlin의 1971년 논문 〈왜 위대한 여성 미술가는 존재하지 않았는가?Why have there been no great women artists?〉이다. 린다 노클린은 이 논문에서 미술사에 위대한 여성 미술가가 존재하지 않았던 것은, 흔히 거론되듯 여성의 능력이나 자질이 부족하기 때문이 아니라, 미술 제도와 교육에 원천적으로 여성의 접근이 금지되었기 때문이라고 주장한다. 가령 위대한 작가가 되기 위해 반드시 들어야 하는 '누드 드로잉 수업'이 관습상 여성 작가에게는 금지되었다는 것을 증거로 든다. 그녀는 주류 미술사에서 다루지 않은 여성 작가들을 발굴하여 이들이 내면화한 '무력감과 분노', 혹은 '남성화에의 욕망'의 방향을 틀 수 있는 계기를 마련하는 데 주력한다.

1970년대는 백인 남성 엘리트를 위한 문화 관습으로서의 회화, 조각과 같은 규범을 따르지 않으려는 급진적인 작가들의 설치, 사진, 퍼포먼스, 영상과 같은 새로운 매체가 예술의 대안 형식으로 등장했다. 이런 맥락에서 여성주의 작가이자 이론가인 주디 시카고Judy Chicago는 여성들로만 이루어진 강의를 진행하면서 여성의 의식을 고취하고 자긍심을 부여할 수 있는 작업의 가능성을 모색한다. 〈우먼하우스Womanhouse〉와 〈디너파티The Dinner Party〉는 그녀의 여성주의 문제의식이 집단적이고 공동체적인 형식과 내용을 통해 실현된 프로젝트였다. 예외적 개인의 고독한 산물로서의 예술이라는 기존의 남성적 규범에 반대하여, 두 프로젝트는 여성 문화로 간주되어온 공예crafts(바느질, 도자기 등)의 전통을 이용한 공동 작업 방식을 선택했다. 1970년대 여성주의 예술가들의 작업은 어땠는지를 두 프로젝트를 중심으로 살펴보자.

코헨, 게로비츠 그리고 주디 시카고

주디 시카고의 아버지 아서 코헨
Arthur Cohen은 23대째 유대교 랍비
를 배출한 유대인 가문에서 특이하
게도 마르크스주의자로 노동운동
을 했다. 1950년대 '매카시 광풍'이
불던 미국에서 FBI의 감시와 취조
를 받으면서도 노동운동에 열심이
었던 그는 시카고가 이후 여성주의
예술가로 도전적이고 진취적인 삶
을 사는 데 큰 영향을 주었다.

주디 시카고

　　미대를 다니던 시절 만나 연애하고 결혼까지 한 주디 시카고의 첫
번째 남편 제리 게로비츠Jerry Gerowitz는 1963년 급작스럽게 사망하고 만다.
1964년 석사 학위를 취득한 시카고는 당시 화단의 주류를 이룬 미니멀리
즘의 추상적이고 기하학적인 이미지와 여성 성기 형태를 결합해서 작업했
다. 여성성을 반영한 그녀의 '편파적인' 작품은 화단에서 좋은 평가를 받지
는 못했다. '성', 그것도 '여성성'을 암시하는 그녀의 작업은 보편적이고 중
립적인 이미지를 중시한 당시 관습으로 보자면 언급할 만한 가치가 없는
부차적이고 사소한 것에 편중된 듯 보였다.

　　1970년 첫 번째 개인전을 열면서 시카고는 태어나면서부터 자신에
게 부착된 아버지의 성(코헨), 결혼 뒤 따랐던 남편의 성(게로비츠)처럼 여성
이 아버지나 남편에 종속되어 얻는 성을 거부하고 주디 시카고로 개명한

다. 평소 그녀의 강한 시카고 사투리를 놀리던 지인이 붙여준 '주디 시카고'란 별명을 자신의 법적 이름으로 바꾼 것이다. 현재 세 번째 남편과 살고 있는 시카고는 여전히 자신이 스스로 지은 성과 이름으로 살고 있다. 이는 남성에 의존해서 살아야 하는 여성의 굴레를 스스로 벗어던지겠다는 결단을 함축한다. 그녀는 "주디 게로비츠는 이제 남성이 지배하는 사회가 자신에게 강요한 모든 이름을 떼어내고 자신의 이름, 주디 시카고를 선택한다"고 적은 전단을 전시장에 붙인다. 시카고는 전시 오프닝에서 새 이름을 적은 헐거운 스웨터를 입고 권투 선수 같은 포즈를 취했다. 이젠 안온한 종속대신 위험한 독립과 저항을 선택하겠다는 퍼포먼스였다.

　　대학에서 강의를 맡은 주디 시카고는 여학생만 들을 수 있는 수업을 개설했다. 여학생들이 사회적 기대치인 남성들 기준이 아닌 자신들의 문제와 가치를 출발점으로 삼아 작업할 수 있도록 격려했다. 또한 그녀는 '여성주의 미술'이란 단어를 처음 사용했다. 이렇게 해서 미국 최초로 여성주의 미술 프로그램이 시작된다. 1972년에 최초의 여성주의 예술 프로그램인 〈우먼하우스〉 전시를 열었고, 1973년에는 여성빌딩Women's Building을 공동으로 설립한다. 시카고는 어느 날 여성 역사학자로 역사학에 최초로 여성주의란 렌즈를 밀착시킨 거다 러너Gerda Lerner의 글에서 우연히 여성사women's history란 생각을 접한다. 그러고는 이 생각에 화답하듯 〈디너파티〉를 실현한다. 여성사를 역사학의 한 분야로 정립하는 데 결정적 역할을 한 거다 러너를 따라 그녀는 신화와 역사 속에서 불러낸 여성들만 초대받은 만찬 〈디너파티〉를 400여 명의 자원자와 공동 제작한다. 이후 시카고는 어머니로서의 여성 역할을 경축하는 출산 이미지를 사용한 〈출산 프로젝트The Birth Project〉에 퀼트와 자수로 구성된 패널 100개를 바느질 노동자 140명과의 공동 작업으로 전시했다. 1985년 사진작가인 도널드 우드먼Donald Woodman과 결혼한 뒤 주디 시카고는 남편과 함께 〈홀로코스트 프로젝트: 어둠에서 빛으로The Holocaust Project : From Darkness into Light〉를 만든다. 유대인인 그녀는 나치 치하 유대인 대학살이란 문제를 다루기 위해 관련 자료들을 수집하고 동부 유럽을 여행하고 수용소를 방문하고 이스라엘을 찾기도 한다. 홀로코스트를 지나간 과거가 아닌 지금도 반복되는 전 지구적 현상으로 이해하고 해석하는 주디 시카고는, 열여섯 점의 거대한 작품을 타피스트리, 스테인드글라스, 금속, 나무판, 사진, 페인팅, 바느질 등 여러 재료와 기법을 한데 혼합해서 만들었다. 그녀는 예술가에게 주는 중요한 상을 다수 수상했고 여전히 작업과 강연, 글쓰기를 병행하면서 활발한 활동을 하고 있다.

우먼하우스, 예술이 된 앞치마

1970년대 미국에서 가장 급진적인 예술가들이 모여 있던 캘리포니아의 칼아츠Calarts , California Institute for the Arts에서 강의를 맡은 주디 시카고는 여성주의 미술 프로그램을 시작한다. 역시 그곳에서 학생들을 가르치고 있던 예술가 미리엄 샤피로Miriam Schapiro를 만나 여성 예술가의 필요성에 대한 의견을 공유한다. 주디 시카고는 미리엄 샤피로의 도움을 받아 강의 수강생 스물한 명을 데리고 지역 예술가들과 함께 여성 미술사 데이터베이스를 만든다. 그리고 여성주의 미술 프로그램을 시작한다. 여성주의 미술 프로그램은 "여성들이 예술가가 되고자 하는 자신의 욕망과 양립 가능한 인격을 구축하는 데 일조하고, 여성으로서의 자신의 경험에 근거하여 작품을 만들 수 있도록 일조하려는"[1] 목적을 가졌다. 말하자면 기존 제도 안에 서라면 예술가가 된다는 것은 곧 남성 예술가가 되는 것이기에 여성으로서의 욕망을 억압해야 했다. 반면 여성주의 미술 프로그램은 여성의 경험과 삶으로부터 출발하는 예술을 긍정했다.

수업 시간에 학생들은 여성으로서 자신들의 기억과 생각에 가장 자주 등장하는 공간인 집, 수세기 동안 여성의 문화로 간주된 집, 여성이 다른 사람들을 즐겁게 하기 위해 고군분투해온 장소인 집을 가지고 작업하자는 생각을 자연스럽게 공유한다. 이 과정에서 버려진 집에서 공동 작업을 하자는 아이디어를 누군가가 내놓았다. 곧 집세를 내지 않고도 전시를 할 수 있는 폐가를 찾기 시작했다. 마침내 할리우드 마리포사 거리 553번지에서 자신들이 원하는 바로 그 '집'을 발견했다. 여주인을 설득한 이들은 전시가 끝날 때까지는 집을 허물지 않겠다는 동의를 얻었다.

1971년 11월 8일 여성 스물세 명은 밀대, 빗자루, 페인트, 양동이, 롤러, 사포질 도구, 벽지로 폐가를 수리하기 시작했다. 리노베이션에는 거의 3개월이 걸렸다. 그 당시로서는 의당 남자들의 일인 집수리를 하는 한 무리의 장발들을 놓고 주변 사람들은 칼아츠에 전화를 걸어 불평을 늘어놓기도 했다고 한다. 남자도 히피(당시 장발의 상징)도 아닌 여자들, 그것도 '브래지어를 하지 않은' 여자들의 등장에 불평을 늘어놓는 사람들에게 학교는 "여자는 보통 머리가 길다고" 친절하게 답변했다고 한다. 사람들은 "여자들이 왜 브래지어를 안 하죠?"라고 반문했다고 하고…. 가부장제 사회에서 여성 억압의 상징인 브래지어를 1970년대 페미니스트들이 과감하게 벗어버린 맥락이 있다.

예술가라기보다는 노동자, 그것도 가장 힘든 육체 노동자로 3개월을 보내는 동안 "이루 말하기 힘든 어려움이 있었지만"[2] 우먼하우스는 서서히 그 모양새를 갖춰갔다. 우먼하우스 멤버들은 쓸고 닦고 빨래하고 굽고 요리하고 청소하고 바느질하는 집안 여성들의 일상적인 행동에 대해 여성주의적 해석과 비평을 하기 시작했다. 한 명 혹은 두세 명의 작가들은 방, 욕실, 복도, 정원, 거실 등 자신들이 선택한 공간에서 '주부'의 일에 대해 해석했다. 이들은 '집안의 천사' 이데올로기에 시달리는 백인 중산층 여성의 경험에 대한 자신들의 해석을 어떤 연민이나 미화 없이 보여주고자 했다. 남성의 관점이나 욕망과는 무관한 오직 여성의 관점을 반영한 공간을 보여주고자 한 것이다. 이렇게 해서 열일곱 개의 방이 만들어졌다. 1972년 1월 30일부터 2월 28일까지 대략 만 명이 다녀간 설치 및 퍼포먼스가 시작되었다. 전시 첫날은 여성 관객들만 입장할 수 있었다. 공영방송, 대중잡지, 주요 일간지에서도 〈우먼

하우스〉에 대해 긍정적이거나 부정적인 평가들을 쏟아내며 엄청난 관심을 표명했다.

수건 벽장

샌드라 오겔Sandra Ogel의 설치 작품 〈수건 벽장Linen Closet〉은 깨끗하게 세탁되어 다림질이 끝난 뒤 벽장에 쌓여 있는 하얀 수건들과 그 사이에 갇혀 있는 여성 마네킹으로 구

수건 벽장

성되어 있다. 여성이 자신의 임무를 열심히 하면 할수록 더 그 일에 갇혀버린다는 생각을 표현한 것이다. 마네킹의 다리 한쪽은 마치 집안일이라는 덫에 걸린 듯 벽장에 갇혀 있고, 다른 한쪽은 벽장 밖으로 나와 있다. 이는 그녀가 오랫동안 자기 몸의 일부처럼 되어버린 벽장에서 빠져나오려 한다는 느낌을 준다. 집안일을 자기 일로 생각한 행복한 '집안의 천사' 이미지와는 다르다. 그녀는 거의 갇혀 있지만 완전히 갇혀 있지는 않다. 샌드라 오겔은 자신의 설치 작품 앞에서 차가운 다리미로 플라스틱 천을 다리는 퍼포먼스를 했다.

생리 욕실

생리 욕실

주디 시카고가 만든 설치 작품〈생리 욕실 Menstruation Bathroom〉은 사용한 탐폰과 사용할 탐폰으로 구성되어 있다. 여성들에게 중요하지만 사람들 눈에 띄면 안 되는 불결한 물건. 방문객들은 욕실 안으로는 들어갈 수 없었고 욕실 입구에 드리워져 있는 망사 천 사이로만 내부를 볼 수 있었다. 사회적 금기와 금기에 대한 호기심을 반영한 것이다. 시카고는 여성이 자신의 생리에 대해 어떻게 느끼고 있는가는 그 방 앞에서 어떤 느낌을 갖게 되는가에 의해 분명해질 것이라고 언급했다.

290

악몽 욕실

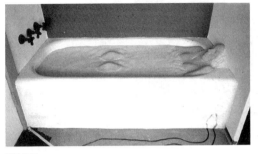

악몽 욕실

로빈 시프Robbin Schiff의 〈악몽 욕실Nightmare Bathroom〉은 욕조에 몸을 담근 여자와 그 여자를 거의 파묻고 있는 모래로 구성되어 있다. 욕조에 담긴 따듯한 물속에서 하루의 피로를 풀고 있는 여성은 그러나 모래의 무게로 인해 욕조에서 일어나지 못할지 모른다. 관객들이 욕조 안 여자의 무릎, 어깨, 얼굴을 하도 많이 만져서 나중에는 거의 알아보지 못할 만큼 마모되었다고 한다.

자궁방과 다이닝룸

페이스 윌딩Faith Wilding의 〈자궁방 Womb Room〉은 코바늘로 뜬 방으로 그녀는 이를 두고 자신과 가족을 위해 여성 선조들이 지었던 둥근 원형의 은신처를 현대적으로 해석한 것이라고 말했다.

양육을 주제로 작가 여섯 명이 공동으로 만든 〈다이닝룸Dining Room〉은 대단히 손이 많이 간 작품

자궁방

다이닝룸

이다. 샹들리에는 비 닐로, 과일은 빵으로 조각을 한 이 설치 작 품에서 핵심을 이루 는 것은 벽 한쪽을 차 지한 19세기 미국의 여성 화가 애나 클레 이풀 필Anna Claypoole Peale의 정물화 복제 그림이었다. 이 작품은 공정하게 평가받지 못한 채 여 성주의 작가들의 출현을 기다려야 했던 선대 여성 화가들과 현대 여성 화 가들의 연속성과 교감을 위한 것이었다. 세팅 가운데 하나인 수박 속살은 여성 성기를 연상시키기 위해 의도적으로 배치되었다.

이러한 개인적, 집단적 설치 작품 외에도 전시에서는 주디 시카고가 쓴 연 극 작품 〈자지와 보지 연극Cock and Cunt Play〉도 상연되었다. 이 연극에서는 가부장제 사회에서 순종적이고 수동적인 삶을 사는 여성들의 의식을 각성 시키기 위한 충격요법을 구사했다. 검은 옷차림의 여학생 둘이 우먼하우 스의 거실에서 공연했다. 그 여자SHE는 엄청나게 큰 핑크색 보지를, 그 남 자HE는 광택이 나는 거대한 자지를 달았다. 처음에는 이런 과장된 성기가 희극적으로 보이지만, 극이 진행되면서 매우 음산하고 소름 끼치는 느낌 이 전해진다. 그 여자는 접시를 닦으면서 그 남자에게 도와달라고 부탁하 지만, 그 남자는 그것은 수컷의 일이 아니라고 보지가 달린 여자의 일이라 고 퉁명스럽게 대답한다. 접시 닦이는 여성의 일이라는 것을 그 남자는 성기의 차이로 주장한다. 장면은 부엌에서 침실로 바뀌고 그 여자는 그 남자에게 자신이 성행위를 리드하고 싶다고 말하지만 그 남자는 자신의 성적 욕망을 발설한 그 여자를 급기야 죽이고 만다. 연극은 중산층 부부가 집안일과 섹슈얼리티를 놓고 벌이는 의견 차이를 전달하면서 1970년대 미국 사회의 통념을 고발한 것이다.

전시가 성공적으로 끝난 뒤, 몇몇 작품은 여성주의 미술 프로그램을 위한 기금을 마련하기 위한 경매에서 팔렸다. 일부 작가는 작품을 가져 갔고, 페이스 윌딩의 〈자궁방〉은 전시 마지막 날 도난당했다. 전시가 끝나고 일 년 뒤 루시 리파드Lucy Lippard는 여성주의 잡지 《미즈Ms.》에 기고한 에세이에서 〈우먼하우스〉에 내재된 여성주의 미학을 이렇게 평했다.

"많은 여성 예술가들은 앞치마 끈을 풀면서 지금까지 자신들을 옭아매고 있던 족쇄를 떨어뜨렸다. 어떤 이들은 앞치마를 두르고 그것을 예술로 변형시키면서 긍지를 느끼기도 했다."[3]

디너파티, 초대받은 여성들

신화나 역사에서 불러낸 유명한 여성 서른아홉 명을 위한 만찬 테이블인 〈디너파티〉는 시카고의 주도하에 1974년부터 5년에 걸쳐 제작, 완성된 초대형 설치 작품이다. 바느질, 자수, 도자기 전문가들로 구성된 총 400명의 자원자가 공동 제작자로 참여했다. 자원자들의 노동비용이 포함되지 않은 제작비는, 시카고가 5년 동안 번 강연비와 자신의 수입 10만 달러 그리고 여러 단체의 기부금으로 충당했다. 시카고는 처음에는 '스물다섯 명의 산채로 잡아먹힌 여성들Twenty-Five Women Who Were Eaten Alive'로 전시를 구상했지만 해가 갈수록 '3'과 '13'이 갖는 의미의 중요성을 인식하게 되면서 '39'란 상징적인 숫자를 사용하기로 결정했다. 시카고는 다빈치의 〈최후의 만찬L'Ultima Cena〉에 등장하는 열세 명과 마녀들의 집회에 참여하는 여성 열세 명의 숫자를 비교하면서 이렇게 말했다.

> "최후의 만찬에 열세 명이 있었다. 마녀들의 집회에도 멤버 열세 명이 있었다. 마녀들은 항상 여성적인 악과 연관되었다. 같은 수가 긍정적인 함의와 부정적인 함의를 모두 갖는다는 사실은 작품의 이중적 의미를 위해 완벽해 보였다. 판 열세 개가 서구 문명의 다양한 단계를 표상하는 데 충분하지 않다는 것은 자명했다. 그러므로 세 배로 확장시켰다. 열린 정삼각형, 여성주의의 목적인바 평등한 세계를 반영하는 등변의 구조에 생각이 이르렀다."[4]

만찬에 초대받은 서른아홉 명의 여성을 위한 서른아홉 개의 디너 테이블은 정삼각형의 세 빗변으로 구성되었다. 첫 번째 빗변은 고대와 선사시대 모계제 사회의 여성을, 두 번째 빗변은 기독교 태동기에서 종교개혁 시기까지 여성을, 세 번째 빗변은 17세기에서 20세기까지(종교 지도자 앤 허친슨 Anne Hutchinson에서 화가 조지아 오키프 Georgia O'Keeffe에 이르기까지) 여성을 포함했다. 초대받은 여성들의 이름이 새겨진 식탁보 위에는 나비나 꽃 모양으로 여성의 성기를 상징하는 접시, 냅킨, 장식용 식탁보, 유리잔이 놓였다. 바느

디너파티

최초의 여성 참정권 운동가
수잔 B. 앤서니의 식탁

바로크 시대 여성 화가
아르테미시아 젠틸레스키의 식탁

아키텐 여공작
엘레오노르의 식탁

질, 자수, 도예가 주요 기법으로 선택된 것은 남성들이 장악한 기존 예술(고급/순수 예술)에서 밀려나 마이너 아트 혹은 공예 분야에서 또 하나의 문화를 만들었던 여성들에 대한 찬가가 이 프로젝트의 중요한 이념이었기 때문이다.

한 변이 14.4미터인 이 초대형 정삼각형 만찬 테이블은 '유산의 마루Heritage Floor' 위에 설치되었다. 이 마룻바닥은 여성 999명의 이름이 새겨진 2,300여 개의 도자기 타일로 구성되었다. 시카고는 이렇게 설명한다.

> "테이블 세팅이 대표하는 여성들 외에 부가적인 여성의 이름이 새겨진 마룻바닥 위에 삼각형 테이블을 놓기로 결심했다. 이것은 테이블의 여성들의 성취는 다른 여성들의 도움을 발판으로 했다는 것, 각 판은 특수한 여성 한 사람뿐 아니라 그 여성이 깔고 있는 전통도 상징한다는 것을 시사한다."[5]

999명의 이름은 리서치 팀 여성 여덟 명과 시카고의 논의하에 선택되었다. 사회에 중요한 기여를 했는가, 여성의 삶의 조건 향상에 기여했는가, 여성의 경험의 국면을 조명하고 미래를 위한 모델을 제공했는가를 선택 기준으로 삼았다고 한다.

5년 동안 초대형 작품을 만들면서 겪은 어려움은 물론 말할 것도 없겠지만, 이들은 만찬에 초대한 여성을 이해하고 그에 합당한 이미지를 선정하는 데도 많은 어려움을 겪었다고 한다. 가령 중세 독일의 수녀이자 시인, 극작가였던 로스비타Hrosvitha의 테이블 접시는 열 번 이상 수정해서 다시 만들었다고 한다. 로스비타의 책을 읽고 얻은 이미지에 근거해서 접시를 만들 때 공동 제작자들 사이에 많은 논쟁이 있었던 것이다. 기금을 마련하고 작업에 적합한 사람을 찾는 것만큼이나 작품의 이미지를 선정하는데 있어서도 이들은 '공동 작업'의 어려움과 논쟁이 유발하는 갈등, 동시에 갈등이 선사하는 긴장과 에너지를 공유했다.

남성의 욕망을 투사한 여성 상투형이 아닌 여성의 욕망에 근거한 여성의 새로운 이미지를 찾다가 시카고와 팀원들은 주로 나비, 꽃, 여성 성기의 형상이 공유하는 이미지에 주목했다. 그러나 초대받은 여성 서른아홉 명을 위해 접시 모양으로 표현된 대담한 성적 이미지에 대한 주류의 평가는 냉정했다. "70년대식 키치"라거나 "그로테스크한 당혹스러움"이라거나 "잔인하고 바로크적이고 진부하다"거나 "예술이 아니라 사회학"이라는 혹독한 비판이 쏟아졌다. 서른아홉 명 가운데 흑인 여성은 한 명밖에 없다는 흑인 여성주의자들의 비판도 있었다. 여성을 이성애자의 관점에서 이해했다며 레즈비언 여성주의자들도 비판했다. 또 이미 남성 작가들이 여성의 성기와 꽃이 중첩되는 이미지를 제작하고 있는 마당에 왜 여성주의자들이 여성 성기에 집중하는가, 결국 여성에 대한 기존 가부장제의 이해 방식을 더 강화시키는 것 아니냐라는 비난도 있었다. 이에 대해 시카고는 "나는 예술가다. 설사 거기에 어떤 정치적 함축이 있었다고 해도 그것은 정치에 대한 것이 아니다. 나는 그것을 예술 작품으로 만들었다"[6]고 대답했다.

이들 '분리주의' 여성주의자들은 남성들의 역사로서의 미술사에 편입되기보다는 여성들로만 이루어진 여성 미술사를 욕망했다. 이들의 성기 도상학圖像學은 1970년대라는 시대적 한계를 고려해서 평가해야 한다. 즉 당시는 바야흐로 여성주의가 하나의 대안적 방법론으로 막 등장한 시기였다. 이들은 이러한 시기에 남성이 아닌 여성의 관점에서 여성의 (긍정적) 이미지를 창조하고 여성 작가로서의 정체성을 긍정하려 했던 것이다. 이후 문학과 예술에서 여성주의는 수많은 여성 작가와 비평가를 통해 '드센' 여성주의자라는 비난과 여성주의자라는 자긍심을 함께 끌어안았다. 그리고 예술계에서 민주주의 담론을 주도해나가게 된다. 1979년 첫 전시를 시작으로 3대륙 6개국의 열여섯 곳에서 전시되면서 대략 1,500만 명이 관람한 것으로 집계된 〈디너파티〉는 2007년 이후 뉴욕 브루클린 미술관에서 상설 전시를 하고 있다.

여성주의 예술가 단체
게릴라걸스

고릴라 가면을 쓴 여성들과 1980년대

고릴라 가면을 쓴 여성들이 1985년 10월 뉴욕 시 맨해튼의 갤러리 밀집 지역인 소호 거리와 이스트빌리지 거리에 포스터를 붙이고 사라졌다. 이들이 바로 '여성 예술가 테러리스트 집단'인 게릴라걸스Guerrilla Girls다. 한바탕 '소동'으로 자신들의 존재를 알린 이래로 이들은 지금까지 거의 30여 년 동안 포스터, 연극, 퍼포먼스, 시위, 이벤트, 강연 등 다양한 실천 방식을 동원해 예술계에 만연한 성차별주의, 인종차별주의와 싸우고 있다. 1998년에 출간된 책《게릴라걸스가 들려주는 잠자리 서양미술사*The Guerrilla Girls' Bedside Companion to the History of Western Art*》에서 이들은 게릴라걸스를 이렇게 정의한다.[1]

> "우리 일단의 여성 예술가들과 전문가들은 차별과 싸운다. 우리는 미술
> 계의 양심이자 로빈 후드, 배트맨, 론 레인저처럼 익명으로 선한 일을

하는 남성 전통의 짝패이다. 우리는 80장이 넘는 포스터, 온갖 다양한 프로젝트와 행동을 통해 미술계와 문화 일반에 만연한 성차별주의와 인종차별주의를 폭로한다. 우리는 우리 각자의 인격보다는 쟁점에 초점을 맞추기 위해 고릴라 가면을 쓴다. 우리는 여성주의자들이 재미있는 사람들이라는 것을 증명하기 위해 유머를 사용한다. 우리의 작업은 자신들 역시 게릴라걸스라고 생각하는 따뜻한 사람들 덕분에 전 세계를 돌아다녔다. 우리는 누구나일 수 있고 우리는 어디든 있다."

게릴라걸스

앞 장에서 살펴본 여성주의자들의 공동 창작 프로젝트였던 〈우먼하우스〉와 〈디너파티〉는 모두 1970년대라는 특수한 역사적 상황에서 제작되었다. 1970년대는 성적, 인종적 소수자들의 목소리가 폭발하듯 터져 나온 시대이다. 즉 백인 남성이 규범적 인간의 위치를 독점했던 근대의 주변부에서, 불완전하고 결함이 있으며 교정이 필요한 인간으로 분류된 여성, 유색인, 퀴어의 삶의 정치적이고 문화적인 (재현에의) 권리를 찾으려는 시대 분위기를 반영한 것이 바로 주디 시카고가 주도한 여성주의 예술 프로젝트였다. 주디 시카고는 남성의 상징이나 이미지로 환원될 수 없는 여성의 차이, 남성이 전유한 여성의 표상을 위반하는 여성 문화의 특수성을 시각 형식으로 제시했다. 1970년대는 차이에 근거한 문화다원주의가 일종의 문화 '규범'인 시대였다.

그러나 1980년대에 미국은 다시 보수화되었고 문화 생산의 헤게모니 역시 백인 남성에게 다시 돌아갔다. 할리우드 영화배우 출신으로 주지사를 거쳐 대통령에 당선된 로널드 레이건은 1981년에서 1989년까지 대통령직을 연임하면서 강력한 보수주의 정책을 펼쳤다. 정치적 보수주의는 문화계에도 스며들어, 1970년대 예술계를 장악한 퍼포먼스, 설치, 영상과 같은 급진적 매체 대신에 회화, 조각 등 근대적 매체가 힘을 갖게 되었다. 따라서 오랫동안 회화와 조각 작품을 '평가'하는 기준이자 규범인 '질quality'이 힘을 발휘하게 되었다. 작품의 '질'을 논하고 작품에 서열을 매기는 비평가들의 힘이 강력해진 것이다. '좋은' 작품을 전시하는 미술관의 힘역시 강력해졌다.

미국의 주식시장은 1980년대 들어 엄청난 호황을 맞이했다. 미술시장 역시 그 여파에 힘입어 엄청난 호황을 맞았다. 천재, 독창성, 진품과같은 '거장master(남성명사)'의 명성에 따라다니는 근대 관념들이 다시 등장했고, 상품처럼 운반이 가능하고 소유할 수 있으며 가격이 매겨지는 작품들이 미술계를 장악했다. 말하자면 1980년대 아트 컬렉터들은 '회화'의 헤게모니를 전복하려 했던, 처음부터 판매를 염두에 두지 않고 생산된 대지미술land art, 퍼포먼스, 개념미술 대신에 벽에 걸 수 있는 회화와 같은 '작품'을 원했다. 1970년대식 다원주의에 대한 반동, 여성이나 유색인과 같은 마이너리티의 정치적 예술에 대한 반격이 일어난 것이다. 이러한 분위기 탓에 '회화의 귀환'을 경축하는 전시와 (남성) 신표현주의자들(가령 데이비드 살르David Salle, 줄리앙 슈나벨Julian Schnabel, 프란체스코 클레멘테Francesco Clemente 등)에 대한 기호 내지 편애가 화단을 독점했다.

이와 같은 상황에서 뉴욕현대미술관(모마)은 1984년 대대적인 리노 베이션 이후의 재개관을 기념하여 〈최근 회화와 조각에 대한 국제 서베이 An International Survey of Recent Painting and Sculpture〉전을 5월부터 8월까지 개최했다. 모마는 엄정한 서베이를 거쳐 동시대 살아 있는 위대한 작가 169명을 선정했다. 전시를 주관한 큐레이터인 키나스톤 맥샤인Kynaston McShine은 "전시에 포함되지 못한 작가들은 그의his 경력을 재고해야 한다"[2]는 논평으로 전시의 권위를 공표했다. 그가 여성 작가 열세 명이 포함된 총 169명의 작가들의 성별을 오직 남성his에 국한한 것은 분명 큰 실수였다. '위대한' 작가는 모두 남성이라는 편견에 근거한 그 남성 큐레이터의 (무)의식에 깊이 박힌 성차별적 발언은 1980년대의 징후라고 볼 수 있다. 역사는 다시 과거로 돌아갔다. 전시 기간 미술관 앞에서는 전시의 성차별주의와 인종차별주의에 항의하는 피켓 시위가 벌어졌다.

게릴라걸스의 등장

게릴라걸스는 공식적으로 1985년에 여성 일곱 명으로 시작되었다. 이들은 모마의 전시에서 자극을 받았고 분노했다. 대체로 고가의 예술 작품을 구매할 수 있는 상층 1퍼센트의 미국인으로 구성된 아트 컬렉터들과, 성·계급·인종을 둘러싼 일상의 차별과 폭력을 미술관 안으로 끌어들이는 '편향된' 작가들 대신 위대한 인간의 보편적이고 초월적인 욕망을 대변하는 작가들에게 우호적인 미술관과, 현실을 넘어선 혹은 현실을 승화시킨 상징 형식에 대한 관객의 욕망이 예술계의 보수화와 결탁하고 공모했기 때문이다. 게릴라걸스는 미술관 '밖'에서, '회화' 밖에서 가부장제 문화 형식으로서의 '예술'과의 지루하고 긴 '전쟁'을 시작한다. 정치적이고 경제적인 이해관계에서 자유로운 백색의 성소聖所인 미술관이 어떻게 현실 정치와 경제에 휘둘리는지를 폭로하고 비판한 것이다. 이른바 이들이 '공공서비스 발표public service announcement'라고 부르는 실천이 시작되었다.

이들은 원본의 유일무이한 아우라를 숭배하는 미술 제도에 대량으로 복제 가능한 포스터로 대응한다. 전통적으로 포스터는 정치적 프로파간다로 자주 사용되었다. 시각적으로 강렬한 선동 이미지와 문구의 결합을 통해 사람들의 의식을 변화하거나 주목을 끌려는 포스터는, 특히 약자들이 자신들의 현실 문제를 공표하는 데 유효한 매체이자 전략이기도 했다. 미술관이 백인 남성들에게 '점령'당한 보수 사회에서 게릴라걸스는 미술관 밖 사람들이 오가는 거리에 포스터를 붙이고 미술관의 정치적 이해관계를 폭로했다. 이러한 '전쟁'을 통해 사람들의 의식을 자극하고 미술관에 변화를 일으킬 수 있기를 희망한 것이다. 모마가 선정한 동시대를 대표하는 작가 가운데 여성 작가가 10퍼센트도 채 안 된다는 사실을 놓고 게릴라걸스는 여성 작가 개개인의 능력 함양(레이건 행정부 시절 미국인들을 세뇌시킨 '성공' 이데올로기의 일환)을 촉구한 것이 아니라, 소수자에게 냉정한 미술관 권력을 비판한 것이다.[3]

게릴라걸스의 첫 번째 포스터는 현존 작가 마흔두 명의 이름을 거론하면서 "다음 예술가들의 공통점은?What Do These Artists Have in Common?"이라고 묻는다. 그리고 포스터 하단에 "이들은 여성 예술가들 가운데 10퍼센트도 안 되는 이들이 전시를 한 화랑에서 전시를 할 수 있었던 이들이다"라고 적었다.[4] 이 포스터는 모마 남성 큐레이터의 (무)의식적인 성차별 발언에 대한 게릴라걸스의 반응이었다. 남성 작가에게 우호적인 갤러리의 관행, '작가'라는 호칭은 수여받았지만 갤러리의 성차별로 인해 전시 기회조차 얻지 못하는 10분의 9에 달하는 여성 작가들의 '비가시성invisibility'을 공론화한 것이다. 게릴라걸스는 전시에 참여한 마흔두 작가를 '남성' 작가로 고쳐 불렀다. 당연한 것들을 지배하는 당연하지 않은 정치적 이해관계를 가시화한 것이다.

여성이 메트로 미술관에 들어가려면 옷을 벗어야 하는가?

게릴라걸스의 포스터 가운데 대중적으로 가장 유명한 것은 신고전주의 '거장' 앵그르의 1814년작 〈오달리스크Grand Odalisque〉를 패러디한 〈여성이 메트로 미술관에 들어가려면 옷을 벗어야 하는가?Do women have to be naked to get into the Met. Museum?〉[5]가 아닐까 싶다. 오달리스크는 술탄의 하렘에 사는 첩을 가리키는 프랑스어이다. 서구인들에게 이슬람 문화는 낯설고 이국적으로, 이슬람 여성은 관능적으로 비춰졌다. 앵그르 외에도 이후 많은 서구 남성 화가들이 오달리스크를 관능적 여성 이미지의 상징으로 즐겨 사용했다. 게릴라걸스는 캔버스에 등장하는 여성 누드를 관음증적으로 관조하는 (남성들의) 회화 관습을 누드모델에 고릴라 가면을 씌움으로써 불편하고 심지어 불쾌하게 만들었다. 게릴라걸스는 남성의 시선에 종속된 수동적인 여성 모델의 자리에 야생 고릴라 가면을 놓음으로써 '시선의 권력'을 교란시킨다. 고릴라 가면을 쓴 여성 모델의 입에서 아나운서처럼 또렷한 말이 아닌,

소음처럼 잡음처럼 짐승처럼 으르렁대고 포효할 것 같은 목소리가 울려 나온다. 우아하고 고상하며 승화된 '걸작masterpiece'이 어떻게 현실 여성의 삶을 은폐하고, 여성에게 종속과 침묵을 강요하는가에 대한 게릴라걸스의 비판으로 인해 중립적인 장소로서의 미술관은 정치적 장소로 변한다. 이들은 우리의 고급한 문화 생산이 은폐하고 있는 성차별주의적인 이데올로기를 전면에 드러내고, 이를 통해 '관조'의 쾌락을 누리려는 관객의 문화적 욕망을 자연에서 막 도착한 고릴라의 야만적이고 거친 이미지로 전복한 것이다.

유머를 사용한 전복, 싸움은 유쾌하게

게릴라걸스는 작가나 비평가 그 외 다양한 활동을 하고 있는 미술계 여성주의자들로 구성되었다. 이들이 실제로 누구인지는 지금껏 알려져 있지 않다. 이들은 인터뷰나 퍼포먼스를 할 때 사망한 여성 예술가들이나 여성 작가들의 이름을 빌려 발언한다. 가령 케테 콜비츠Kathe Kollwitz, 프리다 칼로, 리 크레이스너Lee Krasner, 파울라 모더존-베커Paula Modersohn-Becker, 앨리스 닐Alice Neel, 아나 멘디에타Ana Mendieta, 로자 보뇌르Rosa Bonheur, 앙겔리카 카우프만Angelica Kauffmann처럼, 생전에 정당한 평가를 받지 못했거나 뒤늦게 평가받았거나 여성주의와 무관하게 평가된 작가들의 이름이다. 게릴라걸스는 선대 여성 작가들의 이름을 기억하고 기록하는 실천을 통해 미술사가 배제한 여성들로 이루어진 여성주의 미술사를 가시화하려고 한다. 물론 죽은 작가들의 이름을 사용하는 대신에 GG1(게릴라걸스1)과 같은 이름을 사용하는 멤버도 있다. 이들은 진짜 얼굴과 이름으로 미술계를 비판하는 행위가 갖고 올 '보복'을 최소화하면서, 동시에 특이한 복장이나 외모가 사람들의 이목을 끄는 데 효과적이기에 가면을 계속 쓴다. 프리다 칼로 가면을 쓴 여성은 "우리가 이 가면을 쓰고 있으니 진지하게 받아들여야 할 것이다. 내가 가면을 벗고 페미니스트로서 비판을 제기하면 당신은 들으려 하지 않을 것이다. 대신에 가면을 쓰면 당신은 호기심을 갖게 될 것이고 내가 무슨 말을 하는지 귀를 기울일 것이다"[6]고 말한다.

게릴라걸스는 성차별, 인종차별이 만연한 사회에서 과감히 '쌈닭'이 되길 선택한 여성들이지만, 이들이 자신들의 비판적 대항에서 중요한 무기로 사용하는 것은 유머이다. 이들은 전사이고 이들의 싸움은 진지하지만, 동시에 웃음을 겨냥한다. 이들은 "우리는 진지하기보다 희극적이고 유쾌하다"고 말한다. 게릴라걸스란 이름(과 아이덴티티) 역시 이런 이유에서 만들어졌다. '걸'은 흔히 귀엽고 예쁜 계집애로 마초 남성들이 좋아하는 여성 유형 가운데 하나이다. 여성으로서의 자의식을 갖고 차별에 저항하는 진지한 페미니스트들이 남성 사회에 만연한 여성 상투형 단어를 선택했다는 것은 일견 '정치적으로 공정하지' 않은 것으로 보일 수 있다. 그러나 게릴라걸스는 여성들의 힘을 빼앗고 여성들의 상투적 이미지에 맞춰 여성들을 무력화하려는 남성들의 영향력을 자신들의 정체성(이름)으로 떠안는 능동성, 그러니까 부정적인 단어를 오히려 힘을 강화시키는 용어로 고쳐 사용하는 여유와, 굴복을 의도한 단어를 저항의 원천으로 삼으려는 약자의 전략을 구사하면서 '웃는다'. 유머는 계란으로 바위 치기라는 지는 싸움을 포기하지 않게 하는 힘이다. 약자는 웃음을 통해 강자의 엄격함, 진지함, 위선, 잔인함에 굴복하지 않는 저항을 끈질기게 지속할 수 있다.

1986년 2월 전국미술대학협회College Art Association의 초대를 받고 뉴욕에서 개최된 〈분노 패널Anger Panel〉에 참여한 멤버들은 검은 가죽 재킷과 하이힐, 고릴라 가면을 쓰고 '나는 게릴라 걸이다'란 배지를 청중들에게 나눠준 뒤 자신들은 화가 난 것이 아니라고 주장하는 다음과 같은 내용이 담긴 녹음기를 틀었다.

"나는 게릴라걸이다. 나는 뉴욕 모마의 〈최근 회화와 조각에 대한 국제 서베이〉에 전시된 작품의 작가 169명 가운데 고작 열세 명만이 여성이었다는 것, 피츠버그의 카네기 인터내셔널의 전시 작가 42명 가운데 여성은 네 명에 불과했다는 데 화를 내지 않는다. 나는 이 숫자가 아주 우연한 것이었음을 알고 있다. 의식적이건 무의식적이건 성차별주의는 전혀 존재하지 않는다."[7]

다른 목소리는 이렇게 말했다.

"나는 게릴라걸이다. 나는 미술계는 완벽하고 미술계의 훌륭한 사람들 누구에 대해서도 불평할 생각이 없다. 여성 미술가들은 남성 미술가들이 만든 것의 3분의 1 정도를 해내고 있다. 여기에 무슨 문제가 있겠는가? 화를 낸다면 훌륭하지 않다는 것이다. 나는 감히 화내겠다는 꿈도 꾸지 않는다. 바쁜 시간을 할애해 이런 이야기를 들어주신 여러분에게 감사한다."[8]

청중들은 카세트에서 울려 퍼지는 이런 목소리, 주장에 폭소를 터트리며 환호했다고 한다. 게릴라걸스는 문제가 얼마나 심각한가를 지적하지만, 분노하거나 울분을 토하지는 않는다. 진지한 폭로는 참여자들을 과잉 도덕화하면서 극단적 이분법으로 진영을 나눈다. 차별이 만연한 현실에 분노하면서 정치적 변화를 욕망하는 이들의 진지함은 경직된 교조주의에 갇힐 수 있다. 약자들에게서 우리는 의당 분노, 고통, 좌절을 읽으려 한다. 이것이 '관조'하는 우리에게 연민이나 공감을 일으키는 상투적 이미지들이다. 그러나 게릴라걸스는 차별이 만연한 사회에서 차별에도 불구하고 함께 모여 웃고 떠들고 연대하는 여성주의자 집단의 '다른' 존재 방식을 예시했다.

게릴라걸스 멤버들이 가장 좋아한다는 1988년의 포스터 〈여성 미술가여서 좋은 점The Advantages of Being a Woman Artist〉은 미술계에 종사하는 여성들이라면 의당 경험했을 법한 차별을 압축해서 보여주었다. 그렇기에 성차별적 현실에 대해 정확하게 인식했고, 그럼에도 단지 분노하기보다 웃음을 날리는 약자의 '이중적' 의식을 정확히 대변하고 있다.

여성 미술가여서 좋은 점
성공에 대한 압박 없이 일한다.
남성들과 함께 전시회를 열 필요가 없다.
프리랜서로 동시에 네 가지 일을 하면서 미술계에서 벗어난다.
80살쯤 된 후에나 경력이 알려질 수 있다는 것을 안다.
어떤 예술 작업을 하든 여성적이라는 낙인이 붙을 것임에 안심한다.
종신 교육직을 고수하지 않아도 된다.
다른 사람들의 작업에 당신의 아이디어가 들어가 있는 것을 보게 된다.

THE ADVANTAGES
OF BEING
A WOMAN ARTIST:

Working without the pressure of success
Not having to be in shows with men
Having an escape from the art world in your 4 free-lance jobs
Knowing your career might pick up after you're eighty
Being reassured that whatever kind of art you make it will be labeled feminine
Not being stuck in a tenured teaching position
Seeing your ideas live on in the work of others
Having the opportunity to choose between career and motherhood
Not having to choke on those big cigars or paint in Italian suits
Having more time to work when your mate dumps you for someone younger
Being included in revised versions of art history
Not having to undergo the embarrassment of being called a genius
Getting your picture in the art magazines wearing a gorilla suit

A PUBLIC SERVICE MESSAGE FROM **GUERRILLA GIRLS** CONSCIENCE OF THE ART WORLD

여성 미술가여서 좋은 점

예술가로서의 경력과 어머니 사이에서 선택할 기회가 있다.

큰 시가에 목이 메거나 이태리제 정장을 입고 그리지 않아도 된다.

배우자가 젊은 여자 때문에 당신을 버릴 때 일할 시간을 더 얻는다.

미술사 개정판에 포함된다.

천재라 불리는 당황스러움을 겪지 않아도 된다.

고릴라 정장을 입고 미술 잡지에 그림을 게재한다.

말하자면 차별이 만연한 미술계의 현실을 인정하고 좌절하거나 (남성) 작가로서의 위대함을 성취하려는 길이 있을 수 있다. 또는 고릴라 가면을 쓰고 게릴라걸스가 될 수도 있다. 물론 게릴라걸스는 개인이 아닌 집단이고 집단은 개인이 가질 수 없는 힘을 증명할 수 있다.

바나나 리포트

1987년 동시대 미국 미술로 구성한 휘트니비엔날레Whitney Biennale[9]가 열리고 있을 때 비영리 갤러리인 클락타워Clocktower는 게릴라걸스에게 비엔날레에서 빠진 작가들의 미술 전시를 의뢰했다. 이는 게릴라걸스가 미국 사회에서 가장 큰 관심을 받았던 사건이었다. 게릴라걸스는 자신들이 가장 잘 구사하는 정확한 통계에 근거한 〈바나나 리포트Guerrilla Girls, the Banana Report: the Guerrilla Girls review the Whitney: the Clocktower, April 16 to May 17, 1987: information booklet〉를 작성해서 공개했다. 21페이지 분량의 이 리뷰는 1973년에서 1987년 사이에 여성과 유색인 작가 가운데 휘트니비엔날레 전시에 포함된 비율을 보여준다. 이에 따르면 그동안 전시에 참여한 흑인 여성은 0.3퍼센트 정도로, 거론 자체가 무의미한 숫자였다고 한다. 휘트니비엔날레는 이러한 비판을 받아들였다. 2000년 비엔날레에 참가한 작가 절반이 여성 작가였고 유색인 작가들 수도 대거 증가했다고 한다. 1987년 잡지 《뉴욕매거진New York Magazine》은 게릴라걸스를 현존하는 미술계 4대 권력 가운데 하나로 거론했고, 1996년 《뉴욕타임스The New York Times》는 "갤러리 문이 오랫동안 부인당해온 이들에게 열렸다"[10]란 기사를 게재했다.

게릴라걸스는 2005년 미술계에서 가장 진보적이고 급진적인 전시로 정평이 나 있는 베니스비엔날레에 참여해 110년 베니스비엔날레의 역사가 어떻게 여성을 이해하고 재현하고 배려했는가에 대한 비판적 포스터를 제작했다. 뉴욕의 모마와 런던의 테이트모던Tate Modern은 게릴라걸스의 포스터 작품을 구매했고, 많은 미술관과 갤러리들이 게릴라걸스에게 자신들을 비판해줄 것을 요청한다고 한다. 게릴라걸스를 통해 얻는 '악명'이 결과적으로 미술관의 '명성'에 기여하기 때문이다. 그만큼 게릴라걸스의 영향력이 미술계에서 커진 것이다. 게릴라걸스의 비판에 노출된다는 것은 사람들의 이목을 끈다는 것이고, 이는 결국 미술관을 알리는 데 유효한 전략이 되기도 한다.

　　정확한 통계에 근거한 게릴라걸스의 지속된 비판은 미술계에 많은 변화를 가져왔다. 오늘날 미술계는 성차별이나 인종차별이 크게 줄었다. 이 때문에 '게릴라걸스가 계속 존재해야 할 필요가 있는가, 1980년대에 그

2012년판 오달리스크 패러디 포스터 앞 게릴라걸스

들이 필요했다면 21세기에는 역사의 뒤안길로 사라져야 하는 것 아닌가'
라는 내적 외적 비판이 나왔다. 게릴라걸스는 이렇게 대답한다.

> "2011년 우리의 최신 개표에 따르면 상황은 개선되었다. 그러나 놀라지
> 마시길! 현대미술과 동시대 미술 섹션의 예술가 4퍼센트만이 여성이고,
> 누드의 76퍼센트가 여성이다. 여성 예술가는 더 적어졌고 남성들은 더
> 벗었다. 아직 우리가 가면을 벗을 수 없다는 것을 알아두라!"[11]

'미술계의 양심' 게릴라걸스는 성차별, 인종차별과 같은 처음 시작했을 때
의 당면한 문제 외에도 보수 공화당원들, 가령 조지 부시, 뉴트 깅리치Newt
Gingrich, 패트릭 뷰캐넌과 같은 정치인들을 비판하는 활동도 한다. 걸프전,
낙태권, 홈리스 문제와 같은 사회문제에도 적극 가담하는 이들의 활동은
지금도 계속되고 있다.

17

두리반농성과
자립음악생산조합

이상한 나라의 두리반과 음악가들

2009년 말 홍대 근처 칼국수 식당 두리반에서 장장 531일이 소요될 철거민 농성이 시작되었다. 2009년 12월 26일 밤 식당 주인과 지인 몇몇이 철제 펜스가 둘러쳐진 건물 안으로 잠입해서 2011년 8월 재개발 시행사에 합의를 받아내기까지의 사건이었다. 긴 농성 기간 동안 철거가 예정된 건물 안에서는 이상한 일이 벌어졌다. 철거민 부부, 즉 두리반의 (여)주인인 안종녀와 그녀의 남편이자 소설가인 유채림의 불법 시위에 홍대 인디 뮤지션들이 합세하면서 농성장이 공연장으로 바뀐 것이다. 곧 다양한 문화 행사가 요일별로 진행되자, 두리반은 농성장을 지나가던 행인들도 놀러오는 '참새의 방앗간'이 되었다. 무료 공연장이 생긴 인디 뮤지션들의 음악은 일취월장했다. 유채림도 '조악한' 펑크 밴드의 드러머가 되었다. 약자의

*   2014년 《한국미학회지》 80권에 게재한 논문인 〈차이의 코뮌, 감각의 연대: 두리반농성과 자립음악생산조합의 경우〉를 수정, 보완했다.

분노와 진지한 대의 대신에 경박하고 가벼운 놀이, 비일상적 감각의 교류가 장소를 채웠다. 두리반에 함께 모인 뮤지션들을 중심으로 자립음악생산조합이라는 조직이 결성되었고, 대형 기획사의 수직적 구조에 잠식당한 기존 음악 생산 방식과는 다른 수평적 협동에 기초한 음악 생산 방식이 출현하게 되었다.

이제 이 책의 마지막에 놓인, 서울 한복판에서 벌어진 이상한 문화운동으로서 두리반 농성장을 답사해보자. 앞 장까지의 문화운동에서는 공동의 의제와 문제를 공유한 사람들이 있었고, 이들을 '타자화'하는 '중심/내부'가 존재했다. 그러나 두리반 농성은 그렇지 않았다. 두리반은 '우리'를 묶어주는 '공통성'이 없었다. 계급도 세대도 태도도 다른 이들이 함께 모였다. 단 '홍대 앞'이라는 장소 특정성이 이들을 '우리'로 만들었다. 환상은 골방에 있는 한 사람의 머릿속에서만으로도 충분할 테지만, 이미 벌어진 사건은 전에 한 번도 만난, 만날 일이 없었던 거기의 '너'와 여기의 '나'가 '우리'임을 증명한다. 그곳이 홍대 앞이 아니었다면, 농성장이 두리반이 아니었다면, 코뮌에 대한 상상력은 지금보다 조금 좁았을 것 같다. 두리반의 코뮌은 조금 많이 이상했고…, 이제 우리는 웃으면서 싸운 이들에 대해 더 많이 알게 되었다.

마포구 동교동 167번지

두리반

작은 상가들이 옹기종기 모여 있던 마포구 동교동 167번지는 2006년 3월

©박김형준   두리반

16일 마포구청에 의해 공항철도공사를 위한 '지구단위계획구역'으로 지정
된다. GS건설은 유령회사인 남전DNC를 내세워 2007년부터 이 일대를
매입했다. 평당 800만 원 하던 땅을 많게는 8,000만 원에 건물주들로부
터 사들이면서 남전DNC는 '합법적으로' 세입자들을 내쫓았다. 상가 임대
차 기간은 최소 5년간 보장받는다. 그러나 상가건물 임대차보호법 제10조
의 예외 규정인 7항 '재개발, 재건축일 경우엔 예외'를 놓고 다툼이 벌어졌
다. 세입자들은 '임대인이 계약갱신을 정당한 사유 없이 거절하지 못한다'
는 제10조를, 개발자들은 그 단서조항인 7항을 법적 근거로 삼아 첨예하
게 대립했다. 그런데 국가-법은 개발자 편이었다. 게다가 지구단위계획구
역은 '용산참사' 이후 개정된 도시 및 주거환경정비법의 보호도 받을 수 없

었다. 동교동 167번지 일대는 공영재개발지역이 아니라 민간이 주도하는 지구단위계획구역이었기에 세입자 보상이 법적으로 강요되지 않았다.

2005년 3월 문을 연 칼국수집 두리반을 포함해 일대 열한 세대 세입자들은 명도소송 재판에서 1심과 항소심 모두 패한다. 이사 비용 정도의 보상금이 이들에게 주어진 전부였다. 보상금 300만 원만 받고 권리금 1억 2,000만 원을 포기할 수 없었던 두리반은 영업을 계속했다. 그러자 2009년 12월 24일 계고장도 없이 남전DNC가 고용한 용역 30여 명이 급습했다. 용역들은 식당을 철제 펜스로 둘러치고 강제로 철거하기 시작했다. 그러나 26일 새벽 절단기로 철판을 뜯고 두리반에 진입한 주인과 몇몇 지인들은 이후 531일에 걸친 긴 농성에 들어갔다. 골리앗과의 싸움이 시작된 것이다. 유채림이 소속된 민주동문회에서 최초로 농성을 제안한 뒤, 역시 그가 소속된 인천작가회의 이사들이 농성에 합류했다. 곧 언론을 통해 '문제'가 알려지자 사람들이 이 사건에 관심을 보이게 된다. 2010년 1월 11일부터는 인디밴드들이 두리반 건물에서 공연하기 시작했다. 노동절인 5월 1일 낮 12시부터 다음 날 새벽 3시까지의 '51+'는 60팀이 넘는 밴드와 관객 3,000여 명이 참여해 대성황을 이룬다. 길고 지루하며 불안한 소요는 마침내 2011년 8월에 끝난다. 두리반이 시행사인 남전DNC와 '이주대책 및 민형사상 분쟁의 처리' 그리고 '합의에 대한 위약별 사항'에 합의한 것이다.

두리반의 협상 타결은 전무후무한 사건으로 회자된다. 두리반은 "문화적인 일종의 상징이 되면서 건설회사 쪽이나 정부 쪽에서도 어떻게 함부로 (하지) 못하는 그런 상황이"[1] 되었다. 두리반은, 2009년 1월 20일 농성하던 철거민 다섯 명이 불에 타 숨졌고 경찰관 한 명이 사망했으며 스무 명이 다친 용산참사 뒤에 일어난 철거민 농성이었다. 이 때문에 과잉 진압에 대한 세간의 분노와 여론 악화로 공권력의 개입이 쉽지 않았다.[2] 또한 농성장에 상주했거나 출입한 일반인이 너무 많았다.

자립음악생산조합과 뉴타운컬쳐파티51+

'홍대 문화'는 일종의 고유명사이다. 1990년대 중후반 라이브클럽과 인디 음악가가 홍대 앞으로 집결하면서 형성된 홍대 문화는 언더그라운드 음악이나 실험적 음악들의 산실이라고 할 수 있다. 그러나 2000년대에 들어서자 급등한 지역 주거비와 월세 등으로 많은 영세한 클럽이 상수동, 문래동 등으로 이동하게 된다. 홍대 앞 상권 형성의 직접적인 동인이었던 예술가들과 영세 클럽들이 홍대 근처에서 밖으로 밀려난 것이다. 또 지하철 홍대입구역 주변에 위치했지만 통행자가 별로 많지 않았기에 예술가들이 다양한 실험적 공연을 할 수 있었던 서교지하보도는 마포구청의 정책으로 매립되어 사라졌다. 이런 측면에서 더 상업화, 자본화되고 있는 홍대 앞에서 일어난 두리반 문제에 인디 음악가들이 관심을 갖게 된 것은 당연한 일이었다. 이들은 자신들의 놀이터이자 일터인 홍대 문화의 '정체성'이 사라지고 있음에 위기감을 느꼈다. 그러던 차에 홍대 근처 상가 세입자의 농성 소식이 이들에게 들려온 것이다. 뉴타운컬쳐파티51+를 기획한 음악가이자 인디 레이블 헬리콥터의 대표인 박다함은 이렇게 말한다.

"그 전부터도 많이 봐오긴 했죠. 예를 들면 시어터제로(유시어터)도 없어졌고. 추상미 씨 아버지가 운용하던 떼아트르추도 홍대에서 닫히고. 결국 그런 공간들이 사라지는 것에 대해서 잘은 알지 못하지만 어쨌든 사라지고 있는 거잖아요. 딱히 자본의 잠식 이렇게 말하지 않아도 계속 사라지는 거죠."[3]

줄곧 홍대 근처에서 살면서 공연도 하던 한받은 두리반 농성에 주변 음악가들이 동참할 것을 권유했다. 그는 지금도 홍대 앞 동네를 터전으로 '구루마'에 앨범과 책을 싣고 돌아다니며 판매를 한다. 그에게 두리반 농성 소식은 곧 동네 사람이 아주 나쁜 상황에 처해 있다는 소식이기도 했다.

"뭔가 지쳐가고 있었어요. 그리고 사회적으로도 분위기가 너무 안 좋고. 대통령이 바뀌면서 용산참사나 이런 것들. 제가 거기 직접 가서 활동한 것은 아니지만, 미디어를 통해서 보면 너무나 참담. 그게 문제라는 걸 인식하고 있었고요. 그런 게 우리가 사는 이 동네(홍대 지역), 이 동네에서 비슷한 일이 벌어진다는 것이 좀 못마땅했죠."[4]

박다함, 단편선, 한받 등 평소 음악 성향은 다르지만[5] 예술가로서 같은 문제와 관심을 공유하고 있던 이들이 먼저 일어났다. 이들을 시작으로 음악가들이 두리반에 합류하여 2010년 2월부터 두리반 자립음악회를 주 1회 정기적으로 열게 된다. 음악가들은 연초에 '자립음악생산조합'이란 조직을 결성하고, 노동절인 5월 1일에 두리반에서 '51+'라는 공연을 열자는 생각을 구체화한다. 트위터나 페이스북 같은 SNS를 통해 소식을 접한 인디 음악가들과 관객들에 의해 공연 소식은 급속히 퍼져 나갔다. 공연 1주일 전 자립음악생산조합은 다음과 같은 선언문을 발표한다.

1. 우리는 두리반과 GS건설의 정당한 재협상을 원한다.
2. 우리는 인간 없는 건설자본, 사람 없는 투기자본, 영혼 없는 탐욕자본이 홍대 앞을 잠식해오는 것에 반대하고 저항한다.
3. 우리는 힘을 합쳐 (연대하여) 두리반을 응원함으로써 이 땅의 자립음악가들(그리고 자립예술가들)과 지역 공동체들이 하나로 뭉쳤을 때 사회적 의미를 생산해낼 수 있음을 증명한다.
4. 우리는 궁극적으로는 두리반이 승리하기를 바란다. 자립음악가들이 직접적으로 승리를 이끌어내지 못할지도 모른다. 그러나 최소한 승리의 조건들은 만들어낼 수 있다. 왜냐하면 **우리에게는 기타와 북과 목소리와 열정이 있기 때문이다. 두리반을 시끄럽고 재미있게 만들자.** 지나가는 사람들의 발걸음을 멈춰 세우자. 이러한 우리의 공연이 작게나마 승리의 조건들을 만드는 데 일조할 수 있을 것이다.[6] (강조는 필자)

5월 1일 정오부터 다음 날 새벽 3시까지의 공연을 앞두고 당초 조직은 밴드 51팀과 관객 300여 명 정도가 모일 것으로 예상했다. 그런데 밴드 65팀과 관객 3,000여 명이 참여하는 예상치 못한 성공을 거뒀다. 이러한 일시적 연대를 기반으로 자본에서 자유로운 음악 활동을 해보자는 취지로 자립음악생산조합이 결성되어 현재 회원 200여 명을 두고 운영하고 있다.[7]

농성장과 축제로서의 코뮌

두리반 농성은 '따따부따 졸리나'란 별명의 칼국수 식당 두리반의 주인 안

안종녀, 유채림   ©동네사진가

종녀가 "난 이제 죽었어"라고 말하면서 없어진 식당으로 들어갈 때 시작
되었다. 하지만 농성의 큰 얼개는 '남편 철거민' 유채림이 구성했다. 안종
녀는 철거민연합회 회원으로 다른 철거민 투쟁에 품앗이하러 가거나 전기
를 끊은 마포구청에서 일주일간 항의 농성을 하는 식으로 세입자-철거민
의 싸움을 지속했다. 그러나 두리반은 철거민들의 품앗이 대신에 예술가
들과 문화활동가들의 연대를 통해 농성을 이어갔다. 안종녀는 곧 자기 문
제이기도 한 철거민 시위에 참여하느라 바빴다. 그녀는 두리반 농성 내내
벌어진 크고 작은 싸움의 최전방에 선 행동 대원이었다. 대신에 두리반 농
성의 형식은 소설가인 남편에게 '일임'되었다. 유채림은 '작가의 방식'으로
농성 일지를 쓰고 각종 매체에 글을 기고하면서 시민에게 지지를 호소했
다. 신문과 대중매체를 통해 홍대 근처의 식당에서 농성이 시작되고 있다

는 소식을 접한 문화활동가들, SNS를 통해 자신들이 좋아하는 음악이 상존하는 곳이 있다는 것을 알게 된 예술가들이나 관객들이 두리반으로 모여들었다. 문학회, 영상제, 음악 공연, 문화 강연 등 다양한 프로그램이 두리반을 채우게 된다. 생산과 노동에 매진하는 혹은 매몰된 부류가 아닌 한가하고 '잉여짓'을 일삼는 이들이 속속들이 두리반으로 모여들었다. '쓸모없는 공간'에 '쓸모없는 사람들'이 들어와 새로운 미적 형식을 일상적 행위로서 집어넣은 것이다.

    요일에 따라 두리반의 문화 형식이 차별화되었다. 월요일에는 클래식이 주를 이루는 하늘지붕음악회가, 화요일에는 다큐 공동체 푸른영상의 영상 상영이, 수요일에는 불킨낭독회[8]가, 목요일에는 촛불예배, 금요일에는 칼국수음악회, 토요일에는 사막의 우물 두리반 공연이, 일요일에는 영어 모임이나 사진 강좌, 심지어 그리스비극 읽기 모임 등이 열렸다. 〈사막의 우물〉이란 소식지도 발간했다. 불킨낭독회에서는 기성 작가와 일반인 누구나 문학작품을 읽고 직접 창작품을 발표했다. 금요일 칼국수음악회는 진지하고 무거운 민중가요가, 토요일 사막의 우물 두리반은 거칠고 시끄럽고 사소한 감각을 찬양하는 인디 음악이 구성했다. 그러나 장르와 요일의 차이도 모호하게 뒤섞여갔다.

"칼국수음악회는 같은 뮤지션이 출연해도 달랐다. 사막의 우물 두리반 공연에서 공연할 때는 그렇게 격렬하다가도 칼국수음악회에서 공연할 때는 차분했다. 구텐버즈, 꿈에 카메라를 가져올걸의 공연이 좋은 예였다. 사막의 우물 두리반에서 구텐버즈나 꿈에 카메라를 가져올걸의 공연은 저절로 몸을 흔들도록 하는 풀밴드였다. 그러나 칼국수음악회에선

두리반상회   ©박김형준

구텐버즈의 보컬이 '나는 모호'라는 이름으로 솔로 공연을 했고 꿈에 카
메라를 가져올걸도 이재웅 혼자서 하는 공연일 때가 많았다. 관객들도
앉은 채로 박수나 쳐주는 분위기였다. 당연히 관객들의 성향도 달랐다.
사막의 우물 두리반은 그냥 음악이 좋은 데다 특정한 밴드의 공연을 보
기 위해 찾아오는 펑크족이 많았다. 칼국수음악회는 두리반과 함께한다
는 연대의 의미가 강했다. 칼국수음악회에선 어떤 뮤지션이 출연하느냐
가 별로 중요하지 않았다. 나이층도 다양해 검은 머리와 파뿌리가 뒤섞
여 있었다. 물론 몇 달이 지나지 않아 그 같은 구분도 모호해졌다. 칼국
수음악회가 사막의 우물 같아졌고 사막의 우물이 칼국수음악회 같아졌
다. 공연 때마다 몸을 흔드는 건 기본이 돼버렸다. 뮤지션은 노래하면서
눌려 있는 것을 풀었고 관객은 슬램과 모싱을 하면서 미치게 하는 것들
을 풀었다."⁹

사람들이 두리반에 모인 것은 거기에 농성이 있고 그 사건이 마땅히 분노해야 할 의제로 간주되었기 때문만은 아니었다. 농성장에는 철거민이, 공연장에는 관객이 있어야 하는 적합성의 원리가 두리반에는 없었다. 심지어 가수와 관객, 작가와 청자, 어른과 청년처럼 어떤 위계 서열이 내포된 수직적 관계도 없었다. 또 두리반상회는 지나가는 행인에게도 개방되었다. 여러 사람이 둘러앉아 먹을 수 있는 크고 둥근 상을 뜻하는 '두리반'은 곧 두리반에서 열리는 반상회의 모습, 공동체의 모습이었다.

"두리반상회는 존재감을 확인시켜주는 장이다. 두리반상회는 회의가 목적이라기보다는 관계를 끈끈하게 맺어주는 면이 강하다. 그러니 숨겨서도 안 되고 거짓말을 해서도 안 된다. 다 터놓고 얘기하는 자리다. 처음 발길하는 사람조차 편한 마음으로 한마디 거들 만큼 분위기도 좋다. 반상회가 끝나면 빙 둘러앉아 술까지 마신다. 서서히 달아오르면 너도나도 기타를 들고 노래한다. 젬베가 끼어들고 우쿨렐레가 끼어든다. 전국 에어밴드 경연대회에서 최우수상을 받은 주플린이 빗자루를 마이크 삼아 하수구 구멍처럼 입을 벌리고 몸을 흔들어댄다. 주플린은 모창도 탁월하지만 몸짓 흉내도 으뜸이다. 최우수상은 괜히 받나! 대원군은 젬베를 치면서 꽥꽥 거리고 괭이는 노래하고 병주는 팔짝팔짝 뛴다. 반상회를 중심으로 정감독이 촬영했다면 류수사는 노는 거 중심으로 촬영한다. 한 잔 두 잔 마셔가면서 촬영하다 보니 류수사는 어느새 다큐멘터리 감독이 아니라 꽐라멘터리가 된다. 그래도 류수사의 카메라는 여러 사람의 손을 거치면서 본래의 기능을 잃지 않는다. 대원군이 찍다가 공기가 찍다가 조은이가 찍다가 심지어 나도 찍는다."[10]

문제를 해결하는 회의가 아닌 서로를 확인하고 친밀감을 유지하려는 놀이터가 두리반상회장이었다. 감독과 일반인이 카메라를 공유했고, 관객과 음악가가 악기를 공유했다. 두리반은 서열, 권위, 엄숙함이 없는 장소였다. 그곳에서 사람들은 누구나 예술가로서 함께했다.

두리반의 특이성은 사람들이 모여서 함께 무엇인가를 해야 한다는 강박에서 자유로웠다는 것이다. 전기를 끊은 마포구청에 항의 농성을 한 뒤에도 전기 문제가 해결되지 않았지만, 36도를 오르내리는 한여름 지독한 더위에도 사람들은 바람이 통하지 않는 두리반으로 모여들어 함께 읽고 듣고 놀고 춤췄다. 마치 불빛을 향해 모여든 날벌레들의 날갯짓처럼, 아니 날갯짓을 생존의 형식이 아닌 춤으로 만든 인가의 불빛처럼, 두리반 사람들은 겨우 발광하는 촛불이나 전등불 밑에 모여앉아 웃고 떠들고 노래했다. 386세대인 유채림은 뉴타운컬쳐파티51+를 홍보하러 가던 날 음악가들의 풍경을 다음과 같이 낯설고 매력적인 모습으로 기록했다.

"한받은 제일 먼저 일어나 기타를 멨다. 단편선이 우쿨렐레를 메고 따라 일어나자 박다함은 드럼 세트에서 뜯어낸 스네어를 들었다. 토리는 카메라를 들었고 스태프들은 낮에 써놓은 피켓을 들었다. 조약골과 괭이는 아무것도 들지 않았다. 그냥 몸으로 뛰겠다는 거였다. 그들은 홍대 앞을 지나 프리마켓이 열리는 놀이터를 지나 365번지까지 한 바퀴 돌고 나서 돌아올 거라고 했다. 그들은 소풍을 가듯 재잘거렸다. 단편선이 우쿨렐레 반주로 〈인터내셔널가〉를 선창하자 그들은 이내 그걸 따라 불렀다.

깨어라 노동자의 군대! 굴레를 벗어던져라!

정의는 분화구의 불길처럼 힘차게 타온다!

두리반 마지막 음악회에서

대지의 저주받은 땅에 새 세계를 펼칠 때!

어떠한 쇠사슬도 우리를 막지 못해!

그들은 거리로 사라져갔다. 비장한 각오가 아니면 거리로 나설 수 없던 나의 세대들에게 그들의 모습은 아주 낯설지만 아주 놀라운 풍경이었다. 나는 점점 그들에게 빠져들 것만 같았다."[11]

노래를 들으러 왔다가 그곳이 농성장이라는 것을 발견한 이들이나 노래를 하러 왔다가 그곳이 농성장이라는 것을 알게 된 이들이나 모두들 가볍고 무심했다. 그들은 재미에 충실했다.[12] 음악가들에게는 공연장이 생긴 것이고 농성자들에게는 지원 세력이 생긴 것이었다. 하나의 장소, 시간이었지만 그곳에서는 서로 다른 것들이 환원 불가능한 차이 속에서 동시에 존재했다.

17. 두리반농성과 자립음악생산조합   329

두리반은 기존의 집단 운동으로 설명되지 않는다. 거기에는 철거민 한 명과 철거민의 일부(남편으로서)이지만 작가로서의 싸움을 선택한 남자, 그리고 각자의 음악 스타일만큼이나 서로의 차이를 존중하는 음악가들, 청소년 활동가들, 익명의 관객들이 함께 있었을 뿐이다.

철거민 부부의 길고 지루한 농성에 인디 음악가들은 늘 함께했다. 이들은 뚜렷한 직장, 소속이 없는, 그렇기에 어디든 갈 수 있고 어디서나 놀 수 있는 한가한 사람들이다. 두리반은 그들에게 공연장을 제공했고, 클럽 공연이 그랬듯이 소수의 관객(음악가들이나 예술가들이 대부분인)만으로도 이들은 만족했다. 531일의 긴 시간을 채운 것은 공연과 강연, 토론 같은 문화 형식이었다. 그동안 안종녀는 두리반 농성 전의 평범한 여자에서 투사로 변해갔고, 유채림은 진지하고 소심한 작가에서 잘 노는 펑크족 청년으로 변해갔으며, 인디 음악가들은 좀 더 집단적이고 정치적으로 바뀌어갔다. 일관된 정체성이 아니라 우연한 상황이 한 사람의 행동과 사유, 감각을 조직화하는 토대라면, 본질이 아닌 상황이 정체성일 수 있다면, 농성장에서 가담자들의 정체성은 조금씩 어긋나 있었고 좀 더 젊은 쪽으로 다가가고 있었다고 말할 수 있다. 철거 반대 농성과 음악 축제 사이, 진지함과 가벼움 사이, 공통성과 이질성 사이에서 두리반은 어떤 하나의 정의나 규범으로 환원될 수 없는 사건, 퍼포먼스로서의 삶을 출현시켰다.

안종녀, 주부에서 투사로

농성장은 불법의 시위로 시민의 안전과 일상을 위협하는 비체非體, abjects들의 장소로 묘사된다. 가령 철거민들을 두고 다음과 같은 이야기들이 오갔다. '철거민들은 불법 시위를 일삼은 위험한 세력이고, 합법적 절차에 의한 해결을 거부하는 이익집단일 뿐이다. 철거민들은 국민이나 시민으로 호명되길 거부한 인구이다. 이들의 폭력은 경찰, 경찰보다 더 막강한 용역들이 상대해야 할 만큼 악질적이다.' 이 '더러운 이익집단'의 폭력을 해결하기 위해 그보다 더 폭력적인 집단이 등장한다. 보통 철거민들은 가장 위험하고 폭력적인 상황에 맞서고자 인분과 생선 썩힌 물을 준비한다고 한다. 그러나 일반인이 몸을 사릴 그런 '무기'는 용역들 앞에서 무력하다.

> "곰삭힌 물을 뿌리면 용역들이 기겁을 한대. 일당 10만 원짜리 용역들은 뒤도 안 돌아보고 줄행랑치고 일당 30만 원짜리 용역들은 피하면서 다가오고 일당 50만 원짜리 용역들은 똥물이 얼굴에 닿으면 그걸 핥으면서 전진한대."[13]

두리반에 투입된 용역 업체인 삼오진은 왕십리 뉴타운과 사당동 정금마을을 깨끗하게 정리한 '유능한' 업체였다.

안종녀는 결혼 전 서점에서 일했고, 다자이 오사무だざいおさむ, 장폴 사르트르, 이성복, 이인성 같은 "바깥 사회에 대한 관심보다는 한 개인의 내면에 대한 관심"을 피력한 작가를 좋아했다. 그녀는 가난한 소설가와 결혼한 뒤 옷수선집, 사우나 매점, 찜질방 식당 등을 운영하면서 생계를 책임졌다. 두리반을 열기 위해 그때까지 번 돈 8,000만 원, 은행 대출 및 사채를 합해서 시설투자비 1억 3,000만 원과 보증금 1,300만 원을 썼다. 용산을 떠올릴 때 엄습하는 두려움과 공포 탓인지 다른 세입자들이 모두 몇 백

에도 못 미치는 보상비만 받고 떠났을 때 그녀는 머물렀다. "이전의 삶을 이어갈 수 있게 해달라며" 합법적인 해결을 거부한 채 농성을 벌인 그녀는 2009년 12월 24일까지는 그저 가족을 위해 조금 더 근면하고 부지런한 범부였다. 그러나 계고장 하나 없이 갑자기 들이닥친 용역들이 '불법' 시위자들의 인권이나 인간 존엄을 짓밟는 패악을 자행했을 때 조용하고 소극적인 여자는 죽음을 통과했다.

> "저녁 장사를 위해 빚어놓은 만두와 보쌈 고기, 칼국수 면발을 아무렇게나 흩뿌렸다. 그 흩뿌려진 바닥 위로 패대기쳐진 졸리나가(안종녀의 별명) 네놈들도 인간이냐고 절규하자 철거 용역들은 말했다. '밤길이나 조심해 이년아!'"[14]

여자들만 있던 칼국수집에 들어온 떼거리의 남자들은 여자들이 제일 무서워하는 협박을 남기고 떠났다. 그녀는 용역들이 자신이 아끼는 가구를 끌어내는 방식에서 분노했다. 안종녀에게 가구는 버리고 새로 살 수 있는 한낱 물건이 아니라 자신의 일부, 어쩌면 자신이었다. 그것은 사소하고 예민하고 구체적인, 살림을 꾸리는 이의 '여성적', 그러므로 삶의 태도를 통째로 바꾼 분노였다.

> "한 30명 정도. 우리 물건을 제대로 상자에 넣지도 않고 마구잡이로 자루에다 넣어서 들어냈어요. 내가 너무나 아꼈던 나무 테이블이었는데, 테이블 위에다 또 다른 테이블을 얹고 아무렇게나 직직 긁으면서 차에다 싣는 모습들을 봤어요. 끝으로 저를 내쫓았죠."

뒤늦게 소식을 듣고 뛰어온 남편은 그녀에게 "소설 써서 돈 벌어갖고 쪼그 맣고 이쁜 가게 내줄게, 하지 말자, 하지 말자"라며 포기를 종용했지만, 안 종녀는 두리반에 둘러쳐진 펜스 앞에서 여섯 시간을 통곡하다가 "'다 잊 자, 그냥 집으로 가자'라는 남편의 말에 '나 없는 걸로 쳐. 회사 잘 다니면 서 애들 뒷바라지 잘해 난 죽었어' 넋이 나간 목소리로 대답했다".[15] 그러 고는 두리반으로 펜스를 뜯고 들어가서 불법 시위를 시작한다.

> "아이들이 제대로 공불할 수 있겠어요? 그걸 뻔히 알면서 이 길을 택하 진 않을 거예요. 하지만 어제까지 내가 장사를 했던 내 가겐데 이렇게 쫓겨나다니, 도저히 용납을 할 수가 없는 거예요. 숨이 안 쉬어지는 거 예요. 내가, 숨이, 가슴이 꽉 막혀가지고 아주 죽을 것 같더라고요. 만약 그때 겁나고 두려워서 결국 (가게를) 포기했다면, 아마 집에서 가슴 치 며 살다 죽었을 거예요."[16]

소설을 좋아했고 가난한 소설가의 아내로 생계를 책임졌던 여자는 용역 업체의 폭력에 거꾸로 반응한다. 대체로 폭력은 상대를 무력화하는 데 효 과적이다. 그리고/그러나 어떤 자들은 그것을 기회로 자신의 힘을 불러낸 다. 안종녀는 자신은 이제 죽은 사람이라고, 없는 사람이라고 말하면서 폐 허로 들어간다. 죽은 자, 살려는 의지마저 놓아버린 비체, 인간성을 짓밟 히고 무력화되었어야 할 약하고 작은 여자는 비장소非場所, 이제는 없는 식 당으로 들어간다. 그리고 지금껏 써지지 않은 이야기, 역사를 쓰도록 만든 다. 안종녀는 회유나 협박에 굴하지 않고 오직 자신의 처음 욕망을 끝까지 밀고 나갔다. 두리반을 계속 열 수 있게 해달라는 요구를 안종녀는 포기하지 않았다. 안종녀의 이야기는 대단한 것이 아닐 것이다. 아무것도 아니었던 여자의 이야기라는 점에서 평범한 이야기이고 누구나 할 수 있는 행동은 아니라는 점에서 특별한 이야기이다. 그렇지만 다음과 같은 모든 예민한 사람들의 문장을 경유하면 누구나 공감할 수 있는 이야기이기도 하다.

> "나라를 기업 경영처럼 하는 천박함에 치가 떨려요. 거지든 가난한 사람이든 기본적으로 인간이 누려야 할 권리가 있는 건데 돈 있는 사람, 능력 있는 사람 위주로 살게 해주고 그렇지 않은 사람은 기본적인 권리에서도 제외시키는 천박함에 치가 떨리죠."[17]

유채림, 작가에서 펑크족 청년으로

몇 권의 소설을 냈고 '인천작가회의' 회장이란 직함을 갖고 아카데미하우스 출판부 책임자로 재직했던 유채림은, 아내 안종녀가 사생결단으로 시위를 시작했을 무렵 자신이 얼마나 소심하고 창피했는지를 고백한다. "저는 겁이 많이 났고, 사실은 철거민이 되어서 농성한다는 것이 무지무지 챙피했어요."[18] '철거민'이라는 이름 안으로 들어가는 데 남편 유채림은 시간이 걸렸다. 작가에서 철거민으로 추락한 현실을 인정하지 못한, 그러나 아내를 설득하지도 못한 남편은, 농성에 함께 가담해준 작가들, 청년들 사이에서 '남편 철거민'을 넘어서 펑크 뮤지션이 된다. 유채림은 '작가의 방식'으로 싸우길 선택하면서 철거민과 작가 사이에서 타협점을 발견했다. 그는 직장에 사직서를 내고 농성장에서 농성 일지를 쓰기 시작한다. 또 여러 매체에 농성 관련 기고문을 보내면서 531일의 긴 시간 동안 작가로서의 기존 정체성을 바꾸게 된다. 심지어 정치에 대한 정의 자체를 바꾼다.

"제가 정치적으로는 나름대로 진보성을 띠고 있다고 생각했는데, 문화적으로는 더없이 보수적인 사람이었어요. 두리반 농성하면서 젊은 친구들과 함께 음악 듣고 다큐멘터리 상영회 때마다 영화를 보고 토론회 이런 것도 하고 그런 과정에서 제 스스로도 반성도 많이 하고 많이 깨졌지요."[19]

여느 일반인들처럼 유채림 역시 인디 음악에 대해 편견이 있었다.

"바야흐로 말로만 듣던 홍대 앞 인디밴드들과의 만남이 시작되었지만 그에 대한 특별한 감흥도 없었다. 내가 너무 무식했기 때문이다. 인디뮤지션은 아직 뜨지 않은 게 다라고 단정했다. 내가 그들을 모르는 이유도 그들이 아직 뜨지 않았기 때문이라고 치부했다. 그러나 그들은 뜨지 않은 음악을 했다. 맞춤형 음악이 아니라 내가 좋아서 하는 음악을 고수했다."[20]

그리고 그는 인디 음악가들이 제일 문제라고 생각하는 386 꼰대의 가면을 벗어버리고 이십 대 펑크족이 된다. 《매력만점 철거농성장》은 농성 일지이면서, 동시에 그가 기존에 써왔던 진지하고 무거운 글쓰기와는 다른 글쓰기를 실천하려는 고백이기도 하다. 유채림은 청년들의 솔직하고 포효하는 현장을 이렇게 번역한다.

"출구 없는 꽉 막힌 세계에서 무얼 해야 의미를 찾을까. 기득권자들과
의 소통은 끝났다. 차라리 무의미를 극대화해 웃음을 만들고 야유를 보
낸다. 그들의 노래는 그렇게 나왔다. 고추가 빨딱 서기도 하는 나는 아
침 팬티에 식은 정액 자국 같기도 하다. 삼팔육 개새끼들 뭘 또 설명하
려고, 사상이 무슨 개소주야, 니네가 뭘했어, 결국 시급 알바 삼천 팔백
원이라고 외친다. 우리들의 밤은 당신들의 낮보다 아름답다. 씨발 아름
답다, 왜냐면 우린 로큰롤이 있으니 아름답다, 씨발 아름답다, 그저께는
보컬 놈이 내 여자를 추행했네 아름답다, 씨발 아름답다고 냉소를 보낸
다. 그런가 하면 공중파 방송이 요구하는 시간의 엄격성도 훌쩍 뛰어넘
는다. '머무스룸'의 연주곡은 10분을 넘는 게 보통이다. '밤섬해적단'은
10초밖에 안 되는 〈솜방망이〉를 부르기도 했다."[21]

인디 음악가들의 목소리를 공중파에서 들을 기회는 극히 드물다. 할 말 못
할 말 다하는 인디 음악가들을 공중파는 감당하지 못한다. 유채림은 이들
의 음악을 있는 그대로 즐기게 된다.

"사막의 우물 두리반은 다분히 하드코어에 가까웠고 공연 때마다 번번
이 광기가 흘렀다. 밤섬해적단이나 반란, 서교그룹사운드, 비셔스너드,
더 문, 스카삭스 같은 밴드의 공연 때는 총알이 빗발치는 전쟁터를 방불
했다. 나 역시 마리화나를 열 개비나 빨아들인 것처럼 흥분했다. 헤드뱅
잉을 한답시고 머리를 팽글팽글 돌리다가 뒤로 자빠지는 경우도 있었

다. 허공에 대고 주먹질과 발길질 같은 모싱을 하다가 허리가 삐긋한 적
도 있었다. 그런데도 밴드의 보컬은 '월 오브 데스Wall of Death!'하면서 더
뜨거운 광란의 몸짓을 촉구했다. 갑자기 원이 만들어지면서 닭 벼슬처
럼 머리를 세운 모히칸족들이 몸을 사리지 않고 슬램을 시도한다. 나는
물러서지 않고 맞붙었다가 몇 번이나 휘청거리고는 했다. 놀다가 골병
드니 아무튼 신났다."[22]

그리고 결국 유채림은 두리반대책위원들로 구성된 '섭섭해서 그런지'라는
밴드의 드럼 세션으로 참여해서 2회 '51+'에서 오프닝 공연을 하고 여러
곳에서 발군의 '실력'을 뽐내게 된다. 펑크의 정신 DIY를 직접 구현해낸
것이다. 두리반에서는 작가가 인디 음악가가 되기도 했다. 물론 우리는 유
채림이, 두리반이 사라진 뒤에도 여전히 그가 '두리반의 유채림'인지는 확
신할 수 없다. 오직 구체적인 상황에서만 우리가 행동에 나설 수 있는 것이
라면, 그런 행동은 보편적인 대의에 헌신하는 올바른 자의 실천과는 다른
것이라면, 우리는 우발적으로 주체가 되어 있을 것이라면, 아직 모르는 가
능성을 자기도 모르게 실현해낼 주체라면, 유채림의 철거 일지인《매력만
점 철거농성장》은 그것을 확인시켜줄 소중한 사료일 것이다.

자립음악생산조합의 아티스트들

두리반 농성에 합류하고 축제를 조직하면서 자립음악생산조합을 결성하
게 된 '대표적인' 음악가들이 있다. 자립음악생산조합 멤버들을 중심으로

두리반 농성의 서사를 만들어낸 정용택 감독의 다큐 〈파티51〉은 한받, 박다함, 단편선, 밤섬해적단, 하헌진을 대표적인 멤버로 선정하고 그들의 일상, 노래, 생각을 따라간다.[23] 이 책에서는 단편선, 박정근, 밤섬해적단을 소개한다.[24] 두리반 농성 무렵 이들은 모두 이십 대 초반의 고졸, 대학생, 대학 자퇴생이었다. 이들은 386 기성세대와 자신들의 차이를 일종의 문화적 정체성으로 보여주었다는 점에서 유사하고, 그 정체성이 다르다는 점에서 개별적이라고 할 수 있다. 진지한 정치, 진지함에의 강요를 경계하면서도 이로부터 완전히 자유로울 수 없는 차별적인 청년 세대의 다양성을 이들을 통해서 엿볼 수 있을 것이다.

단편선

단편선은 2014년에 '단편선과 선원들'이란 4인조 밴드를 구성해서 〈동물〉이란 앨범을 냈다. 〈백년〉, 〈동행〉, 〈우리는〉과 같은 노래 제목에서 볼 수 있듯이 단편선은 역사적 연속성, 코뮌에의 욕망, 낡고 오래된 것의 힘을 견지하려 한다. 두리반 농성 기간에 발표해서 유명한 노래가 된 〈오늘 나는〉은 386운동권과의 차이에도 불구하고 여전히 사회적이고 정치적인 문제의식을 견지해야 하는 청년 세대의 고뇌를 담담하게 고백한다.

> 오늘 나는
>
> 오늘 나는 입술에 잡힌 물집. 오늘 나는 힘없이 새는 오줌 줄기. 오늘 나는 모르고 뀐 방귀 냄새. 오늘 나는 매일 무심히 자라는 손발톱. 오늘 나는 아침 팬티에 식은 정액 자국. 오늘 나는 앳된 AV배우의 신음 소리. 오늘 나는 분명 출처를 알 수 없는 담배빵. 오늘 나는 말끝마다 습관처

럼 붙는 시발. 오늘 나는 1호선 국철을 도는 미친 여자. 오늘 나는 불타는 망루 위 말을 잊은 하늘. 오늘 나는 노동자들에게 최루액을 쏟는 특공대. 오늘 나는 벽에다 음담을 적고 시시덕대며 담배를 태우는 철거 깡패들. 오늘 나는 어느 전직 대통령의 자살과. 오늘 나는 시위 현장을 가득 메운 붉은 깃발과, 오늘 나는 진하게 끓여 내온 순댓국밥과, 오늘 나는 87년 6월의 열사들과, 오늘 나는 고시원에서 질게 된 밥을 푸는, 오늘 나는 하루에도 열두 번 울고 싶은, 오늘 나는 매일 삼각 김밥으로 끼니를 때우는, 오늘 나는 술 마시면 꼭 여자에게 추근덕대는 오늘 나는

노래 속 화자는 자신의 옳음, 정직, 고결함을 고백하는 나르시시스트적 자아가 아니다. 그는 오늘·이십 대·대학생·남자의 구체적 상황과 역사를 교직하면서 정치에 헌신한 자신의 비겁과 지질함을 드러내

©박김형준　　　　　　단편선

는, 말하자면 포스트 386적인 자의식을 현시하는 청년이다. 먼 대의와 가까운 사소함, 먼 관념과 가까운 몸을 연결하는 '감수성의 글쓰기' 범례이다. 저런 사내라면 현실에 좌절하거나, 실패에 물러서거나, 성공에 으스대지 않을 것이다. 이것은 신경증자에 불과했던 기성 운동권의 유아적 낙관주의를 경계하는, 분열된 자의식을 견지할 수 있는 용기와 일상의 사소함을 직시하는 감수성의 고백이다. 환상도 확신도 없지만 '역사'를 잊지 않으려는 진지함이고, 설사 패배한다고 해도 계속하겠다는 결기를 황량한 현실을 배경으로 고백한다. 그렇기에 그는 다음과 같이 쓸 수 있었다.

"깡패들과 협상을 한 건 다음 날 오후가 돼서였다. 일단은 카페 안으로 다시 들어갈 수 있게 되었다. 협상이 타결되었다는 소식을 듣자마자 나는 친구들을 뒤로하고 홍대 쪽으로 가는 택시를 잡았다. 만나고 싶은 사람이 있었다. 오늘만큼은 만나야 했다. 소화기 액과 땀과 거리의 매연이 모두 뒤섞여 역한 냄새가 나고 있었다. 잠도 제대로 자지 못해 몰골이 엉망이었다. 이렇게 엉망인 나라도 좋다 해준다면 나는 진심으로 개를 사랑할 수 있을 것 같았다. 개를 불러낸 나는 편의점에서 맥주를 두 캔 사서 마셨다. 사귀자고 말했다. 담배도 끊겠다고 했다. 개와 나는 2년이 조금 안 되는 시간을 함께 보냈다. 결국 나는 담배를 끊지 못했다."[25]

신사회운동, 정치를 일상과 문화 쪽으로 돌린 신좌파들의 출발을 알린 1968년 5월혁명 기간 파리의 담벼락에 누군가가 적어놓은 문장, "사랑을 하면 할수록 더 혁명을 하고 싶어진다. 혁명을 하면 할수록 더 사랑을 하고 싶어진다"는 열정적인 인간은 싸우면서 사랑하는 자들이라는 것을 복기시킨다. 스스로를 모더니스트라고 부르는 단편선은 그렇기에 포스트모던한 상황에서 낡고 퇴색된 것들을 위해 싸우고 노래하는 사람이 자신이라는 것을 알고 있다.

　　단편선과 선원들의 앨범 〈동물〉은 제12회 대중음악상 시상식에서 최우수 록 음악상을 수상했다.

박정근
충무로로 옮긴 자립음악생산조합의 근거지인 조광사진관의 사장이자 인디레이블 '비싼트로피'의 대표이기도 한 박정근은 혹독한 설화舌禍

박정근　　　　　　©박정근

를 겪어야 했다. 그는 2011년부터 자신의 트위터(@seouldecadence)에 '우리민족끼리'란 북한 트위터의 글 구십여섯 개를 리트윗하고 "장군님 빼빼로 주세요" 같은 133건의 글 때문에 '북한을 찬양한 것'으로 검찰에 기소되었다. 2012년 1심에서는 징역 10개월에 집행유예 2년을 선고받고 수원구치소에 40일 정도 수감되었고, 2심에서 무죄판결을, 2014년 대법원에서 무죄를 확정판결 받았다. 재판에 심의되어 있는 동안 박정근은 옥인콜렉티브[26]와 콜라보로 영상 작업 〈서울 데카당스〉[27]를 만들었고, 연극 〈빨갱이 갱생을 위한 연구〉[28]에도 얼굴을 내밀었으며, 아트선재센터에서 열린 〈조선펑크로커 리성웅〉 앙코르 퍼포먼스를 기획했다.[29]

사진작가인 박정근은 정치적 현실을 패러디하고 권력으로서의 언어를 전복하는 데 발군의 능력을 발휘한다. 상징적 현실을 주도하는 도덕적이고 정치적인 위선을 희화화하고, 진지함의 권력을 조롱하는 박정근의 태도는 다음의 인터뷰에서도 엿볼 수 있다.

"〈비싼트로피〉는 고등학생 때 인터넷에서 친구들과 놀며 만든 레이블이었다. 그때 같이 놀던 대표적인 친구가 밤섬해적단이다. 2006년부터 개인적인 이유로 레이블을 쉬었는데 그때 두리반이나 명동마리 활동을 했다. 그러던 중에 구속됐다. 풀려나서 〈조선펑크로커 리성웅〉을 마치고 뒤풀이를 했는데 당시 총선 정국이었다. '이인제는 이번에도 됐겠지?' 그런 얘기를 나누다가 그날 밤 친구들과 이인제 헌정 앨범을 만들었다. 그렇게 〈비쌍트로피〉가 다시 시작됐다. 작년엔 트로트 메들리 〈조와 정〉, 펑크 밴드 노컨트롤의 〈무죄〉 등 앨범 5장을 발매했다. 그중에 회기 동 단편선의 〈처녀〉가 호응이 좋다."[30]

박정근은 포스트모던한 감수성을 보여준다. 진지한 자의 분노, 결기는 없다. 트위터에서 '잉여짓'을 일삼는 그에게 현실은 그것이 남한이건 북한이건 그저 그가 시간을 보내기 위해 이용하는 하위문화에 불과하다. 무죄판결을 받은 후 새로 옮긴 트위터에서 박정근은 지질한 청춘이나 득도한 자의 태도로 '자신에게는 여자가 없다', '인생 별거 없다' 같은 허접한 농담을 즐기고 있다.[31] 동시에 사회당 당원이기도 한 박정근은 두리반 이후로 철거 지역에서 일어나는 사건을 사진으로 남기고 있다.

밤섬해적단

밤섬해적단   ©박정근

펑크 음악 중 가장 '혐오스러운' 것으로 알려진 그라인드코어grindcore 장르의 이인조 밴드인 밤섬해적단은 단편선에 따르면 두리반 투쟁을 통해 "밴드가 정치 행위에 참여했을 때 가져갈 수 있는 최고의 것을 가져간"[32] 밴드로 평가된다. 두리반 농성에서 이름을 가장 많이 알린 밴드라는 것인데, 밤섬해적단은 열다섯 살에 이미 블랙메탈 앨범 〈폐허〉를 발매한 장성건과 중고교 시절 3류 '병맛' 만화로 인터넷에서는 이미 유명 인물이었던 권용만이 만든 밴드이다. 이들은 아이러니와 모순으로 가득 찬

가사를 알아들을 수 없을 만큼 시끄러운 노이즈 창법으로 전달한다.

진보적 정치의식의 상징인 386이 결국 꼰대가 되고, 젊은 세대에게 환멸과 냉소만 남은 무기력한 현실을 넘겨주었다는 자의식은 밤섬해적단의 가사와 연주의 주된 정조이다. 말하자면 현실을 문제로 의식하고 계속 대답 없는 물음을 견지하는 히스테리적 주체의 형상이 밤섬해적단의 에토스라고 할 수 있다. 〈서울불바다〉, 〈김정일 카섹스〉 같은 앨범은 적과 나의 구분이 불가능해진 시대를 살아내야 하는 이십 대의 우울, 권태, 냉소를 드러낸다.[33] 그러나 어쨌든 그들은 젊다. 분노와 절망 사이에서 그들은 살아 있기 때문이다. 물론 명민한 그들은 일상의 정치, 감각의 정치에 대해 알고 있다.

> "여하튼 밤섬해적단의 가사는 정치적이고 그건 당연하다. 내 삶은 항상 정치적인 의미가 담겨 있다. 내가 호두와플이든 싸구려 커피든 간에 무엇을 먹거나, 어디선가 자거나, 누군가를 사랑하거나 하는 것들 말이다. 그렇다고 정치가 모든 것에 우선하는 것은 아니다."[34]

농성장에서 권용만은 자기-회화화 전략을 통해 약자들의 저항을 사회적 '악'으로 소비하는 사회 분위기를 가시화한다.

> "두리반이 이 사회를 좀먹고 있어요. 건설사는 뭐하냐? 용역들은 뭐하냐? 해병전우회는 뭐하냐? 어버이연합회는 뭐하냐? 두 번째 두리반이 생겨나기 전 확 쓸어버려야 하는데, 여태 뭐하냐? 두리반 자리에 30층 빌딩 올려 1층에 해병전우회 컨테이너 갖다 놓고 2층에 어버이연합 납

골당 마련해줘야 하는데 도대체 뭐하냐?"[35]

밤섬해적단은 타도해야 할 '적'의 언어 안으로 들어가 적들의 목소리로 '아군'을 공격하는 전략을 구사한다. 그것은 적을 공격하는 것의 진부함과 용이함, 실천이 변혁으로 이어질 수 없다는 권태나 무력감, 그럼에도 계속 '문제'를 보고 있다는 자의식을 동시에 드러낸다. 문제를 느끼지만 어떻게 행동해야 할지를 모르는 주체는, 대신에 사방을 포위한 적들의 이름을 가시화하면서, 분노가 아니라 웃음을, 진지함이 아니라 가벼움을 유도한다. 밤섬해적단은 자신들의 공연을 즐기며 웃을 수 있는 자와 아연실색할지 모르는 이들을 차별화한다. 그 사이를 가로지르는 것은 새로운 감성, 즉 정치적 자의식에도 불구하고 변혁의 가능성이 희박한 현실 정치에 대한 냉소를 즐길 수 있는 감성이다. 그렇기에 이들에게 중요한 것은 거대한 변혁에의 꿈이 아니라 일상의 재구성을 통한 감각적 탈주의 실천이다. 대학을 졸업하고 현재는 비영리 협동조합인 한살림의 성남, 용인 공급팀 막내로 취직한 장성건은 일상의 재구성, 재배치의 중요성을 언급한다.

"20대 초반에는 내가 되게 급진적인 줄 알았는데 몇 년 더 살아보니까 아니더라고요. 내가 중요시하는 것은 '생활'인 것 같아요. 내가 원하는 시간에 쉴 수 있고 내가 원하는 시간에 음악하고 놀 수 있고, 생활을 빼앗기지 않는 것. 어떻게 보면 되게 보수적인 건데 나는 그게 모든 사람에게 중요한 가치라고 생각해요.
이렇게 인터뷰하는 것처럼 노동인지 생활인지 구분하기 어려운 것도 있지만, 사실 우리가 하는 일은 대부분 노동 아니면 생활인데요. 저는

노동보다 중요한 게 생활이라고 생각해요. 노동도 결국 생활을 위해 있
는 거고요. 노동과 생활은 완전히 분리되어야 한다고 생각해요.

저는 노동이 신성하다는 말이 이해가 안 가요. 노동이 어떻게 신성할
수 있지? 신성한 게 이렇게 하기 싫은 건가? 난 노동이 너무 싫어요. '왜
냐면'이 뭐예요. 노동인데 어떻게 좋아요. 한국 사회가 워낙 노동 과잉
사회라서 사람들이 이런 생각 자체를 이해를 못하는 것 같은데요. 우리
가 일하려고 태어났나? 놀려고 태어났지."[36]

실패하건 성공하건 계속 '우리'

두리반 농성 이후 인디 음악가들과 문화활동가들은 명동의 카페 마리의
철거민 투쟁(2011년 6월 14일~9월 8일)에 합류해서 제2의 두리반을 실현하려
고 했다. 531일 동안 벌어졌던 두리반 농성에는 용역의 난입이나 폭력적
인 싸움이 일어나지 않았지만, 철거민들이 집단으로 결집해 있던 명동 마
리에서는 용역의 농성장 난입이나 폭력적 싸움이 있었다. 또 철거민들은
투쟁에 동참했던 문화활동가들을 배제한 채 시행사와 협상을 체결했다.

협상 타결 후 마포구청 앞에서 ©박정근

철거민과 문화활동가
들 사이에 놓인 거리
와 차이는 엄존했다.
마리 농성장은 진지
했고 분노가 분위기
를 주도했다. 함께 모

인 '동지들' 사이에 위계가 엄존했고 당면한 현실 문제의 해결이 우선시되었다. 두리반은 딱 한 번, 정말로 한 번 일어난 사건이 되었다. "최저임금 집회에서 공연을 했는데 농성장 사람들이 저희 음악을 듣더니 화를 내고 내려갔다"는 권용만의 언급이나, 홍익대학교 미화노동자들의 농성장에서 인디 음악가들이 배제되었을 때 알 수 있듯이,[37] 철거민과 음악가 들이 함께했던 두리반 농성-사건은 전무후무한 것이었다고 할 수 있다.

사안에 따라, 모인 사람들의 성격에 따라 모든 우리는 독특하다. 바깥의 구경꾼들은 몸으로 묶인 우리가 어떻게 그곳에서 코뮌을 출현시켰는지를 사후적으로만 알 수 있을 뿐이다. 우리를 묶었던 것이 생존이건, 진지함이건, 상상력이건, 자유이건, 모든 우리는 일시적이다. 한때 젊었던 사람들과 지금 젊은 사람들과 계속 젊은 사람들이 기존의 우리를 찢고 새로운 우리를 현시할 것이다. 청춘은 모방이나 반복, 동일시나 상승, 동의나 순응, 권위나 인정, 성공이나 생존이 아닌 것을 가리키는 이념이고 삶이기 때문이다.

미주

1. 국제상황주의와 기 드보르의 스펙타클의 사회

1 재니스 조플린은 약물 과다 복용으로 사망하기 3일 전인 1970년 10월 1일 "사회적이고 정치적인 함의를 가진" 노래를 녹음하고 싶다며 아카펠라 형식으로 〈메르세데스 벤츠〉를 녹음했다. 이 노래는 1971년 유작 앨범 〈펄Pearl〉에 수록되었다. 벤츠 사는 1995년과 2007년 TV 광고에 이 노래를 사용했고, 2011년에는 전 미국인이 시청하는 슈퍼볼 광고로도 사용했다. 벤츠, 컬러 TV가 상징하는 자본주의 소비사회를 비판하려 한 조플린의 의도는 조플린 시대의 히피를 그리워하는 중년 미국인을 상대로 한 벤츠 사의 마케팅 전략에 흡수되었다. 1970년대 자본주의를 상대로 폭력적 테러를 일삼았던 적군파Red Army를 다룬 2008년 독일 영화 〈바더 마인호프Der Baader Meinhof Komplex〉는 오프닝 음악으로 조플린의 〈메르세데스 벤츠〉를 사용했다.

2 기 드보르, 이경숙 옮김, 《스펙타클의 사회》, 현실문화연구, 1996, 10쪽.

3 조슈아 글렌, 〈한 상황주의자의 죽음〉, 기 드보르, 같은 책, 189쪽.

4 "유명인사, 즉 살아 있는 인간의 스펙타클적 표상" 혹은 "스타가 된다는 것은 겉치레로 살아가기에서 전문가가 된다는 것을 의미한다"고 비판한 기 드보르도 자신이 자본주의적 스펙타클이 되었다는 것에 절망했다. 기 드보르, 같은 책, 43쪽.

5 2009년 미국의 예일 대학이 기 드보르의 저술을 포함한 문서를 구매하겠다는 의사를 밝혔을 때, 프랑스 문화부장관 크리스틴 알바넬은 기 드보르를 "국보國寶"라고 칭하면서 '20세기 후반 사상사에서 중대한 위치를 차지한' 그에 대한 국가적 예우를 확인시켰다.

6 '포틀래치'는 북아메리카 북서부 인디언인 치누크족의 말로 '낭비하다'란 뜻이다. 소유, 효율성, 축적에 기반한 자본주의 경제와 달리 이 부족은 자녀의 탄생, 성인식, 신분이나 지위의 계승식, 신축 가옥의 상량식과 같은 의식에 초대한 사람들에게 음식, 모피, 모포, 통나무배와 같은 선물을 지나치게 많이 주었다. 프랑스 초현실주의 작가 조르주 바타유Georges Bataille는 제한경제와 일반경제라는 대립항을 통해 축적과 소유에 매몰된 자본주의적 제한경제와, 낭비와 축적과 쾌락에 충실한 일반경제의 차이를 정교하게 만들었다. 포틀래치는 자본주의적인 제한경제를 넘어서는 관용과 낭비의 삶, 축제의 삶을 이야기할

때 흔히 등장하는 개념이자 전략이다.

7 이영빈, 〈기 드보르의 상황주의운동(1952-1968): 일상생활비판을 위한 예술과 사회혁명의 결합을 중심으로〉, 《역사학연구》제40집, 2010, 227쪽 참조.

8 Guy Debord, "Report on the Construction of Situations(Debord, 1957)", *Situationist International Anthology*, edit & trans. by Ken Knabb, Bureau of Public Secrets, 2006, p. 43.

9 앙리 르페브르는 국제상황주의와 68혁명에 직접적으로 영향을 끼친 마르크스주의 철학자이자 사회학자다. 그의 책 《현대세계의 일상성 La Vie Quotidinne Dans le Monde Moderne》은 평범한 사람들의 일상에 자본주의 생산 시스템이 어떻게 부정적인 영향을 미치는가를 분석한 책으로 유명하다. 그는 학자로서는 처음으로 '일상'을 철학적 문제로 간주했다.

10 Raoul Vaneigem, "The Fifth SI Conference in Göteborg", ibid., p. 115.

11 "A moment of life concretely and deliberately constructed by the collective organization of a unitary ambience and a game of events." Guy Debord, ibid., p. 51.

12 Guy Debord, ibid., p. 52.

13 Guy Debord, "Theory of the Dérive", ibid., p. 62.

14 Christopher Gray(edit), *Leaving the 20th Century: The Incomplete Work of the Situationist International*, Rebel Press, 1998, p. 26.

15 이영빈, 앞의 논문, 233쪽 참조.

16 토머스 딕슨 주니어란 작가의 소설과 희곡을 각색한 데이비드 W. 그리피스의 무성영화 〈국가의 탄생〉은 남북전쟁과 이후의 재건 시기를 남부인의 관점에서 구성했다. 세 시간 가량의 러닝타임 동안 영화는 남북전쟁 전후 KKK의 활약상을 정의로운 남부인의 관점에서 보여준다. 최초의 장편영화로 평가되는 〈국가의 탄생〉은 클로즈업, 트래킹쇼트와 같은 영화 형식적 기법과 편집 기법을 통해 영화 미학의 시작을 알렸지만, 흑인 폄훼와 백인우월주의 내용 탓에 비난받기도 했다.

17 국제상황주의가 정치 운동보다는 예술운동에 좀 더 경도되어 있었던 초기, 요른, 피노 갈리지오Finot Gallizio, 콘스탄트Constant Nieuwenhuys와 같은 예술가들이 중요한 역할을 했다.

18 조르조 아감벤, 김상훈 옮김, 《세속화 예찬》, 난장, 2010, 117쪽.

2. 1968년 5월 문화혁명

1 김수영, 〈푸른 하늘을〉, 《김수영 전집》, 민음사, 1981.
2 〈인터내셔널가〉는 1871년 파리코뮌 시기에 만들어졌다. 이후 수십 개의 언어로 번역되어 오늘날 국제적인 노동가가 되었다. 시위 현장이나 노동절에 불리고 있다.
3 1968년 파리 거리에는 "1936년부터 나는 봉급 인상을 위해 싸웠다. 나에 앞서 아버지도 봉급 인상을 위해 싸웠다. 이제 내게는 TV, 냉장고, 폭스바겐이 있다. 하지만 내 인생은 늘 멍청이 같다. 사장하고 협상하지 마라. 사장을 없애라"와 같은 노동자들의 그래피티도 있었다.
4 http://users.skynet.be/ddz/mai68/slogans-68.html 참조.
5 기 드보르의 문장이다.
6 할 포스터 외, 배수희·신정훈 옮김, 《1900년 이후의 미술사》, 세미콜론, 2007, 41쪽에서 재인용.
7 이학수, 〈왜 아직도 68혁명인가?〉, 《역사와 문화》 6호, 푸른역사, 2003, 317쪽.
8 이학수, 같은 논문, 329쪽 각주 7 참조.

3. 네그리튀드, 1930년대 흑인들의 정체성 회복 운동

1 '인문주의'로 번역되던 '휴머니즘'은 다원주의 시대에 이르게 되면 '인간중심주의'로 번역되면서, '이성적 인간이 자율적 힘으로 획득한 역사' 자체에 대한 근본적인 회의에 직면한다. 즉 근대를 이끈 휴머니즘의 보편적 인간은 사실은 배타적으로 백인, 남성, 엘리트, 이성애자에 한정된 상대적 개념으로 강등된다. 특수한 인간 부류를 '인간'으로 제한한 휴머니즘 시대는 유색인, 여성, 대중/인민, 동성애자를 억압하고 삭제한 역사였다고 비판을 받게 된다.
2 유럽과 아메리카와 아프리카를 세 꼭짓점으로 대서양중간항로를 통해, 백인들의 기호품과 아프리카의 신문물과 남미의 노예가 교환되었다. 노예무역이 금지될 때까지 흑인들은 '노예 시루'에 실려 와 팔렸다. 7장에서 레게를 다룰 때 살펴보겠지만, 레게는 바로 이 역사를 기억하려는 자메이카 해방 노예들의 저항운동과 직결되어 있다.

3 'postcolonialism'은 번역서에 따라 탈식민주의와 포스트식민주의로 다르게 번역된다. 필자는 포스트식민주의가 더 적절하다고 생각하는데, '탈'이 '포스트'에 비해 식민주의에서 '벗어났다'란 뉘앙스를 강하게 풍기기 때문이다. 포스트식민주의는 식민주의 이후에도, 즉 식민지 독립 이후에도 여전히 영향력을 발휘하는 식민주의에 대한 다양한 분석을 시도한다는 점에서, '탈'이 불가능하다는 것을 인정한다. 설사 연대기적으로는 식민주의에서 벗어났다고 해도 여전히 '제국'은 식민지에서 어떤 식으로든 자신의 지배력을 행사하기에 포스트식민주의의 식민, 독립, 수탈, 종속에 대한 분석은 대단히 복잡하다.

4 동화는 차이를 인정하지 않는, 결국 차별이 만연하고 있는 그대로의 자기를 부정하고 억압해야 하는 사회에서는 자연스러운 과정이다. "흰은 옳고, 검음은 폄훼당하고 비인간화되며⋯. 짐승으로 분류되고 박해당하며, 정부와 인간의 탐욕에 의해 격리당하고 차별당한다. 흰은 긍정적 표준이고 검음은 부정적 표준이다." Bloke Modisane, "Why I ran away", edit by Langston Hughes, *An African Treasury*, Crown Publishers, 1960, p. 26.

5 "I feel ridiculous/in their shoes/in their evening suits,/in their starched shirts,/in their hard collars/in their monocles/in their bowler hats." Léon Damas, "Solde", *Pigments-Névralgies*, Présence africaine, 1962, p. 39.

6 냄새나는 검둥이를 뜻하는 nigger, 자기결정권이 없는 귀여운 여자를 뜻하는 girl, 이상하고 혐오스러운 게이를 뜻하는 queer. 이처럼 문화다원주의 사회에서 흑인, 여성, 동성애자들이 스스로를 혐오하게끔 작용하는 언어들은 모두 '역사적' 기원이 있다. 그냥 생겨난 말들이 아니다. 가령 어원적으로 볼 때 검둥이(니그로)라는 단어는 르네상스 이후 대서양을 무대로 한 노예무역이 시작되면서 인종적 스테레오타입으로 등장했다고 한다. 그리스나 로마의 저작들에서는 아프리카와 흑인에 대한 부정적 묘사가 등장하지 않는다는 것이다. 오직 백인들의 정복의 역사가 등장하면서 부정적이고 경멸적인 언어가 주조되었다. 이경원, 〈탈식민주의의 '뿌리': '노예의 아들들'과 에드워드 블라이든〉 참조.

7 "⋯고백하건데 저는 네그리튀드란 단어를 만들어내고 네그리튀드 운동을 몇몇 이들과 공모한 사람 가운데 하나이지만, 그 단어를 늘 좋아하지는 않았습니다."

8 Annick Thébia-Melsan & Gérard Lamoureux(edit), *Aimé Césaire, pour regarder le siècle en face*, Maisonneuve et Larose, 2000, p. 21.

9 Cheikh Anta Diop, *Nations nègres et culture*, Présence africaine, 1954, p. 253.

10 Léon Damas, *Poètes d'expression française[d'Afrique Noire, Madagascar, Réunion, Guadeloupe,*

Martinique, Indochine, Guyane] 1900-1945, Éditions du Seuil, 1947, p. 10.

11 Léopold Sédar Senghor, 'L'*Esthétique négro-africaine*', in *Liberté*, I, Éditions du Seuil, 1964, pp. 212-213.

12 Léopold Sédar Senghor, edit & trans. by John Reed & Clive Wake, *Prose and Poetry*, Oxford UP, 1965, pp. 29-30.

13 ibid, pp. 32-33.

14 빌 애쉬크로프트·헬렌 티핀, 이석호 옮김, 《포스트 콜로니얼 문학이론 *Empire Writes Back*》, 민음사, 1996, 40쪽 참조.

15 빌 애쉬크로프트·헬렌 티핀, 같은 책, 41~42쪽 참조.

4. 누벨바그와 아방가르드 영화 운동

1 http://ifsstech.files.wordpress.com/2008/06/the_vow_of_chastity.pdf 참조.

2 http://www.dogme95.dk 참조.

3 http://ifsstech.files.wordpress.com/2008/06/the_vow_of_chastity.pdf 참조.

4 김남연·윤학로, 〈행동하는 지식인의 전통: 프랑스의 누벨바그〉, 《프랑스문화예술연구》 제21집, 프랑스문화예술학회, 2007, 5쪽 참조.

5 이용주, 〈고다르의 영화적 비전과 여정〉, 《프랑스문화예술연구》 제31집, 프랑스문화예술학회, 2010, 303쪽 참조.

6 이정하, 〈누벨바그의 '작가정책': 문학적 행위와 영화적 행위 사이〉, 《불어문화권연구》 제14집, 서울대학교 불어문화권연구소, 2004, 20쪽 참조.

7 김남연·윤학로, 앞의 논문, 12~13쪽 참조.

8 김남연·윤학로, 앞의 논문, 14~15쪽 참조.

9 미셸 마리, 신광순 옮김, 《누벨바그》, 동문선, 2008, 103~104쪽.

10 점프컷은 매치컷에 대비되는 기법으로, 쇼트와 쇼트의 자연스러운 연결을 방해하고 중단, 부자연스러움, 미숙함, 긴장, 불안, 낯섦의 효과를 창출한다. 도그마95의 감독 라스 폰 트리에는 점프컷을 즐겨 사용했다.

11 이용주, 앞의 논문, 305쪽에서 재인용.

12 미셸 마리, 앞의 책, 103쪽.

13 고다르는 그해 5월 트뤼포에게 "넌 거짓말쟁이야"라고 시작하는 편지를 보냈고, 트뤼포는 6월에 "넌 사기꾼이야"라고 비난하는 장문의 편지를 보냈다. 그렇게 갈라선 두 사람은 생전에 화해하지 않았다.

5. 반문화로서의 히피 문화

1 http://www.youtube.com/watch?v=bch1_Ep5M1s 참조.

2 이효진, 〈Happening과 Hippies 문화에 관한 연구〉, 《복식문화연구》 8권 3호, 복식문화학회, 2000, 398쪽 참조.

3 컬럼비아 대학을 자퇴한 뒤 긴즈버그, 버로스와 미국 대륙을 도보로 여행한 경험을 바탕으로 한 케루악의 《길 위에서》(민음사, 2009)는 36미터 길이의 두루마리 종이를 타자기에 넣고 3주 동안 마약에 취해 단숨에 쓴 소설이다. 구두점 없이 쓰인 이 소설은 비밥, 술, 여자, 동성애, 마약과 같은 1940년대 주변부 삶과 연관된 풍경에 대한 가감 없는 묘사를 통해 당시 수많은 젊은이를 길 위로 내몰았다. 지금까지도 꾸준히 팔리는 스테디셀러로 자리 잡았다.

4 데이비드 크로넌버그의 영화 〈네이키드 런치〉(1991) 참조.

5 윌리엄 버로스는 1980년대 후반 인디 신에서 '팝 아이콘'으로 부상한다. 버로스는 1950년대 비트닉, 1970년대 펑크록의 계보를 이어받은 뮤지션들, 가령 소닉 유스Sonic Youth, 톰 웨이츠Tom Waits, 지저스 앤 메리 체인The Jesus & Mary Chain 등과 공동으로 레코딩을 했다. 그중 가장 널리 알려진 녹음은 버로스가 자신의 《해충구제업자Exterminator》를 읽고 커트 코베인이 전기 기타를 연주한 〈더 프리스트 데이 콜드 힘 The Priest They Called Him〉(1992)이다.

6 신희섭, 〈알렌 긴즈버그의 1950년대: 〈아우성〉에서 〈카디쉬〉까지〉, 《현대영어영문학》 제52권 1호, 한국현대영어영문학회, 2008, 69쪽에서 재인용.

7 성기완, 《장밋빛 도살장 풍경》, 문학동네, 2002, 218쪽.

6. 역사적 하위문화, 펑크록 밴드 섹스 피스톨즈

1 허수경, 〈울고 있는 가수〉, 《혼자 가는 먼 집》, 문학과지성사, 1992.

2 그람시는 피지배계급이 왜 혁명 세력이 되기보다 지배계급의 가치나 목적, 이상, 문화
   적 의미를 자기들의 것으로 '능동적으로' 지지하게 되는 순응 집단이 되는가를 '헤게모니
   hegemony' 개념을 통해 분석한 이탈리아의 마르크스주의자다. 그는 20세기 후반 대중문
   화를 분석하는 데 중요한 이론적 기반을 제공했다. 대중문화는 지배계급에 의해 강요된
   억압적 문화도, 아래로부터 자발적으로 일어난 대항적 문화도 아닌, 그 둘 간의 교환이
   일어나는 영역이자, 저항과 통합이 부단히 교체하는 '투쟁의 장fighting field'라는 게 그람
   시의 시각이다.

3 필 코헨, 〈하위문화 갈등과 노동계급 공동체 사회〉, 이동연 편, 《하위문화는 저항하는가》,
   문화과학사, 1998, 21~44쪽 참조.

4 딕 헵디지, 이동연 옮김, 《하위문화: 스타일의 의미》, 현실문화연구, 1998, 159쪽.

5 디자이너 비비안 웨스트우드Vivienne Westwood와 섹스 피스톨즈의 매니저가 된 맬컴 맥라
   렌Malcolm McLaren이 공동 운영했다.

6 http://www.theguardian.com/theguardian/2007/sep/15/greatinterviews2 참조.

7. 레게와 밥 말리, 라스타파리아니즘

1 김용호, 〈카리브 대중음악의 혼종성과 레게의 저항성에 대한 연원적 고찰〉, 《이베로아메
   리카연구》 제8권 2호, 2006 참조.

2 노벨 문학상을 수상한 미국의 소설가 토니 모리슨Toni Morrison은 자신의 소설 《빌러비드
   Beloved》를 아프리카에서 북미로 납치당해 팔려오는 가운데 죽었거나 평생 노예로 살았
   던 '6,000만 명 이상'의 흑인에게 헌정한다. 소설에서 '교회에 속하지 않은 전도사'인 베
   이비 석스는 숲 속의 빈 공터에서 흑인에 대한 백인의 경멸과 폭력의 진원지인 검은 몸을
   사랑하라는 다음과 같은 설교를 한다. "이곳, 여기 이곳에서, 우리는 육신이지요. 울고 웃
   는 육신. 맨발로 풀밭에서 춤추는 육신. 사랑하세요. 육신을 열심히 사랑하세요. 저기 바
   깥에서 저들은 여러분의 육신을 사랑하지 않습니다. 그들은 여러분의 육신을 경멸하지

요. 저들은 여러분의 눈도 사랑하지 않습니다. 차라리 뽑아버리고 싶어 하지요. 마찬가지로 저들은 여러분의 등을 사랑하지 않습니다. 저 바깥에서 그들은 여러분의 두 손도 사랑하지 않습니다. 그저 썩먹고 묶고 얽어매고 잘라내고 수중의 모든 것을 빼앗아 텅텅 비게 만들어버릴 뿐입니다. 여러분의 두 손을 사랑하세요! 사랑하세요! 위로 쳐들어 두 손에 키스하세요. 그 두 손으로 다른 이들을 만지고 두 손을 맞대고 서로 두들겨주고 두 손으로 얼굴을 쓰다듬으세요. 저들은 여러분의 얼굴도 사랑하지 않으니까요! 여러분이 사랑해줘야 합니다. 바로 여러분들이!" 토니 모리슨, 김선형 옮김, 《빌러비드》, 들녘, 2003, 155쪽.

3 범아프리카주의Pan-Africanism는 1900년 미국과 서인도제도 출신의 흑인들에 의해 시작되었다. 전 세계 흑인 통합을 위한 운동이자 인종차별에 저항하는 운동으로 오늘날까지 다양한 분파와 이론을 통해 진행되고 있다.

4 백인 사회로의 통합보다는 독립된 흑인 국가로의 분리를 주장한 20세기 초반 자메이카 출신의 대표적인 흑인 운동가이다. 1914년 자메이카에서 만국흑인진보연합UNIA, Universal Negro Improvement Association을 창설했다. 이후 미국을 주 활동 무대로 삼아 미국을 위시한 서인도제도, 남미, 아프리카 등지에 최대 600만 명의 UNIA 조직원을 거느리기도 했다. 마커스 가비는 1920년에 뉴욕에서 대아프리카공화국 독립선언을 채택하면서 "아프리카로 돌아가자back to Africa"는 구호로 특히 하층민 흑인들의 대대적인 지지를 얻었다. 식료품점, 식당, 호텔, 인쇄소 등의 체인을 조직해 흑인들의 경제적 자립을 지원하는 프로그램을 운영하고 증기선 사업을 벌이기도 했다. 그는 중산층 흑인들을 중심으로 한 통합운동 진영과의 갈등을 겪다가 1923년 FBI의 전신인 BOI에 의해 우편 사기 혐의로 기소되어 5년형을 선고받게 된다. 1927년 석방된 뒤 그는 자메이카로 강제 추방되었다. 특히 맬컴 엑스Malcolm X의 흑인 저항운동에 가장 강력한 영향을 끼쳤다. 뉴욕, 런던, 자메이카에는 현재 그의 이름을 딴 도로, 동상, 공원이 있다. 2011년 오바마 대통령은 부당한 대우를 받고 추방되었던 마커스 가비에게 정식으로 용서를 구했다.

5 장미숙, 〈드레드락 헤어스타일의 상징성 연구〉, 《한국미용학회지》 제16권 제3호, 한국미용학회, 2010 참조.

6 Dave Thompson, *Reggae and Caribbean Music*, Backbeat Books, 2002, p. 159.

8. 힙합, 게토 흑인들의 하위문화

1 성기완, 앞의 책, 55쪽.

2 탁선호, 〈뉴욕의 폐허 위에서 태어난 힙합〉,《인물과 사상》136권, 2009, 126~129쪽 참조.

3 성기완, 앞의 책, 56쪽.

4 탁선호, 앞의 논문, 124~125쪽 참조.

5 1960년대에 하버드 대학 심리학과 교수로 LSD를 처음 접했던 티머시 리어리Timothy Leary
가 LSD를 삼킨 뒤의 느낌이라고 한 "turn on, tune in, drop out"에 대한 헤론의 패러디.

6 구약 민수기에 등장하는 은나팔을 불면서 유대 민족을 인도하는 모세의 모습에 닉슨을
빗대어 표현.

7 다음 연에 나오는 와츠폭동Watts Riot을 언론이 중계한 방식에 대한 헤론의 풍자적 인용.
와츠폭동은 1965년 LA에서 일어났다. 1992년 LA폭동 이전에 발생한 가장 극렬한 인종
폭동으로 평가된다.

8 뉴스 중간에 광고 전 앵커가 "잠시 후 돌아오겠습니다"라고 말하는 것을 풍자.

9 클렌져 회사의 광고문구였던 "우리 에이젝스는 흰색 토네이도처럼 깨끗해요"를 풍자한
부분.

10 영국 BBC에서 〈혁명은 TV에서 중계되지 않아〉를 중심으로 길 스콧헤론의 음악
적 자취를 회고하는 다큐멘터리를 제작했다. http://www.youtube.com/watch?v＝
rVNORb4RvBw 참조.

9. 멕시코 벽화운동과 3인의 벽화가

1 이성형, 〈멕시코 벽화운동의 정치적 의미—리베라, 오로스코, 시케이로스의 비교분
석〉,《국제지역연구》제11권 제2호, 서울대학교 국제대학원 국제학연구소, 2002,
106~107쪽 참조.

2 David Alfaro Siqueiros, *Art and Revolution*, Lawrence and Wishart, 1975, pp. 24-25.

3 이성형, 앞의 논문, 110쪽.

4 노동자, 농민, 경제인, 군부 등 모든 사회 세력을 결집한 제도혁명당은 6년 단임의 강력한

대통령제와 연계하여, 중남미 거의 모든 국가들이 쿠데타와 독재로 악순환을 겪는 것과 달리, 2000년 국민행동당이 여당이 될 때까지 근 70년간 '멕시코식 정치 안정'을 이끌었다. 송기도, 〈멕시코의 정치변동과 미국-멕시코〉, 《국제지역연구》 제7권 제2호, 한국외국어대학교 국제지역연구센터, 2003, 28~29쪽 참조.

5 이성형, 앞의 논문, 111~112쪽 참조.

6 이성형, 앞의 논문, 118쪽 참조.

7 김태중, 〈멕시코 벽화운동과 그 의미〉, 《중남미 연구》 제20권, 한국외국어대학교 중남미연구소, 67쪽 참조.

8 이성형, 앞의 논문, 112쪽에서 재인용.

9 이성형, 앞의 논문, 114~115쪽 참조.

10 벽화가 그 앞을 걸어가는 사람들에게 움직이는 '환경'의 일부로 느껴질 수 있도록 벽화에 공간감을 집어넣은 시케이로스의 제작 방식을 말한다. 벽화 제작 노동자들의 식사를 탐하던 고양이가 노동자들이 던지는 돌을 피하면서 벽면 안으로 도망가려고 했다는 일화는 유명하다. 벽면에 그려진 장소의 입체감은 관객이 벽화의 일부라는 느낌을 주었다. 관객의 움직임과 벽면 속 형상이 반대로 움직이는 듯한 착시 현상도 잦았다고 한다.

11 이성형, 앞의 논문, 116쪽 참조.

12 이성형, 앞의 논문, 117~119쪽 참조.

10. 1960년대 치카노의 정체성 회복 운동

1 미국 사람을 낮잡아 이르는 말. 본디 뉴잉글랜드 원주민의 이름으로, 독립 전쟁 때에는 영국인이 미국인을, 남북 전쟁 때에는 남군이 북군을 조롱하여 이르던 말에서 유래한다. 국립국어원 《표준국어대사전》.

2 박구병, 〈세사르 차베스의 변모: 농장노동자 조직가에서 치카노 운동의 정신적 상징으로〉, 《라틴아메리카연구》 제24권 제3호, 한국라틴아메리카학회, 2011, 75쪽 참조.

3 http://en.wikipedia.org/wiki/Chicano 참조.

4 이성훈, 〈1960년대 치카노 운동과 치카노 민족주의의 등장〉, 《중남미연구》 제25권 1호, 한국외국어대학교 중남미연구소, 2006, 4쪽.

5 이성훈, 같은 논문, 9쪽.

6 주트수트는 매우 폭이 넓지만 정강이에서 극히 좁아지는 바지에 긴 외투를 입는 양복 스
   타일로 라틴계 청년들이 1930년대 이후로 즐겨 입었다. 그러나 백인들은 주트수트를 라
   틴계 갱들의 옷차림으로 간주하여 부정적으로 보았다. 이런 가운데 1942년 일명 '슬리
   피 라군 사건'이라 불리는 살인 사건이 일어났다. 슬리피 라군은 공공 수영장 출입이 금
   지된 멕시코계 청년들에게 인기가 있었던 웅덩이를 말한다. 그 근처 채석장의 외진 웅덩
   이에서 살인 사건이 일어나자 경찰은 열두 명의 멕시코계 청년을 살인죄로 기소했다. 백
   인 중심의 사법제도에 대한 멕시코계 미국인들의 감정이 극으로 치닫고 있는 상황에서,
   백인 해군이 주트수트을 입은 멕시코계 청년들과 벌인 싸움을 계기로 로스앤젤레스에서
   1943년에 '폭동'이 일어나게 된 것이다. 다음 해 살인죄로 기소된 청년들이 모두 무죄로
   밝혀지면서 사건은 막을 내렸다.

7 김진아, 〈자생적 공공미술의 출범: 치카노 벽화운동, 1968-1975〉, 《한국미술사교육학회
   지》 제22호, 한국미술사교육학회, 2008, 359쪽에서 재인용.

8 김연진, 〈세자르 차베즈와 UFW 그리고 치카노 운동〉, 《미국학논집》 제42집 제3호, 한국
   아메리카학회, 2010, 42쪽 참조.

9 박구병, 앞의 논문, 89~90쪽에서 재인용.

10 박구병, 앞의 논문, 93쪽 참조.

11 박구병, 앞의 논문, 90쪽 참조.

12 이성훈, 〈1960년대 치카노 운동과 치카노 민족주의의 등장〉, 《중남미연구》 제25권 1호,
   한국외국어대학교 중남미연구소, 2006, 165쪽에서 재인용.

13 http://clubs.asua.arizona.edu/~mecha/pages/PDFs/ElPlanDeAtzlan.pdf 참조.

14 http://www.latinamericanstudies.org/latinos/joaquin.htm 참조.

15 http://en.wikipedia.org/wiki/Reies_Tijerina, http://www.elpasotimes.com/ci_19947092
   참조.

11. 치카노 벽화운동

1 엘 테아트로 캄페시노El Teatro campesino는 1965년 농장 노동자들을 위한 농장노동자극단

으로 처음 시작되었다. 그러나 곧 인종차별, 베트남전쟁, 교육 등 치카노 공동체 문화의 쟁점을 연극의 주제이자 소재로 채택하면서 영역을 확장했다. 이들은 당대 소수자 문화에 대한 관심과 맞물려 대학에서 연극을 가르쳤다. 1973년에는 영국의 유명한 극단 감독인 피터 브룩Peter Brook과 공동 연극을 주최하고, 1976년에는 유럽 순회공연을 떠나기도 했다. 현재까지 활동 중이다.

2 멕시코혁명 당시 멕시코인들의 입을 통해 퍼진 민요Corrido인 〈아델리타La Adelita〉는 오늘날까지 멕시코 대중의 사랑을 받는 노래다. 실존 인물인지 허구적 인물인지 불분명한 아델리타는 혁명 전사의 아내, 어머니, 누이로 전쟁터를 따라다녔다. 아델리타는 혁명 전사들을 간호하고, 식품 및 물품을 조달하고, 적을 유혹해 위험에 빠뜨리고, 무기를 밀수입하는 등 다양한 역할을 도맡은 여성의 형상이다. 그렇기에 아델리타는 전쟁터에서 매우 많은 일을 한 비전투 종군자camp follower인 솔다데라스Soldaderas의 일원으로 간주된다. 오늘날 아델리타는 솔다데라스와 동의어로 쓰인다.

3 쿠바 민중이 체 게바라를 영원히 살아 있는 '따뜻한' 혁명가로 기억하듯이, 사파타는 멕시코인들에게 그렇게 추앙받는 혁명가이다. 고향 모렐로스 주에서 농민으로 살다가 혁명에 가담한 사파타는 군대를 이끌고 멕시코 수도에 입성했다. 하지만 국가와 같은 중앙집권적 권력을 찬탈하는 대신 고향 모렐로스로 돌아가 각 촌락 자치단체의 결정에 따라 농민들에게 무상으로 농지를 분배함으로써 완전한 자치를 실현한 혁명가였으며 무엇보다도 농민이었다. http://windshoes.new21.org/person-zapata02.htm 참조.

4 호아킨 뮤리에타는 19세기 중엽 캘리포니아 골드러시 시기 그의 성공을 시기한 백인들에 의해 부인이 강간당하고 자신은 구타당했다. 이후 도적단을 이끄는 갱으로 변신, 백인과 그 외 다른 민족 출신들을 살해하고 약탈했던, 일명 '멕시코의 로빈후드'로 불리는 강도이다.

5 김진아, 앞의 논문, 366쪽 참조.

6 김진아, 앞의 논문, 367쪽 참조.

7 http://www.youtube.com/watch?v=WpYeekQkAdc 참조.

8 김진아, 앞의 논문, 372~375쪽 참조.

9 통상 개념미술은 회화, 조각과 같은 전통 예술을 넘어선 모든 미술적 실천을 가리킨다. 협소하게는 작품과 연관해서 미적, 물질적 고려 사항보다 작품에 포함된 개념이나 관념을 더 우선시하는 경향을 가리킨다. 캔버스 평면에 그려진 그림으로서의 회화와 좌대 위

에 놓인 입체물로서의 조각을 넘어서서 설치, 영상, 비디오, 퍼포먼스처럼 전통적인 미술 밖의 모든 미술을 가리킨다고 할 수 있다.

10 http://www.arthistoryunstuffed.com/tag/chicano-culture 참조.

11 http://lacma.wordpress.com/2011/08/29/asco-firsthand 참조.

12 Randy Kennedy, Chicano Pioneers, The New York Times, 2011. 8. 25. http://www. nytimes.com/2011/08/28/arts/design/works-by-asco-at-the-los-angeles-museum. html?pagewanted=all&_r=0 참조.

13 http://www.arthistoryunstuffed.com/tag/chicano-culture 참조.

14 김진아, 〈'다문화주의'에서 '초국가주의'로의 담론 확장 고찰: 주디 바카의 〈거대한 벽〉과 〈세계의 벽〉을 중심으로〉, 《다문화교육연구》 제4권 제1호, 한국다문화교육학회, 2011 참조.

12. 스톤월항쟁과 동성애 인권운동

1 동성애자의 상징은 핑크 트라이앵글과 무지개 깃발이다. 오늘날 전 세계 성소수자들은 나치즘에 희생된 성소수자들을 추모하고 전쟁을 반대하는 자신들의 입장을 표현할 때 핑크 트라이앵글을 사용한다.

2 1950년 도덕적인 혐의로 체포된 게이 남성들의 법적 방어를 목적으로 설립되었다.

3 1955년 뉴욕 최초의 레즈비언 운동 조직으로 소호의 로프트에서 결성되었다. FBI의 잦은 공갈과 협박을 피하기 위해 조직원들은 가명으로 활동했다.

4 점차 증가한 게이바는 주 경찰과 연방 주류담배총기단속반BATF의 정기적 단속에 시달리기 일쑤였다. 스톤월은 원래 조직폭력배가 운영하던 바였다. 물을 탄 술은 비위생적이었고, 뉴욕경찰서 제6분서의 경찰관들이 게이 손님들을 인권유린하면서 경영자로부터 뇌물을 챙기며 단속하는 시늉만 했던 곳이었다.

5 갈런드는 영화 〈오즈의 마법사〉(1939)의 여주인공인 소녀 도로시 역할로 대중문화사에 각인된다. 그러나 너무 어린 나이에 스타가 되어 혹독한 영화 산업의 스트레스를 견디지 못하고 약물 과다 복용으로 마흔일곱 살에 사망했다.

6 http://socialistalternative.org/literature/stonewall.html, http://isreview.org/issue/63/ stonewall-birth-gay-power, http://en.wikipedia.org/wiki/LGBT_movements_in_the_

United-States 참조.

7 게이 내부의 계급성을 반영하듯 당시 게이 사회에서 가장 권위가 있고 오랜 역사를 가진 매타친의 보수적인 성향을 증명한 글이었다. 항쟁 며칠 후 비트닉인 앨런 긴즈버그Allen Ginsburg는《빌리지보이스The Village Voice》지의 기자에게 이렇게 말했다. "우리들은 이 나라에서 가장 다수의 소수자 가운데 하나이다. 10퍼센트나 되기 때문이다. 이 봉기는 우리들이 스스로를 주장할 때가 도래했다는 것을 시사한다."

13. 1980년대 에이즈 위기와 액트업의 행동주의

1 이와사부로 코소,《뉴욕열전》, 165쪽.
2 이와사부로 코소, 같은 책, 172쪽 참조.

14. 액트업과 정치적 예술

1 어린 시절 알코올중독자였던 아버지에게 잦은 폭력을 당한 데이비드 보이나로비치는 십대 시절 거리를 전전하며 몸을 팔아 생계를 이어갔다. 그는 정규교육은 물론 미술교육도 받아본 적이 없었다. 우연히 그의 재능을 눈여겨본 한 '고객'을 통해 그는 미술계에 들어섰고, 1970년대 그래피티, 복합 매체, 거리 미술 등에서 탁월한 재능을 보였다. 그러나 그는 연인이었던 사진작가 후자Peter Hujar가 1987년 에이즈로 사망한 뒤 급진적인 정치적 예술가이자 행동주의자로 변했다. 화가, 사진작가, 영화감독, 작가, 퍼포먼스 아티스트인 데이비드 보이나로비치의 작품은 2010년 부산 비엔날레에 전시되기도 했다.
2 이와사부로 코소, 앞의 책, 198쪽에서 재인용.
3 나치가 유대인 수용소에서 동성애자들의 옷에 부착한 낙인으로, 1970년대에 게이 행동주의자들이 게이 해방의 상징으로 이미 전유했다.
4 Carole Blair and Neil Michel, "The AIDS Memorial Quilt and The Contemporary Culture of Public Commemoration", *Rhetoric & Public Affairs*, Vol 10, No. 4, 2007, 각주 44 참조.

5 Carole Blair and Neil Michel, ibid., p. 601.

6 Carole Blair and Neil Michel, ibid., 각주 1 참조.

7 이와사부로 코소, 앞의 책, 203~204쪽 참조.

8 이와사부로 코소, 앞의 책, 208쪽.

15. 1970년대 여성주의 예술가들의 공동 작업

1 Judy Chicago, "Womanhouse Catalog" essay. http://www.suzyspence.com/womanhouse/
   Womanhousecatalogessay. pdf 참조.

2 http://www.suzyspence.com/womanhouse/Womanhousecatalogessay. pdf 참조.

3 Lucy Lippard, "Household Images in Art", *Ms.*, No. 9, March 1973, p. 22.

4 http://kaykeys.net/passions/thedinnerparty/triangles.html. 참조.

5 ibid.

6 Lucy R. Lippard, "Judy Chicago's Dinner Party", *Art in America*, Vol. 68, April 1980, p.
   122.

16. 여성주의 예술가 단체 게릴라걸스

1 한국어판은 《게릴라걸스의 서양미술사》로 2010년 마음산책에서 출간되었다.

2 http://www.guerrillagirls.com/interview 참조.

3 국내 대학의 교양 강의나 미술사 강의에도 교재로 사용하는 H. W. 잰슨의 《서양미술사
   History of Art》의 1962년 초판에 여성 작가의 이름이나 작품은 단 하나도 등장하지 않는다.
   잰슨은 1972년에 "나는 한 권의 미술사 책에 포함될 여성 예술가를 찾을 수 없었다"고 대
   답했다. 잰슨이 죽고 난 뒤 그의 아들이 손을 본 개정판에는 여성 작가 열아홉 명이 포함
   되었다. 그러나 책에 수록된 작가는 대략 2,300명 정도이다.

4 http://www.guerrillagirls.com/posters/1985theseartists.shtml 참조.

5 포스터에는 다음과 같이 적혀 있다. "현대 미술 분야에서 여성 예술가는 전체의 5퍼센

트도 안 된다. 그러나 누드의 85퍼센트는 여성이다." http://www.guerrillagirls.com/
posters/nakedthroughtheages.shtml 참조.

6 http://www.ivanhoe.com/smartwoman/p_swsmartmove.cfm?storyid=9422&sm=yes
참조.

7 http://womhist.alexanderstreet.com/ggirls/intro.htm 참조.

8 ibid.

9 휘트니비엔날레는 1932년 처음 열렸다. 1973년에 2년에 한 번씩 열리는 격년제로 바뀌
었다. 뉴욕의 휘트니미술관에서 개최되는 휘트니비엔날레는 젊은 작가들과 소수자 출신
작가들에 주목하는 국제미술전으로 정평이 나 있다.

10 http://womhist.alexanderstreet.com/ggirls/intro.htm 참조.

11 http://www.interviewmagazine.com/art/guerrilla-girls 참조.

17. 두리반농성과 자립음악생산조합

1 CBS라디오 〈시사자키 정관용입니다〉 인터뷰, 2011년 6월 8일.

2 2014년 9월 정부는 상가 권리금을 법제화하는 상가건물 임대차보호법 개정안을 내놓았
다. 그러나 '재건축'은 제외되었기에 제2의 용산참사를 막기에는 역부족이라는 평가를
받고 있다.

3 김소연, 〈청년세대 문화정치운동: 자립음악생산조합 사례를 중심으로〉, 연세대학교 석사
논문, 2013, 40쪽에서 재인용.

4 김소연, 같은 논문, 39쪽에서 재인용.

5 박다함은 노이즈 음악을, 단편선은 아방가르드 음악을, 한받은 야츄일 때는 펑크를, 야마
가타트윅스터일 때는 일렉트로니카 음악을 한다.

6 자립음악생산조합은 현재 충무로의 조광사진관을 본부 삼아 운영 중이다. 음악 생산자
외에 관객에게도 조합원의 자격을 부여하고 있다. 조합원의 앨범 제작에 연 50만 원 정
도를 대출하는 등 다양한 활동을 하면서 "자본과 국가 내지는 행정기관의 간섭을 가능
한 줄이고 소규모 생산자들이 연대하여 스스로 활동할 수 있는 장을 구축한/구축하는
것을" 이들은 '자립'이라 부른다. "경쟁이 아닌 상생으로 분열이 아닌 연대로 의존이 아

넌 자립"을 위한 생태학적 상상력을 현실화하는 데 주력하고 있다. http://teen. munjang. or. kr/archives/67456 참조.

7 조합 소개 및 공연, 이벤트, 강좌, 가입 안내 등은 http://www. jaripmusic. org 참조.

8 '1월 11일 동인'이 주축이 되어 기성 시인이나 소설가, 비평가 들이 주도하고 일반인들도 참여한 불킨낭독회는 행복, 천사들의 도시, 집, 태양, 밥, 노래 등 정치적이고 이데올로기적인 관심과는 비교적 멀리 있는 주제들, 일견 낭만적이고 감상적인 주제들을 중심으로 자신의 작품인 기성 작가의 작품을 읽는 모임이었다.

9 유채림, 《매력만점 철거농성장》, 실천문학사, 2012, 104쪽.

10 유채림, 같은 책, 204쪽.

11 유채림, 같은 책, 131쪽.

12 "단편선이 칼국수집에서 공연을 하자더라고요. 그게 재미있겠다. 근데 가니까 전후 사정은 하나도 얘기 안 하고 칼국수집 철거하고 있고 농성도 하고 있고 재밌겠네. 이거. 나중에 얘기를 들어보니까 여기서 매주 공연을 하고 농성장인데 농성을 하려면 사람이 많아야 되고 앞으로 공연을 계속할 거다(라고 소개 받았다). 그런데 공연 기획을 자기들이 하더라고요. 박다함이랑 단편선, 한밤 씨 몇 명이서. 재밌겠더라고요. 아무래도 클럽보다 재밌으니까. 철거 상태와 철거 반대 투쟁 상황 등은 가서야 알았어요." 밤섬해적단의 보컬 장성건의 인터뷰, 김소연 앞의 논문, 38쪽에서 재인용.

유채림은 청소년들이 나누는 대화를 이렇게 적었다. "'근데 철거농성장이랑 인디밴드랑 무슨 관계야?' 옆 친구가 뭐라고 답하는지 귀를 세웠다. '몰라! 그냥 공연하나 봐, 클럽이나 길거리에서 하는 것처럼.'" 유채림, 같은 책, 91쪽.

13 유채림, 같은 책, 25쪽.

14 유채림, 같은 책, 22쪽.

15 유채림, 같은 책, 22쪽.

16 오도엽, 〈홍대앞 두리반에서 빛을 차리는 안종녀〉, 《오마이뉴스》, 2010년 10월 14일자. http://www. ohmynews. com/NWS_Web/view/at_pg. aspx?CNTN_CD=A0001460334 참조.

17 유채림은 책의 말미에서 대안적인 개발 방식의 전범이 된 도쿄의 '롯폰기 힐스'를 인용한다. 도쿄 중심가에 세워진 10만 9,000제곱미터 규모의 복합 문화 공간인 롯폰기 힐스는 재개발 과정에서 폭력과 눈물이 없었던 곳으로 유명하다. 모리 회장은 재개발 예정 지역

의 토지와 건물을 17년 동안 거주민들과 대화를 나누며 매입했다. 새로운 삶의 터전을 마련해주겠다는 약속 끝에 지금의 롯폰기 힐스가 개장되었다.

18 CBS라디오 〈시사자키 정관용입니다〉 인터뷰, 2011년 6월 8일

19 CBS라디오 〈시사자키 정관용입니다〉 인터뷰, 2011년 6월 8일

20 유채림, 앞의 책, 84쪽.

21 유채림, 앞의 책, 85쪽.

22 유채림, 앞의 책, 103~104쪽.

23 2014년 전주국제영화제 한국 경쟁 후보에 올랐던 정용택 감독의 다큐 〈파티51〉은 공식적으로는 같은 해 12월 11일 일반 대중에게 선보였다.

24 탁월한 기획자이자 노이즈 음악을 하는 밴드 '불길한 저음'의 멤버인 박다함과 정통 블루스 음악을 하는 하헌진은 아쉽지만 다음 기회로 남긴다. 조합의 멤버 가운데 가장 나이가 많은 한받과 연관해서는 필자의 졸고 〈펑크 하위문화의 미학적 의의와 펑크록의 한국적 변용 사례 연구〉(《한국미학예술학회지》 통권 제31호, 한국미학예술학회, 2010)를 참조.

25 2014년 초 한남동 카페 '웨이즈오브씽'에서 열린 전시 공연에서 단편선이 전시한 텍스트 《1986》 가운데. http://danpyunsun.tumblr.com/post/78551419658/2-2 참조.

26 옥인콜렉티브는 2009년 7월 강제 철거를 앞둔 종로구 옥인아파트에 살던 동료 작가의 집을 방문했다가, 급작스런 철거 현장에 남겨진 세입자들의 상황과 먼저 떠난 거주민들의 흔적이 뒤얽힌 공간에 대한 탐사에서 출발, 현재까지 수많은 '옥인들'의 장소성을 주제로 영상, 설치, 퍼포먼스 등을 통해 활동하는 젊은 작가 집단이다.

27 옥인콜렉티브의 제안으로 2013년 제작된 〈서울 데카당스〉는 박정근의 트위터 계정 '서울데카당스'에서 제목을 따왔다. 국가보안법으로 기소된 박정근이 자신이 1심 공판에서 읽게 될 '최후진술서'를 놓고 전문 연극배우에게 연기 지도를 받는 상황을 48분간 촬영한 것이 〈서울 데카당스〉다. 진지한 재판부 사람들이 자신의 가벼운 농담을 잘못 받아들여서 일어난 황당한 사건임을 설득하기 위해 평소 자신에게 부족한 진지함의 연기를 지도받는다.

28 연극연출가 집단인 '혜화동 1번지'의 5기 동인들이 국가보안법을 주제로 개최한 연극페스티벌에서 네 번째 작품으로 상영된 〈빨갱이 갱생을 위한 연구〉는 무대 한쪽 벽면에 옥인콜렉티브의 동영상 〈서울 데카당스〉가 상영되고 있는 가운데 붉은 옷을 입은 배우들이 객석의 관객들 사이에 앉아 영상을 바라보며 화면의 문장을 반복하는 상황으로 구성된

다. 국가보안법의 역사와 현재의 간극을 추적한다.

29 박정근은 퍼포먼스에 판사로 출연, 자신의 주변 사람들(대체로 자립음악생산조합의 멤버들) 모
두에게 사형을 언도하는 악랄함을 자행했다고 한다.

30 http://www.arenakorea.com/article/arena_view.php?cd=0103&seq=1922 참조.

31 http://www.arenakorea.com/article/arena_view.php?cd=0103&seq=1922 참조.

32 http://clubdgbs16.tistory.com/m/post/8 참조.

33 "가사 쓸 때 이중적이다. 나도 내가 싫어하는 놈들 중 하나일 것 같아서 너도 놀리고 나도
놀리자. 기성의 저항적 세력들보다는 비판에 반성이 많이 들어 있어요. 반성해도 바뀐 것
은 없으니…. 극우꼴통이라는 사람들은 누가 조롱 안 해도 (이미) 웃기잖아요. (그들의)
반만 따라 해도 웃길 것 같아요." 권용만 인터뷰 가운데, 〈나도원의 빨간 우체통〉. http://
www.youtube.com/watch?v=GOPYLHNdBpU 참조.

34 https://twitter.com/bamseom_bot/status/554938547010936834 참조.

35 유채림, 앞의 책, 117쪽.

36 장성건 인터뷰 가운데, 〈[BIYN 청년활동가 인터뷰 프로젝트] 자립음악생산조합 운영위
원 장성건〉. https://sites.google.com/site/basicincomey/act/interview/jarip 참조.

37 "2011년 1월 두리반에서 함께해온 뮤지션들이 홍익대 미화노동자들의 농성장을 방문
했다. 뮤지션들은 농성장에서 자신들의 노래를 불렀다. 두리반에서 하던 대로 〈구지가〉,
〈오늘 나는〉, 〈사장님 개새끼〉, 〈히로시마〉 같은 노래를 그냥 불렀다. 〈철의 노동자〉를 준
비하지 않았다면 〈불나비〉나 〈아침 이슬〉이라도 불러야 했을까? 홍대 미화노동자들의 농
성을 지원하던 민주노총 공공운수노조 서경지부는 사흘 뒤 집회 순서에 넣기로 했던 두
리반의 뮤지션들을 빼버렸다. 투쟁하는 사람들의 정서와 안 맞는다는 게 이유였다. 반대
로 얘기하면 그건 뮤지션들의 정서와도 안 맞는다는 얘기였다. 홍대 미화노동자들의 농
성장에서 뮤지션들은 존재감을 상실했다." 유채림, 앞의 책, 203쪽.

사진 저작권 및 출처

23쪽   기 드보르, Guy debord guy debord french (http://pixshark.com)

25쪽   이시도르 이수의 〈문자〉(http://www.divisionleap.com)

47쪽   파리 68혁명, May 1968(Historyman 14, http://www.alternatehistory.com)

69쪽   레옹 다마스, Léon Damas(1912-1978)(http://dormirajamais.org)

70쪽   에메 세제르, Aimé Césaire(©Jean Baptiste Devaux, 위키미디어 공용)

71쪽   레오폴 세다르 상고르, Léopold Senghor(©Roger Pic, 위키미디어 공용)

77쪽   라스 폰 트리에, Lars Von Trier(http://cinearchive.org)

80쪽   장뤼크 고다르, Jean-Luc Godard(http://www.virnayernesto.com.ar)

87쪽   프랑수아 트뤼포, François Truffaut(http://frenchculture.org)

97쪽   히피 버스, 2011 Doo Dah Hippie bus, Pasadena CA(©Al Pavangkanan, 위키미디어 공용)

99쪽   앨런 긴즈버그, Allen Ginsberg, 1979(©Michiel Hendryckx, 위키미디어 공용)

105쪽   1969년 우드스탁 페스티벌, Woodstock(http://imgur.com/gallery/AXJ9h0l)

117쪽   섹스 피스톨즈, Sex Pistols perform in Paradiso, Amsterdam(©Koen Suyk, 위키미디어 공용)

133쪽   라스 타파리 마코넨(하일레 셀라시에), Haile Selassie in 1942(©British Press Service, no 3757, 위키미디어 공용)

135쪽   밥 말리, Bob Marley(©Jason H. Smith, 플리커)

154쪽   길 스콧헤론, Gil Scott-Heron(©mikael altemark, 플리커)

161쪽   퍼블릭 에너미, Public Enemy in Hamburg/Germany 2000(©MikaV, 위키미디어 공용)

177쪽   디에고 리베라, Diego Rivera with a xoloitzcuintle dog in the Blue House, Coyoacan(위키미디어 공용)

178쪽   멕시코의 역사, Diego Rivera's mural depicting Mexico's history at the National Palace in Mexico City(위키피디아)

180쪽   오로스코, Siqueiros Mural of Orozco(ⓒProcasino, 위키미디어 공용)

181쪽   다트머스 대학 벽화, Section of mural by José Clemente Orozco at Baker Library, Dartmouth College, Hanover, NH. This is about 1/4 of the total mural(ⓒ Daderot, 위키미디어 공용)

183쪽   시케이로스, Lecumberri, México, D.F., 1960. Archivo fotográfico Héctory María García(ⓒGalería Fundación Héctor García, 위키미디어 공용)

184쪽   콰우테모크, Mural de David Alfaro Siquerios "Tormento de Cuauhtémoc"(1951) exhibición permanente en el Palacio de Bellas Artes. Se observa a Cuauhtémoc y a Tetlepanquetzaltzin, este último llorando e implorando(ⓒJaontiveros, 위키미디어 공용)

193쪽   주트수트 스타일, Washington, D.C. Soldier inspecting a couple of "zoot suits" at the Uline Arena during Woody Herman's Orchestra engagement there(ⓒJohn Ferrell, 위키미디어 공용)

196쪽   세자르 차베스, César Chávez speaking at the Delano UFW United Farm Workers rally in Delano, California, June 1972(ⓒJoel Levine, 위키미디어 공용)

199쪽   코르키 곤잘레스, Rodolfo "Corky" Gonzales(ⓒRodolfo "Corky" Gonzales Planning Committee)

202쪽   로페즈 티헤리나, image of Reies Tijerina, at a microphone, used in various media as an iconic image of him. still from Chicano! History of the Mexican American Civil Rights Movement.Video. NLCC Educational Media, 1996(위키피디아)

212쪽   엘 테아트로 캄페시노 벽화, El teatro campesino office wall(ⓒRobert Somer, Social and Public Art Resource Center)

215쪽   오랄레 라자, Orale Raza(ⓒRich Puchalsky, http://www.grconnect.com)

215쪽   우리는 소수자가 아니다, "We are not a minority", Che(ⓒrizobreaker, 플리커)

217쪽   흑백 모라토리엄 벽화, Black and White Moratorium Mural(SPARC archive, Social and Public Art Resource Center)

218쪽   쪼개진 벽, The Wall that Cracked Open(ⓒRich Puchalsky, http://www.grconnect.com)

219쪽   걷는 벽화, Waling Mural(ⓒHarry Gamboa Jr., LACMA)

220쪽   최초의 만찬, First Supper(After a Major Riot)(ⓒHarry Gamboa Jr., SISTER CITIES OF LOS ANGELES)

223쪽   LA의 거대한 벽, Great Wall of LA (ⓒGareth Simpson, 플리커)

235쪽   스톤월 주점, Stonewall Inn, West Village (ⓒInSapphoWeTrust, 플리커)

238쪽   2013년 게이 프라이드 행진, Pride Parade 2013 (ⓒGoToVan, 플리커)

251쪽   래리 크래머, Larry Kramer spring (ⓒDavid Shankbone, 플리커)

254쪽   액트업의 1988년 FDA 시위, FDA History-AIDS Protest (ⓒThe U.S. FDA, 플리커)

257쪽   키스인, DSC_0273 (ⓒdevopstom, 플리커)

267쪽   침묵은 죽음, Silence =Death (ⓒNicholas Pappas, 플리커)

269쪽   정부가 손에 피를 묻히다, The Government Has Blood on Its Hands (http://www. queerculturalcenter.org)

270쪽   키스는 죽이지 않는다, Kissing Doesn't Kill (https://anexile.files.wordpress.com)

272쪽   에미즈 메모리얼 퀼트 1987년 워싱턴DC, The NAMES Project AIDS Quilt, representing people who have died of AIDS shown at the Washington Monument (위키피디아)

275쪽   퀼트 작품, 08. NAMESProject. SFPride. FLFL. 10March2012 (ⓒElvert Barnes, 플리커)

277쪽   무제(오늘의 미국), Photo 060 (ⓒstephane333, 플리커)

278쪽   프로젝트 34, Felix Gonzalez-Torres: 'untiteld'(ⓒPaul Keller, 플리커)

285쪽   주디 시카고, Judy Chicago (http://www.judychicago.com)

289쪽   수건 벽장, Linen Closet (http://blog.calarts.edu)

290쪽   생리 욕실, Menstruation Bathroom (http://womanhouse.refugia.net)

291쪽   악몽 욕실, Nightmare Bathroom (http://womanhouse.refugia.net)

291쪽   자궁방, Womb Room (http://faithwilding.refugia.net)

292쪽   다이닝룸, Dining Room (http://womanhouse.refugia.net)

295쪽   디너파티, Brooklyn Museum NOV2011 Chicago The Dinner Party (ⓒMark B. Schlemmer, 플리커)

295쪽   최초의 여성 참정권 운동가 수잔 B. 앤서니의 식탁, Brooklyn Museum NOV2011 Chicago The Dinner Party detail 3 (ⓒMark B. Schlemmer, 플리커)

295쪽   바로크 시대 여성 화가 아르테미시아 젠틸레스키의 식탁, Brooklyn Museum

NOV2011 Chicago The Dinner Party detail 2(ⓒMark B. Schlemmer, 플리커)

295쪽   아키텐 여공작 엘레오노르의 식탁, Brooklyn Museum NOV2011 Chicago The Dinner Party detail 1(ⓒMark B. Schlemmer, 플리커)

302쪽   게릴라걸스, Guerrilla Girls(ⓒMiddlebury Collage, http://www.sevendaysvt.com)

306쪽   여성이 메트로 미술관에 들어가려면 옷을 벗어야 하는가?, Do Women have to be naked to get into the Met. Museum?(ⓒGuerrilla Girls, http://www.guerrillagirls.com)

311쪽   여성 미술가여서 좋은 점, THE ADVANTAGES OF BEING A WOMAN ARTIST(ⓒGuerrilla Girls, http://www.guerrillagirls.com)

313쪽   2012년판 오달리스크 패러디 포스터 앞 게릴라걸스, Guerrilla Girls-V&A Museum, London(ⓒEric Huybrechts, 플리커)

319쪽   두리반(ⓒ박김형준)

324쪽   안종녀, 유채림(ⓒ동네사진가, http://cafe.daum.net/duriban)

326쪽   두리반상회(ⓒ박김형준)

329쪽   두리반 마지막 음악회에서(ⓒ박김형준)

339쪽   단편선(ⓒ박김형준)

341쪽   박정근(ⓒ박정근)

342쪽   밤섬해적단(ⓒ박정근)

345쪽   협상 타결 후 마포구청 앞에서(ⓒ박정근)

찾아보기(인명)

ㄱ

거다 러너Gerda Lerner 286
그롱크Gronk 216, 219, 221
글렌 매틀록Glen Matlock 117, 119, 121
기 드보르Guy Debord 22~30, 32, 33
길 스콧헤론Gil Scott-Heron 153, 154

ㄷ

다니엘 콩방디Daniel Cohn-Bendit 43
다비드 알파로 시케이로스David Alfaro
 Siqueiros 172, 174, 176, 177, 179,
 182~185, 210
단편선 322, 328, 338~340, 342
데이비드 보이나로비츠David Wojnarowicz
 265
디에고 리베라Diego Rivera 172, 176~182,
 185, 210

ㄹ

라스 타파리 마코넨Ras Teferi Makonnen 133
라스 폰 트리에Lars von Trier 75, 77
라울 바네겜Raoul Vaneigem 28
래리 크래머Larry Kramer 250, 251, 253
레오폴 세다르 상고르Léopold Sédar Senghor
 57, 58, 60~64, 66, 68, 71, 72
레옹 다마스Léon Damas 57, 63, 69
레이즈 로페즈 티헤리나Reies Lopez Tijerina
 195, 202~205, 209, 212
로돌포 "코르키" 곤잘레스Rodolfo "Corky"
 Gonzales 195, 198, 199, 201, 202, 204,
 205, 209, 221
로버트 굴드Robert E. Gould 255
로빈 시프Robbin Schiff 291
루시 리파드Lucy Lippard 293
루이스 패러컨Louis Farrakhan 162
루이스 발데즈Luis Valdez 211
린다 노클린Linda Nochlin 283

ㅁ

마커스 가비Marcus Garvey 133, 134
맬컴 맥라렌Malcolm McLaren 118, 119, 121
미셸 마리Michel Marie 84

ㅂ

박정근 338, 340~342
밤섬해적단 336, 338, 341~344
밥 말리Bob Marley 24, 129, 130, 135~139
밥 말리와 웨일러스Bob Marley & the Wailers
 135, 136

ㅅ

샌드라 오겔Sandra Ogel 289, 290
세자르 차베스César Estrada Chávez 191,
 195~198, 202, 204, 205, 209, 211,
 212
섹스 피스톨즈Sex Pistols 114~121
소렌 크라흐야코브센Søren Kragh-Jacobsen 75
스티브 존스Steve Jones 117, 118, 121

스파이크 리Spike Lee 162

ㅇ

아델리타Adelita 212

아스게르 요른Asger Jorn 26

안종녀 317, 324, 330~334

안토니오 베르날Antonio Bernal 211

알렉상드르 아스트뤽Alexandre Astruc 82

앙드레 바쟁André Bazin 83, 84

앙리 랑글루아Henri Langlois 83

앙리 르페브르Henri Lefèbvre 27

앨런 긴즈버그Allen Ginsburg 99, 100

에릭 로메르Éric Rohmer 80

에메 세제르Aimé Césaire 57, 58, 69, 70

윌리 헤론Willie Herón 216~219, 221

윌리엄 버로스William Burroughs 99, 100

유채림 317, 320, 324, 328, 330, 334~337

이스마엘 페레이라Ismael Pereira 213

이시도르 이수Isidore Isou 25, 26

이와사부로 코소Sabu Kohso 247, 248, 279

ㅈ

자니 로튼Johnny Rotten 116, 121

자크 리베트Jacques Rivette 80

장 미셸 바스키아Jean Michel Basquiat 151

장뤼크 고다르Jean-Luc Godard 80, 85~87

잭 케루악Jack Kerouac 98, 99

주디 바카Judy Baca 222~225

주디 시카고Judy Chicago 284~287, 290,
292~294, 296, 297, 302

ㅊ

척 디Chuck D 154, 162

체 게바라Ché Guevara 24, 32, 41, 139, 214

ㅋ

코넬 웨스트Cornel West 152

크리스티안 레브링Kristian Levring 75

클레브 존스Cleve Jones 271, 273

클로드 샤브롤Claude Chabrol 80

키스 해링Keith Haring 151

ㅌ

토마스 빈테르베르Thomas Vinterberg 75

투팍2Pac 149, 152

ㅍ

파치 발데즈Patssi Valdez 211, 219

퍼블릭 에너미Public Enemy 154, 161~163

페이스 윌딩Faith Wilding 291, 293

펠릭스 곤잘레스-토레스Félix González-Torres
267, 275~278

폴 쿡Paul Cook 117, 121

프랑수아 트뤼포François Truffaut 80~84, 87,
88

프랑수아즈 지루Françoise Giroud 79

프랭크 캐머니Frank Kameny 233, 234

프랭크 피에로Frank Fierro 214

ㅎ

하일레 셀라시에Haile Selassie 133, 134, 137

해리 갬보아 주니어Harry Gamboa Jr. 219,
220

호세 바스콘셀로스José Vazconcelos 174, 183

호세 클레멘테 오로스코José Clemente Orozco
172, 176, 177, 179~182, 185, 210

찾아보기(용어·작품·단체)

ㄱ

〈걷는 벽화Walking Murals〉 219

게릴라걸스Guerilla girls 301, 302, 304~314

《게릴라걸스가 들려주는 잠자리 서양미술사
The Guerrilla Girls' Bedside Companion to the
History of Western Art》 301

게이 프라이드gay pride 운동(행진) 234, 238

게이해방전선GLF 238, 239

게이활동가연맹GAA 239

〈겟 업, 스탠드 업Get Up, Stand Up〉 139, 142

〈국가의 탄생The Birth of a Nation〉 33

국제문자주의LI 26, 30

국제상황주의Situationist International 24, 25,
27~30, 33

《귀향 수첩Cahier d'un retour au pays natal》 69,
70

그랜퓨리Gran Fury 268~271

그룹 머티리얼Group Material 266, 275

《길 위에서On The Road》 99

〈깡패 소굴Thugz mansion〉 149

ㄴ

〈나는 호아킨이다I am Joaquín〉 201

〈네 멋대로 해라Breathless〉 80, 85

네그리튀드Négritude 57~60, 63, 65~69

《네이키드 런치Naked Lunch》 99

네임즈 프로젝트Names Project 271, 274

농장노동자연합FWA 196

ㄴ

《누벨바그La Nouvelle Vague》 84

누벨바그nouvelle vague 75, 77~84, 86~90

뉴아메리칸시네마New American Cinema 88,
89

《뉴욕열전ニューヨーク烈傳》 247, 248, 279

뉴저먼시네마New German Cinema 88

뉴타운컬쳐파티51+(51+) 320~322, 328,
337

ㄷ

〈다이닝룸Dining Room〉 291, 292

〈다트머스 대학 벽화〉 181, 182

도그마 영화 76

도그마95Dogme95 75~79, 84, 89, 90

〈도그빌Dogville〉 75

두리반 자립음악회 322

〈디너파티The Dinner Party〉 284, 286, 293,
295, 298

〈똑바로 살아라Do the Right Thing〉 162

ㄹ

라스타파리아니즘Rastafarianism 130, 132,
133, 135, 136, 139

레게reggae 129~132, 134~136, 138

《렉스프레스l'Express》 79

《롤링스톤Rolling Stone》 120, 136, 138

ㅁ

마룬Maroon 132, 133

매타친소사이어티Mattachine Society
　231~233, 237, 239
멕시코 벽화운동mural movement 171~175,
　185
〈멕시코의 역사History of Mexico〉 178, 179
몬테레이 팝 페스티벌Monterey Pop Festival
　93, 104
〈무제(3월 5일)#2Untitled(March 5th)#2〉 277
〈무제(오늘의 미국)Untitled(USA today)〉 276, 277
〈문자Lettrie〉 25
문자주의Lettrism 25, 26
《물감Pigments》 69
〈미남 세르주Le Beau Serge〉 80
《미즈Ms.》 293

ㅂ

〈바나나 리포트Guerrilla Girls, the Banana Report
　: the Guerrilla Girls review the Whitney:
　the Clocktower, April 16 to May 17, 1987:
　information booklet〉 312
〈125번가와 레녹스 거리에서의 잡담Small
　Talk at 125th and Lenox〉 153
〈버닝Brunin'〉 136
〈부시의 아들Son of A Bush〉 162
〈분노 패널Anger Panel〉 309
〈불알은 신경 쓰지 마, 여기 섹피가 있어
　Never Mind the Bullocks, Here's The Sex
　Pistols〉 117, 120
〈브레이킹 더 웨이브Breaking The Waves〉 75
비트닉beatnik 98, 99, 101
비트제너레이션beat generation 98

빌리티스의 딸들DOB, Daughters of Bilitis
　231, 232
〈빨갱이 갱생 연구〉 341

ㅅ

《사다리 The Ladder》 233
〈사드를 위한 아우성Hurlements en faveur de
　Sade〉 25
〈사막의 우물〉 325
〈400번의 구타Les Quatre Cents Coups〉 80, 87
사이키델릭록psychedelic rock 94, 95,
　102~104
〈사자자리Le Signe Du Lion〉 80
〈사회, 정치, 미학 원리 선언Art and
　Revolution, Lawrence and Wishart〉 174
상황situation 29, 30
〈생리 욕실Menstruation Bathroom〉 290
〈서울 데카당스Seoul Decadence〉 341
《성 정치학Sexual Politcs》 283
〈세계의 벽: 공포 없는 미래를 향하여The
　World Wall: A Vision of the Future without
　Fear〉 224
〈수건 벽장Linen Closet〉 289
순수서약Vow of Chastity 75, 76, 84
스톤월 주점Stonewall Inn 234~236, 238,
　239
스톤월항쟁Stonewall Riots 231, 232, 234,
　238, 240, 251
스펙타클 22, 23, 27~29, 32
《스펙타클의 사회La Société du Spectacle》 22,
　33, 34

《식민주의에 대한 담론Discours sur le colonialisme》 70

신사회운동 41, 50, 340

〈신이여 여왕을 구하소서God Save the Queen〉(섹스 피스톨즈) 117, 118, 121, 122

〈신이여 여왕을 구하소서God Save the Queen〉(영국 국가) 118, 121, 124

신좌파 33, 39, 41, 44~46, 49, 106, 340

ㅇ

〈아메리카의 밤La Nuit américaine〉 87

아스코ASCO 216, 219~221, 224, 225

〈아스틀란 정신 선언El Plan Espiritual de Aztlán〉 199, 200

《아우성Howl》 99, 100

〈아이 샷 더 셰리프I Shot the Sheriff〉 136

〈아프리카 유나이트Africa Unite〉 137

〈악몽 욕실Nightmare Bathroom〉 291

액트업Actup 247, 250~260, 263, 265~268, 274, 279

에노비드enovid 102

에이즈 메모리얼 퀼트The AIDS Memorial Quilt 267, 271~275

〈엑소더스Exodus〉 136, 137

엘 테아트로 캄페시노El Teatro campesino(공장 노동자극단) 211, 212

〈LA의 거대한 벽The Great Wall of Los Angeles〉 222, 223

〈여성 미술가여서 좋은 점The Advantages of Being a Woman Artist〉 310, 311

〈여성이 메트로 미술관에 들어가려면 옷을 벗어야 하는가?Do women have to be naked to get into the Met. Museum?〉 306

〈여인이여, 울지 말아요No Woman, No Cry〉 136, 139, 140

〈영국의 무정부주의Anarchy in the UK〉 117

〈오늘 나는〉 338

〈오랄레 라자Orale Raza〉 214, 215

오버하우젠 선언Oberhausener Manifest 88

〈왜 위대한 여성 미술가는 존재하지 않았는가?Why have there been no great women artists?〉 283

우드스탁 페스티벌woodstock Festival 104~106

〈우드스탁woodstock〉 105

〈우리는 소수자가 아니다We are not a Minority〉 214, 215

〈우먼하우스Womanhouse〉 284, 286, 287, 289, 292, 293

〈워War〉 137

원 러브 피스 콘서트One Love Peace Concert 137

〈원 러브One Love〉 138

〈유로파Europa〉 75

〈유산의 마루Heritage Floor〉 296

6월항쟁 50

68혁명(5월혁명) 23, 28, 29, 33, 37~39, 42~44, 46~51, 103, 131, 340

〈의사, 거짓말쟁이, 여성들: 에이즈 행동주의자들은 코스모에 '아니오'라고 말한다Doctors, Liars, and Women: AIDS Activists

Say No to Cosmo〉 255

이미지주의 바우하우스 국제 운동Imagist
　　Bauhaus　26

인간면역결필바이러스HIV　248, 249, 252,
　　253, 255, 259, 267, 269

인디헤니스모Indigenismo　176, 180

〈인터내셔널가The International〉　43, 328

ㅈ

〈자궁방Womb Room〉　291, 293

자립음악생산조합　318, 321, 322, 337, 340

전국농장노동자연합National Farm Workers
　　Association, NFWA　195~197, 211, 212

전용détournement　32

정의를 위한 십자군Crusade for Justice　195,
　　198~200

주트수트(사건)zoot suit　193, 224

〈짐바브웨Zimbabwe〉　137

〈쪼개진 벽The wall that Cracked Open〉　218

ㅊ

〈최근 회화와 조각에 대한 국제 서베이An
　　International Survey of Recent Painting and
　　Sculpture〉　304, 309

〈최초의 만찬(주요 폭동 이후)First Supper(After
　　a Major Riot)〉　220, 221

〈출산 프로젝트The Birth Project〉　286

《치카노의 목소리 Chicano Voices》　195

〈칠레에서의 테러의 진실The Truth of the Terror
　　in Chile〉　221

침묵＝죽음Silence＝Death 프로젝트　253,
　　267, 268

ㅋ

카메라-만년필 이론Camera-Stylo　82

〈카야Kaya〉　137

《카이에 뒤 시네마Cahiers du Cinéma》　81~83

〈캐치 어 파이어Catch a Fire〉　136

커밍아웃coming out of the closet　230, 231,
　　239, 242

《코스모폴리탄Cosmopolitan》　255

《콘크리트에서 핀 장미The Rose that Grew from
　　Concrete》　149

〈콰우테모크Cuauhtémoc〉　184

퀴어네이션Queer Nation　257

ㅌ

태그TAG, Treatment Action Group　257

토지양도연합연맹운동LGM　195, 202~204

《투생 루베르튀르Toussaint Louverture》　70

ㅍ

〈파리는 우리의 것Paris nous appartien〉　80

〈파이트 더 파워Fight the Power〉　153, 163,
　　164

《포틀래치Potlatch》　26

표류dérive, drifting　26, 30, 31

《프랑스어로 써진 흑인 및 말가쉬의 신작
　　시 앤솔로지 Anthologie de la nouvelle poésie
　　négre et malgache de langue française》　62

핑크 트라이앵글　229, 267

ㅎ

〈혁명은 TV에서 중계되지 않아The Revolution
　　Will Not Be Televised〉　153, 155, 156

호모섹슈얼homosexual　232

호모필homophile 232~234, 237, 239

〈홀로코스트 프로젝트: 어둠에서 빛으로The
   Holocaust Project: From Darkness into Light〉
   287

화장 행동Ashed Action 274

휘트니비엔날레Whitney Biennale 312

〈흑백 모라토리엄 벽화Black and White
   Moratorium Mural〉 216, 217

《흑인학생L'Etudiant noir》 58

힙스터hipster 98, 100

힙합hiphop 29, 147~154, 161, 162